ETS. TOEIC Bridge.

TOEIC Bridge®
Listening & Reading

公式

Official
Workbook
2技能
対応!

ワークブック

付属CD-ROMの取り扱いについて

付属CD-ROMには、本書で使用する音声のmp3ファイルが収録されています。

- CD-ROMに収録されている音声ファイルは、CD/DVDドライブ付きのパソコンで再生することができます。
  一般的なCDプレーヤーでは再生できませんので、ご注意ください。

- CD-ROMをパソコンのCD/DVDドライブに入れ、iTunesなどの音声再生ソフトで取り込んでご利用ください。
  詳しい取り込み手順その他は、ご利用になる音声再生ソフトのヘルプページなどでご確認ください。

CD-ROMに収録されている音声ファイルは、専用サイトでダウンロード・再生することもできます。

音声ダウンロードの手順：
※株式会社Globeeが提供するサービスabceedへの会員登録(無料)が必要です。

1. パソコンまたはスマートフォンで音声ダウンロード用のサイトにアクセスします。
   右のQRコードまたはブラウザから下記にアクセスしてください。

   https://app.abceed.com/audio/iibc-officialprep

2. 表示されたページから、abceed の新規会員登録を行います。既に会員の場合は、ログイン情報を入力して上記1.のサイトへアクセスします。

3. 上記1.のサイトにアクセス後、「*TOEIC Bridge*® Listening & Reading 公式ワークブック」の画像をクリックします。クリックすると、教材詳細画面へ移動します。

4. スマートフォンの場合は、アプリ「abceed」の案内が出ますので、アプリからご利用ください。
   パソコンの場合は、教材詳細画面の「音声」からご利用ください。
   ※音声は何度でもダウンロード・再生ができます。

ダウンロードについてのお問い合わせは下記にご連絡ください。
Eメール：support@globeejphelp.zendesk.com
   （お問い合わせ窓口の営業日：祝日を除く、月～金曜日）

は　じ　め　に

TOEIC Bridge® Listening & Reading Tests（以下、*TOEIC Bridge*® L&R）は、英語学習初級者から中級者を対象とした、日常生活で活きる"英語で聞く・読む能力"を測定するテストです。本テストは、*TOEIC*® Tests への架け橋として2001年に始まり、2019年に、近年のコミュニケーションシーンに即した出題が含まれる実用的なものにリデザインされました。

本書は *TOEIC Bridge*® Tests を開発・制作する米国の非営利テスト開発機関である、ETSによる公式の教材であり、日本で *TOEIC*® Program の運営実施を行う、一般財団法人 国際ビジネスコミュニケーション協会（IIBC）が制作・発行しています。*TOEIC Bridge*® L&R の受験者の方はもとより、初級から中級の英語学習者の皆さまにお使いいただけるよう、テーマ別のワークブック形式で学習を進めやすく設計しています。

本書の特長は以下の3点です。
1. 学習テーマ別にユニット立てされているので、要点を押さえながら学習を進められる
2. 書き込み型のワークブック形式なので、英語の基礎を再確認しながら、解答に至る手順を学べる
3. 実践テスト2回分が掲載されているので、総まとめとして、実力試しや本番前の予行演習ができる

本書を、*TOEIC Bridge*® L&R の理解と受験準備、そして皆さまの英語学習全般にお役立ていただけることを願っております。

2021年7月

一般財団法人 国際ビジネスコミュニケーション協会

CONTENTS

013 Chapter 01

TOEIC Bridge® Tests とは?

TOEIC Bridge® Testsは、英語学習初級者から中級者を対象とした、日常生活における活きた英語の力を測定する、世界共通のテストです。聞く・読む力を測る *TOEIC Bridge®* Listening & Reading Tests（以下、*TOEIC Bridge®* L&R）と、話す・書く力を測る *TOEIC Bridge®* Speaking & Writing Tests により、4技能（聞く・読む・話す・書く）全ての英語コミュニケーション能力を測定します。

	TOEIC Bridge® Listening & Reading Tests	*TOEIC Bridge®* Speaking & Writing Tests
特長	英語学習初級者から中級者を対象とした、日常生活における活きたコミュニケーションに必要な、"英語で聞く・読む能力"を測定するテスト。 指示文も含め、英文のみで構成されている。	英語学習初級者から中級者を対象とした、日常生活における活きたコミュニケーションに必要な、"英語で話す・書く能力"を測定するテスト。 指示文も含め、英文のみで構成されている。
テスト形式	マークシート式	パソコンを使用して実施
テスト時間／問題数	リスニング …… 約25分／50問 リーディング … 35分／50問 トータル ……… 約1時間／100問	スピーキング … 約15分／8問 ライティング … 約37分／9問 トータル ……… 約52分／17問
テスト結果	リスニング …… 15〜50点 リーディング … 15〜50点 テストスコア … 30〜100点 ※スコアは1点刻み	スピーキング … 15〜50点 ライティング … 15〜50点 テストスコア … 30〜100点 ※スコアは1点刻み

本書では、*TOEIC Bridge®* L&Rを扱います。

TOEIC Bridge® L&R の採点・結果について

テストの受験後、デジタル公式認定証と、下記のような公式認定証が発行されます。それぞれの送付時期は
IIBC公式サイト（https://www.iibc-global.org）でご確認ください。

※団体特別受験制度（IP: Institutional Program）の結果票はこれらの認定証とは異なる場合があります。

公式認定証のサンプル

OFFICIAL SCORE CERTIFICATE
Listening & Reading

NAME: **KOKUSAI HANAKO**

DATE OF BIRTH: **1994/05/01**　TEST DATE: **2019/06/09**　REGISTRATION NUMBER: **1234567-8**　ADMINISTRATION NUMBER: **123**

Listening	Reading	TEST SCORE
15　50	15　50	
38	**30**	**68**

一般財団法人 国際ビジネスコミュニ〔…〕
東京都千代田区永田町 2-14-2 山〔…〕

Listening
スコアレンジ: 26〜38 点

このスコアレンジに該当する受験者は一般的に、短い文と限られた範囲の文法構造を理解することができる。身近なトピックに関する短い話のやりとりを理解することができる。一般的に、明瞭かつゆっくりと話された発話を理解することができる。また通常、キーワード、定型の句や表現、比較的短い一文程度の発話を理解することができる。一般的に、身近なトピックや日課のような決まったことに関する話し言葉を理解し、人、家族、買い物、場所、仕事に関する簡単な説明や情報を理解することができる。多くの場合、簡単な文と文法構造を理解することができ、時として複雑な文章と文法構造を理解することもある。時には、暗示されている意味を理解することができる。

Reading
スコアレンジ: 19〜33 点

このスコアレンジに該当する受験者は一般的に、よく使われる語彙と基本的な文法構造で書かれた、非常に短い文書内の身近な語句がわかる。身近なトピックに関する簡単な言葉を理解できることもある。一般的に、身近なトピックに関する非常に短い文書を理解することができる。特に、視覚的なヒントがあったりよく使われる形式で書かれたりしている、簡単なフレーズや文を理解できることもある。例えば、掲示物や予定表に書かれた詳細のいくつかを理解することができる。よく使われる語句を認識することで、簡単な文書の全体的な意味を理解できることもある。

Abilities Measured	Percent Correct of Abilities Measured
適切な応答: 短いやりとりにおいて、話し手への適切な応答がわかる	54%
短い対話や会話: ゆっくり話された短い対話や会話を理解できる	91%
短いトーク: 1人の話し手によるゆっくり話される短いトークを理解できる	100%
要点や述べられた事実の理解: 短い会話やトークの中で、話の要点や述べられた事実を理解できる	29%

Abilities Measured	Percent Correct of Abilities Measured
語彙: シンプルな文において、単語や短いフレーズを理解できる	71%
文法: シンプルな文において、形式、意味、簡単な文法構造の用法を理解できる	87%
要点や述べられた事実の理解: 短い文書において、要点や述べられた事実を理解できる	56%
情報を伝える短い文書: 情報を伝える、描写的、説明的な短い文書を理解できる	23%

スコアの読み方
ABILITIES MEASURED（アビリティーズメジャード・項目別正答率）本テストフォーム（テスト問題）における各項目での正答率を示しています。各項目の正答率は他のテストフォームを受験した受験者のものと比較できません。また、今回の正答率をあなたが他のテストフォームで受験した際の正答率と比較することもできません。

100-0014
東京都千代田区永田町
2-14-2
山王グランドヒルズ 901 号

国際 花子　　　　　　様

12345678　　123456

TOEIC Bridge® L&Rの構成

● **テスト時間**：Listening Test 約25分、Reading Test 35分、合計約1時間
● **問題数**：Listening Test 50問、Reading Test 50問、合計100問
● **テスト形式**：全て4つの選択肢から1つの解答を選択し、マークシートの記号を塗りつぶします。

Listening Test

Listening Testは50問から成り、問題は形式により4つのパートに分かれています。
下記の表は、問題形式と詳細、さらに各形式の問題によって示される受験者の能力です。

問題数／問題番号	問題形式	問題の詳細	能力
PART 1 6問／Q1〜6	**画像選択問題**	句や文を聞いて、4つの絵の中から、その句や文を最もよく表す絵を選ぶ。	人、場所、物、行動などの簡単な説明を理解できる。
PART 2 20問／Q7〜26	**応答問題**	質問や発言を聞いて、4つの選択肢の中から、応答として最も適切なものを選ぶ。	・短い対話を理解できる。 ・質問や発言に対する適切な応答が分かる。
PART 3 10問／Q27〜36	**会話問題**	2者間の短い会話を聞いて、会話に関する2つの設問に解答する。看板やお知らせなどの簡単な補足図表を参照する問題もある。	・短い会話を理解できる。 ・短い会話における主題、話し手の意図、詳細、示唆を理解できる。
PART 4 14問／Q37〜50	**説明文問題**	1人の話し手による短いメッセージやお知らせなどを聞いて、その内容に関する2つの設問に解答する。看板やお知らせなどの簡単な補足図表を参照する問題もある。	・短いトークを理解できる。 ・短いトークにおける主題、話し手の意図、詳細、示唆を理解できる。

Reading Test

Reading Testは50問から成り、問題は形式により3つのパートに分かれています。
下記の表は、問題形式と詳細、さらに各形式の問題によって示される受験者の能力です。

問題数／問題番号	問題形式	問題の詳細	能力
PART 1 15問／Q51〜65	**短文穴埋め問題**	語や句が1カ所抜けている文を読んで、それを完成させるのに最も適切な選択肢を選ぶ。	・よく使われる語彙を理解できる。（語彙知識） ・簡単な文と文法構造を理解できる。（文法知識）
PART 2 15問／Q66〜80	**長文穴埋め問題**	語や句または文が3カ所抜けている文章を読んで、それを完成させるのに最も適切な選択肢を選ぶ。	・よく使われる語彙を理解できる。（語彙知識） ・簡単な文と文法構造を理解できる。（文法知識） ・短い文章の構成を理解できる。
PART 3 20問／Q81〜100	**読解問題**	1つの文書を読んで、それに関する2つか3つの設問に解答する。	・看板や予定表などの文章構造ではない文書を理解できる。 ・指示や説明を理解できる。 ・短く、簡単な通信文を理解できる。 ・お知らせ、手紙、インスタントメッセージなどの情報的で叙述的な短い文書を理解できる。

本書の構成と使い方

本冊（ユニット学習と実践テスト）

Chapter 01

Chapter 1 は、PART ごとに問題のタイプに応じてユニット分けされています。
また、各ユニットの最後には、ミニテストが掲載されています。

◆ユニット構成

学習テーマの解説	各ユニットで取り上げる学習テーマについて、要点がまとめられています。出題の形式はもちろん、どのような事柄に気を付けて解答すればよいかのヒントが書かれていますので、よく読んでユニットの学習を進めましょう。
例題と例題の解説	テーマに即した例題を掲載しています。「学習テーマの解説」を読んだら、例題を解いてみましょう。例題の解答と解説は、右のページに掲載されています。
ワーク	ワーク1〜3まであり、ワーク3は *TOEIC Bridge®* L&Rの形式になっています。1から順に解いていくことで、無理なく *TOEIC Bridge®* L&Rの問題に取り組むことができます。また同時に、解答を選ぶ際の根拠となる部分を考えるワークも行います。
ワークの解答と解説	前のページで取り組んだワークの解答と解説です。間違えた問題はもちろん、正解した問題も解説をよく読んで理解を深めましょう。また、ワーク3の根拠を考える問題においては、本書に掲載している答えの例と必ずしも一致している必要はありません。考え方のヒントとして参考にしてください。
ミニテスト	各ユニットのテーマに即した *TOEIC Bridge®* L&R形式の問題が掲載されています。学習した内容の定着に向けて取り組みましょう。解答・解説は別冊に掲載されています。

※本書では、問題の文中に下線を引くワークなどを扱いますが、実際の *TOEIC Bridge®* L&Rにおいては、問題用紙への書き込みは一切禁止されています。
※Reading Part 1、2では、選択肢の語句の代表的な品詞や意味を掲載しています。
※Reading Part 3の文書中の❶❷などの数字は、解説の中で説明している文書中の段落番号です。

Chapter 02

実践テスト1、2

本番のテストと同じ数の100問（Listening Test 50問、Reading Test 50問）の問題が、2回分掲載されています。本冊の巻末に掲載されているマークシートを用いて、本番同様にマークしながら解答し、本番のテストに備えましょう。また、別冊の巻末に参考スコア範囲の換算表を掲載しています。参考スコアを算出し、現在の実力を把握しましょう。

別冊（ミニテストと実践テストの解答・解説）

Chapter 1のミニテスト1〜16
Chapter 2の実践テスト1、2

スクリプト、訳、語注、正解、解説が掲載されています。解説をよく読み、正解しなかった問題や、解答に自信がなかった問題を理解できるまで復習しましょう。リスニング問題で聞き取りが難しかったところは、スクリプトや訳を参照しながら繰り返し音声を聞いてみましょう。

指示文の参考訳
実践テスト1・2　参考スコア範囲の換算表と算出方法

解答・解説ページの記号（本冊・別冊共通）

Unit 6 | ワーク ［ 解答と解説 ］　　　　　　　　　　　🔊 076-077

🔊 Questions 1 and 2 refer to the following conversation and list.

🇬🇧 W　David, would you go to a (bakery) and get [1]a dozen doughnuts for the (staff) (meeting)?

🇦🇺 M　(Sure). The (food) we got from Gregory's for the awards breakfast was (really) (good). Should I go there?

🇬🇧 W　Let's (try) Sable's this time. Their food is delicious.

🇦🇺 M　All right. [2]I'll (stop) (by) Sable's (right) (now).

問題1と2は次の会話とリストに関するものです。

デイビッド、ベーカリーに行って、スタッフ会議用のドーナツを1ダース買ってくれませんか？

もちろん。授賞朝食会用にグレゴリーズで買った食べ物は本当においしかったですよ。そこに行きましょうか？

今回はセイブルズにしてみましょう。あそこの食べ物はおいしいですよ。

分かりました。今すぐセイブルズに寄ります。

Southville Bakeries	
Davidson's	10 Main St.

サウスビルのベーカリー店舗	
デイビッドソンズ	メイン通り10番地

2. Look at the list. Where will the man go?

(A) To Main St.
(B) To Third Ave.
(C) To Gloria Lane.
(D) To Sellers St.

リストを見てください。男性はどこへ行きますか？

(A) メイン通りへ。
(B) 三番街へ。
(C) グロリア通りへ。
(D) セラーズ通りへ。

正解	D

女性が2回目の発言でSable'sという店を提案し、男性はI'll stop by Sable's right now.「今すぐセイブルズに寄ります」と答えています。リストを見ると、Sable'sは58 Sellers St.とあるので、(D)が正解です。

☹ (B) 男性は三番街にあるグレゴリーズを提案しましたが、女性がセイブルズを提案し、男性もそれに同意しています。

056

［記号］

🔘　CD-ROMに入っている該当音声のファイル番号を示しています。

🔊　指示文の音声を示しています。

国旗アイコンは、スピーカーの4カ国の発音の種類を表しています。

　🇺🇸　米国の発音
　🇬🇧　英国の発音
　🇨🇦　カナダの発音
　🇦🇺　オーストラリアの発音

M= 男性（Man）

W= 女性（Woman）

語注　スクリプトや文書中にある語句の意味を紹介しています。

☹　不正解の選択肢であることを示しています。

ワークの解答に当たる部分は、全て色文字で記載されています。

Chapter

01

Unit 構成　 例 題 　…> 　 ワーク 　…> 　 ワークの解答と解説 　…> 　 ミニテスト

Unit 1 | 画像選択問題のポイント

Unit 1では、Listening Part 1「画像選択問題」に取り組みます。

画像選択問題は、英語の描写文（文または句）を聞き、4つの画像（＝絵）の中から、その描写として最も適切なものを1つ選ぶ問題です。描写文は音声が流れるのみで、問題用紙には印刷されていません。問題はQuestion 1〜6の計6問あります。

画像（＝絵）には、1人または複数の人物が何かをしているところを描写したものや、物や風景などが描かれたものがあります。どちらの場合も、4つの絵の相違点に注意しながら音声を聞くことが重要です。

また、描写文には次の2種類があります。

①文（主語・述語動詞を含む）

例 She's reading in a library.
   （彼女は図書室で読書をしています）

主語と動詞に注意して聞くことが重要です。

②句（名詞と修飾する語、分詞の形など）

例 Some flowers in a vase.（花瓶の中の花）

例 Washing a car.（車を洗っている）

状態や動作を表しているので、何がどういう状態・状況なのかを注意して聞くことが重要です。

各問とも、音声が終わってから8秒後に次の問題が始まります。

まずは、以下の例題に取り組んでみましょう。

[例題]   🔊 002

1.　(A)

(B)

(C)

(D)

[例題の解答と解説]

1. 🔊 Look at set number 1 in your test book.

問題用紙の1番のセットを見てください。

🇺🇸 w Walking near a river.

川の近くを歩いている。

正解	**C**

画像は全て人物が何かをしているところです。描写文は主語と述語動詞のある文の形ではないので、「誰が」という情報は示されていませんが、人物の動作とその状況を正しく描写している画像を選びます。walkingはwalk「歩く」のing形なので、川の近くを歩いている人物たちが描かれている(C)が正解です。near「～の近くを」。river「川」。

☹ (A) 水面が描かれていますが、人物は水上で船に乗っており、歩いているところではありません。

☹ (B) 人物が歩いているところは描かれていますが、近くに川はありません。

☹ (D) 人物は水辺にいますが、釣りをしている様子で、歩いているところではありません。

Unit 1 | ワーク

✎ ワーク | 1

右の画像を描写する 4 つの音声を聞き、( ) の中を埋めましょう。

(1) ( ) in ( ) of some shelves.

(2) Several ( ) ( ) a shelf.

(3) She's ( ) a can ( ) a shelf.

(4) The woman is ( ) a ( ).

✎ ワーク | 2

下の画像を見て、 **ヒント** の単語を参考に、自分で幾つか英語の描写文を作ってみましょう。文でも句でも構いません。

ヒント cap 帽子／glasses 眼鏡／jacket ジャケット／scarf マフラー／pigeon ハト／bench ベンチ

✎ **ワーク｜3**

🔊 **007-008**

音声を聞き、最も適切な画像を1つ選びましょう。また、答えを選ぶ際にポイントとなった語句を下の（　　）に書き出しましょう。

1.

(A)

(B)

(C)

(D)

（　　　　　　　　　　　　　　　　　　　　　　　）

2.

(A)

(B)

(C)

(D)

（　　　　　　　　　　　　　　　　　　　　　　　）

💡 ワーク | 1

003-006

(1) (Standing) in (front) of some shelves.　　　棚の前に立っている。

> in front of ～「～の前に」。shelves は shelf「棚」の複数形であり、家具としての棚全体を指します。

(2) Several (items) (on) a shelf.　　　棚にある幾つかの品物。

> several「数個の、幾つかの」。item「品物、品目」。

(3) She's (taking) a can (from) a shelf.　　　彼女は棚から缶を取っている。

> can「缶」。

(4) The woman is (carrying) a (bag).　　　女性はかばんを持っている。

> carry「～を持っている、～を携行する」。

💡 ワーク | 2

解答例 He is reading a book.　　　（彼は本を読んでいる）

A man is sitting on a bench.　　　（男性がベンチに座っている）

He is wearing a cap.　　　（彼は帽子をかぶっている）

The man is wearing a jacket.　　　（男性はジャケットを着ている）

He has a scarf around his neck.　　　（彼は首にマフラーを巻いている）

The man has glasses on.　　　（男性は眼鏡をかけている）

There are some pigeons.　　　（数羽のハトがいる）

Reading on a bench.　　　（ベンチで読書をしている）

Pigeons near the man.　　　（男性の近くのハト）

1. 🔊 Look at set number 1 in your test book. ┊ 問題用紙の1番のセットを見てください。

🇬🇧 W The women are shaking hands. ┊ 女性たちは握手をしている。

(A)　　　　　　　(B)　　　　　　　(C)　　　　　　　(D)

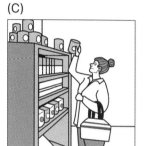

正解	D

ポイントとなる語句の例: women、shaking hands など

　women は「女性たち」という意味の複数形の名詞、shake hands は「握手をする」という意味です。向かい合って握手している2人の女性が描かれた(D)が正解です。

☹ (A) 複数の人物が描かれていますが、握手をしている人はいません。

☹ (B)(C) 女性は1人であり、握手もしていません。

2. 🔊 Look at set number 2 in your test book. ┊ 問題用紙の2番のセットを見てください。

🇨🇦 M He's having a meal. ┊ 彼は食事をしている。

(A)　　　　　　　(B)　　　　　　　(C)　　　　　　　(D)

正解	A

ポイントとなる語句の例: having a meal など

　meal は「食事」という意味で、have には「〜を食べる」という意味があるので、have a meal で「食事をする」となります。食事をしている男性が描かれた(A)が正解です。

☹ (B)(C)(D) 男性が1人で何かをしているところが描かれていますが、食事はしていません。

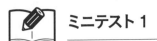

TOEIC Bridge® Listening Test形式の問題に挑戦しましょう。

1.   (A)    (B)

      (C)    (D)

2.   (A)    (B)

      (C)    (D)

3. (A)

(B)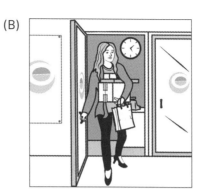

(C)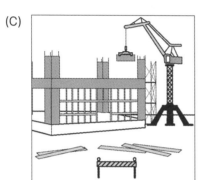

(D)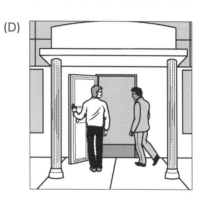

Unit 2 | WH 疑問文

Unit 2～4では、Listening Part 2「応答問題」に取り組みます。

応答問題では、質問や発言を聞き、それに対する応答として最も適切なものを、4つの選択肢から1つ選びます。最初の質問・発言は音声のみですが、応答の選択肢は音声に加え、問題用紙にも印刷されています。問題はQuestion 7～26の計20問あります。

疑問文には幾つかの種類があり、その1つがWH疑問文と呼ばれる、疑問詞を用いた疑問文です。Unit 2では、このWH疑問文を扱う問題に取り組みます。

疑問詞には what「何」、when「いつ」、where「どこ」、why「なぜ」、which「どちら」、how「どのように」、how many「幾つ」などがあり、疑問詞が異なると、適切な応答は全く別のものになります。従って、文頭の疑問詞を確実に聞き取ることがとても重要です。

例 Where did you buy this delicious cake?

（このおいしいケーキをどこで買いましたか）

この例文に対しては、At the bakery on Rock Street.（ロック通りのベーカリーで）など、場所を答えるのが一般的ですが、It's good, isn't it?（それ、おいしいですよね）など、直接的な答えではない応答が正解になることもあります。選択肢をよく吟味して解答しましょう。

Listening Part 2では全て、最後の選択肢が終わってから8秒後に次の問題が始まります。

[例題]

 012

1. Mark your answer on your answer sheet.

(A) Yes, I wrote it down.
(B) In the desk drawer.
(C) Sure, that'll be fine.
(D) It's already open.

1. 🇨🇦 M　Where can I find a pen?　　　　　ペンはどこで見つけられますか？

🇺🇸 W　(A) Yes, I wrote it down.　　　　（A）はい、私はそれを書き留めました。
　　　　(B) In the desk drawer.　　　　（B）机の引き出しの中で。
　　　　(C) Sure, that'll be fine.　　　　（C）ええ、それで結構です。
　　　　(D) It's already open.　　　　　（D）それはすでに開いています。

正解	B

Where ～? でペンがある「場所」を尋ねています。それに対し、「机の引き出しの中」という場所を答えている(B)が正解です。Whereという疑問詞を正しく聞き取ることが重要です。drawer「引き出し」。

☹ (A) 「場所」が問われているので、通常はYes/Noでは応答しません。質問にあるpenと関連するwroteという語が含まれていますが、応答になっていません。write ～ down「～を書き留める」。

☹ (C) thatが何を指すのか不明で、応答になっていません。Sureは、依頼や許可を求める質問に対して、それを承諾する表現であり、Yesよりもより前向きな「もちろん」というニュアンスがあります。

☹ (D) Itが何を指すのか不明であり、応答になっていません。already「すでに」。

🖉 ワーク｜1

🔊 013-018

音声を聞いて、質問文の冒頭の疑問詞を聞き取り、（　　）の中に書きましょう。また、何を問われているのか、下の枠内から選んで〔　　〕に記号で答えましょう。

(1) (　　　　　　) 〔　　　　〕

(2) (　　　　　　) 〔　　　　〕

(3) (　　　　　　) 〔　　　　〕

(4) (　　　　　　) 〔　　　　〕

(5) (　　　　　　) 〔　　　　〕

(6) (　　　　　　) 〔　　　　〕

(a) いつ　　(b) 誰　　(c) なぜ　　(d) どのように　　(e) どこ　　(f) 何

🖉 ワーク｜2

🔊 013-018

ワーク1で聞いた音声をもう一度聞き、（　　）の中を埋めましょう。また、応答として適切なものを下の枠内から選んで〔　　〕に記号で答えましょう。

(1) (　　　　　　) has a (　　　　　　　　　　) of Ms. Kim's résumé?　　　　〔　　　〕

(2) (　　　　　　) did your (　　　　　　) (　　　　　　　　) home?　　　〔　　　〕

(3) (　　　　　　) is Frank (　　　　　　) the (　　　　　　)?　　　〔　　　〕

(4) (　　　　　　) did you (　　　　　　) for (　　　　　)?　　　〔　　　〕

(5) (　　　　　　) are you (　　　　　　) for your (　　　　　　) vacation?
〔　　　〕

(6) (　　　　　　) can I get to the (　　　　　　　)?　　　〔　　　〕

(a) It is dirty.　　　　　　　　　　(b) I had a sandwich.

(c) I'm planning to visit Paris.　　　(d) You can take a bus.

(e) I do.　　　　　　　　　　　　(f) At around six P.M.

✐ ワーク│3 ◉ 019-024

問われている内容に注意して、最も適切な応答を選択肢から選びましょう。また、答えを選ぶポイントとなった語句に、下線を引きましょう。

1. (A) She prefers tea.
    (B) Ms. Ito has time to do it.
    (C) The store is open.
    (D) The manager does.

2. (A) At my mother's house.
    (B) No, but my sister came.
    (C) Yesterday afternoon.
    (D) Yes, he bought a new house.

3. (A) In the kitchen.
    (B) I'll be careful.
    (C) Because some water spilled.
    (D) No, I haven't seen him.

4. (A) I think so, too.
    (B) A chicken salad.
    (C) No, in the evening.
    (D) I've already gone.

5. (A) I am going to Hawaii.
    (B) No, I didn't go anywhere.
    (C) Last summer.
    (D) Only for one week.

6. (A) Go down the street.
    (B) After the meeting.
    (C) A one-way ticket, please.
    (D) Ten dollars.

[解答・解説は p.26-28]

🔦 ワーク｜1　　013-018

(1) Who 〔 (b) 誰 〕
(2) When 〔 (a) いつ 〕
(3) Why 〔 (c) なぜ 〕
(4) What 〔 (f) 何 〕
(5) Where 〔 (e) どこ 〕
(6) How 〔 (d) どのように 〕

🔦 ワーク｜2　　013-018

(1) (Who) has a (copy) of Ms. Kim's résumé? ┊ 誰がキムさんの履歴書の写しを持っていますか？

| 正解 | (e) | I do. （**私が持っています。**）

Who ～?で「人物」を尋ねています。「自分が持っている」と答えている(e)が正解です。応答のdoはhaveを示しています。a copy of ～「～の写し、1部の～」。résumé「履歴書」。

(2) (When) did your (brother) (arrive) home? ┊ あなたのお兄さんは、いつ家に着きましたか？

| 正解 | (f) | At around six P.M. （**午後6時ごろです。**）

When ～?で「時」を尋ねているので、時刻を答えている(f)が正解です。

(3) (Why) is Frank (mopping) the (floor)? ┊ フランクはなぜ床をモップで掃除しているのですか？

| 正解 | (a) | It is dirty. （**汚れているのです。**）

Why ～?で床をモップ掛けしている「理由」を尋ねています。Becauseなどの理由を示す語句はなくとも、「(床が)汚れている」と理由となる内容を答えている(a)が正解です。mop「～をモップで掃除する」。dirty「汚れた、汚い」。

(4) (What) did you (have) for (lunch)? ┊ 昼食に何を食べましたか？

| 正解 | (b) | I had a sandwich. （**サンドイッチを食べました。**）

What ～?で昼食に何を食べたのかを尋ねています。食べた物を答えている(b)が正解です。

(5) (Where) are you (going) for your (next) vacation? ┊ あなたは次の休暇にどこに行く予定ですか？

| 正解 | (c) | I'm planning to visit Paris. （**私はパリを訪れるつもりです。**）

Where ～?で「場所」を尋ねているので、予定している行き先を答えている(c)が正解です。vacation「休暇」。plan to *do*「～するつもりである」。

(6) (How) can I get to the (station)? ┊ 駅にはどのように行けばよいですか？

| 正解 | (d) | You can take a bus. （**バスに乗るといいですよ。**）

How ～?で「どのように」と駅への行き方を尋ねています。バスに乗るという方法を勧めている(d)が正解です。

ワーク│3　答えを選ぶポイントとなる語句の例は下線部を参照。　🔊 019-021

1. 🇦🇺 M　Who has a copy of Ms. Kim's résumé?

誰がキムさんの履歴書の写しを持っていますか？

🇬🇧 W
(A) She prefers tea.
(B) Ms. Ito has time to do it.
(C) The store is open.
(D) The manager does.

(A) 彼女は紅茶の方を好みます。
(B) イトウさんにはそれをする時間があります。
(C) その店は開いています。
(D) 部長が持っています。

> **正解　D**　Who ～?で履歴書の写しを持っている「人物」を尋ねているので、誰が持っているかを答えている (D) が正解です。manager は「部長、課長」などの部門管理者のことで、ここでの does は質問文にある動詞の has を示しています。人物の肩書である The manager と、「持っている」ということを示す does を手掛かりに正解を選ぶことができます。
> 😣 (A) 飲食物の好みについては尋ねられていません。prefer「～の方を好む」。
> 😣 (B) 人物名を述べていますが、has time「時間がある」と伝えているので、質問に対する応答になっていません。
> 😣 (C) お店の話はしていません。

2. 🇬🇧 W　When did your brother arrive home?

あなたのお兄さんは、いつ家に着きましたか？

🇨🇦 M
(A) At my mother's house.
(B) No, but my sister came.
(C) Yesterday afternoon.
(D) Yes, he bought a new house.

(A) 私の母の家で。
(B) いいえ、でも私の姉は来ました。
(C) 昨日の午後に。
(D) はい、彼は新しい家を買いました。

> **正解　C**　When ～?で家に着いた「時」を尋ねているので、Yesterday afternoon.と具体的な時を答えている (C) が正解です。
> 😣 (A) 場所は尋ねられていません。
> 😣 (B)(D) When ～?に対しては、通常 Yes/No では答えません。

3. 🇦🇺 M　Why is Frank mopping the floor?

フランクはなぜ床をモップで掃除しているのですか？

🇺🇸 W
(A) In the kitchen.
(B) I'll be careful.
(C) Because some water spilled.
(D) No, I haven't seen him.

(A) キッチンで。
(B) 気を付けます。
(C) なぜなら水がこぼれたからです。
(D) いいえ、私は彼を見かけていません。

> **正解　C**　Why ～?で「理由」を尋ねているので、Because を用いて理由を答えている (C) が正解です。Because をポイントとして正解を選ぶことができ、続く内容も床をモップで掃除している理由として質問に合致しています。spill「こぼれる」。
> 😣 (A) 場所は尋ねられていません。
> 😣 (B) 理由を答えていません。careful「注意深く、慎重に」。
> 😣 (D) Why ～?に対しては、通常 Yes/No では答えません。

Ch. 1

Listening | Part 2

Unit 2

Unit 2 | ワーク

022–024

4. 🇺🇸M What did you have for lunch? | 昼食に何を食べましたか？

🇬🇧W (A) I think so, too. | （A）私もそう思います。
(B) **A chicken salad.** | （B）**チキンサラダです。**
(C) No, in the evening. | （C）いいえ、夕方に。
(D) I've already gone. | （D）私はすでに行きました。

| 正解 | **B** | Whatで何を食べたのかと尋ねているので、食べた物を答えている(B)が正解です。 |

☹ (A) I think so, too. は、自分もそう思うと相手に賛同する表現であり、応答になっていません。
☹ (C) What 〜?に対しては、通常Yes/Noでは答えません。
☹ (D) 食べた物を尋ねる質問への応答になっていません。

5. 🇨🇦M Where are you going for your next vacation? | あなたは次の休暇にどこに行く予定ですか？

🇺🇸M (A) **I am going to Hawaii.** | （A）私はハワイに行きます。
(B) No, I didn't go anywhere. | （B）いいえ、私はどこにも行きませんでした。
(C) Last summer. | （C）昨年の夏です。
(D) Only for one week. | （D）1週間だけです。

| 正解 | **A** | Where 〜?で「場所」を尋ねているので、行き先を答えている(A)が正解です。地名であるHawaiiはもちろん、be動詞とing形を用いて近い未来を表していることもポイントとなります。 |

☹ (B) 未来のことを尋ねられているのに対し、過去形で答えているので不正解です。anywhere「〈否定文で〉どこにも」。
☹ (C) 時期は尋ねられていません。
☹ (D) 期間の長さは尋ねられていません。

6. 🇬🇧W How can I get to the station? | 駅にはどのように行けばよいですか？

🇺🇸M (A) **Go down the street.** | （A）通りをまっすぐ行ってください。
(B) After the meeting. | （B）会議の後で。
(C) A one-way ticket, please. | （C）片道の切符をお願いします。
(D) Ten dollars. | （D）10ドルです。

| 正解 | **A** | How 〜?で「どのように」と駅への行き方を尋ねています。down the streetは、道をまっすぐ進むことを表すので、(A)が正解です。 |

☹ (B) いつかは尋ねられていません。
☹ (C) 質問にあるstation「駅」と関連するticket「切符」が含まれていますが、応答になっていません。one-way「片道の」。
☹ (D) 金額は尋ねられていません。

TOEIC Bridge® Listening Test 形式の問題に挑戦しましょう。

1. Mark your answer on your answer sheet.

(A) John will do it.
(B) In the auditorium.
(C) It's a popular event.
(D) After dinner.

2. Mark your answer on your answer sheet.

(A) The one from Spain.
(B) Yes, they probably will.
(C) Those are new uniforms.
(D) A good game.

3. Mark your answer on your answer sheet.

(A) Yes, I am.
(B) By six o'clock P.M.
(C) On the train.
(D) Only on Fridays.

4. Mark your answer on your answer sheet.

(A) Look, it's right there.
(B) I'm excited, too.
(C) Let's play it slowly.
(D) There was no traffic.

5. Mark your answer on your answer sheet.

(A) No, not too far.
(B) At the next exit.
(C) For about a mile.
(D) It's being repaired.

Unit 3 | YES/NO 疑問文

Unit 3では、Listening Part 2「応答問題」のうち、いわゆるYes/No疑問文に相当するものが使われた問題に取り組みます。

①一般的なYes/No疑問文

例 Is the post office open today?
（郵便局は今日開いていますか）

例 Do you want to come to the beach with us?
（私たちと一緒にビーチへ行きたいですか）

こういった疑問文には単純にYes/Noで応答することが多い一方、最初の例にYes, until five o'clock.（はい、5時までです）と情報を補足して答えたり、2つ目の例にThat sounds like fun.（楽しそうですね）とYes/No以外の形で返答したりすることも考えられます。

②否定疑問文

例 Haven't you seen my new car?
（私の新しい車を見たことがないですか）

このような否定疑問文も出題されます。見たことがある場合は Yes, I have.、見たことがない場合は No, I haven't. という応答になります。

③付加疑問文

例 It's very cold today, isn't it?
（今日はとても寒いですよね）

肯定文の文末に, isn't it?、否定文の文末に, is it?などを付けた付加疑問文もよく出題されます。相手に同意を求める場合には文尾を下がり調子で、確認したい場合には上がり調子で発音します。

[例題]

 030

1. Mark your answer on your answer sheet.

   (A) No, I don't have any.
   (B) Yes, last week.
   (C) I'm free tomorrow.
   (D) It's a good movie.

1. W You moved to a new apartment, didn't you?

あなたは新しい部屋に引っ越したのですよね？

M
(A) No, I don't have any.
(B) Yes, last week.
(C) I'm free tomorrow.
(D) It's a good movie.

（A）いいえ、私は一つも持っていません。
（B）はい、先週に。
（C）明日、私は暇です。
（D）それは良い映画です。

正解	**B**

文末に～, didn't you?の付いた付加疑問文で、相手が新しい部屋に引っ越したことを確認しています。それに対してYesで肯定した後、「先週に」といつ引っ越したのかを付け加えている(B)が正解です。move to ～「～へ引っ越す」。apartment「（共同住宅の）一室」。

☹ (A) Noと答えていますが、anyが指しているものが不明で、応答になっていません。any「（否定文で）一つも」。

☹ (C) 明日の予定は尋ねられていません。

☹ (D) 質問中のmovedと似た音のmovie「映画」が含まれている点に注意。

Ch.1

Listening｜Part 2

Unit 3

031

031-036

✎ ワーク | 1

音声を聞き、( )の中を埋めましょう。

(1) (　　　　　　　　　) you (　　　　　　　　　) to the new shopping mall?

(2) Doesn't Mark (　　　　　　　)(　　　　　　　) today?

(3) Jimmy's Café serves vegetarian (　　　　　　　), (　　　　　　　) it?

(4) Kelly will (　　　　　　) me up at the airport, (　　　　　　　) she?

(5) Haven't you (　　　　　　) the daily (　　　　　　) yet?

(6) Are you going to the (　　　　　　) (　　　　　　　)?

✎ ワーク | 2

ワーク1の(1)～(3)と(4)～(6)の質問に対して、応答となり得る選択肢をそれぞれ下の枠内から2つずつ選びましょう。

(1) 〔　　　　　　〕　(2) 〔　　　　　　　〕　(3) 〔　　　　　　　〕

(a) I'm sure it does.
(b) No, he is off today.
(c) Never, but I want to.
(d) He'll be here soon.
(e) Yes, the mall was great.
(f) Yes, and they taste good.

(4) 〔　　　　　　〕　(5) 〔　　　　　　　〕　(6) 〔　　　　　　　〕

(g) I need some more time.
(h) No, I will stay home.
(i) Yes, she'll meet you.
(j) Yes, I just finished it.
(k) Actually, I already went this morning.
(l) She won't, but I will.

ワーク｜3   037-042

問われている内容に注意して、最も適切な応答を選択肢から選びましょう。また、答えを選ぶポイントとなった語句に、下線を引きましょう。

1.　(A) No problem, it's easy.
　　 (B) Yes, I went there last weekend.
　　 (C) From ten A.M.
　　 (D) On the second floor.

2.　(A) He didn't know that.
　　 (B) Next week is better.
　　 (C) Yes, it is.
　　 (D) No, he is sick.

3.　(A) Yes, they have several kinds.
　　 (B) No, the new one is better.
　　 (C) I prefer coffee.
　　 (D) I need some onions.

4.　(A) I did that yesterday.
　　 (B) In front of my house.
　　 (C) You need a passport.
　　 (D) No, she won't have time.

5.　(A) It was too expensive.
　　 (B) I've never been there.
　　 (C) I already submitted it.
　　 (D) Yes, he is available.

6.　(A) Yes, I need to return some books.
　　 (B) It was in my office.
　　 (C) I haven't read the article yet.
　　 (D) Joseph went to the store.

Ch. 1

Listening｜Part 2

Unit 3

[解答・解説は p.34-36]

[解答・解説は p.34-36]

033

ワーク 1・2

031-036

(1) (Have) you (been) to the new shopping mall?　　あの新しいショッピングモールに行ったことはありますか?

> 正解　(c)　Never, but I want to.　（一度もないですが、行きたいです。）
>
> 正解　(e)　Yes, the mall was great.　（はい、そのモールはとても良かったです。）

経験を問うYes/No疑問文です。(c)ではNoの代わりにNever「一度もない」と答えています。(e)ではYesと答え、モールの感想を付け加えています。

(2) Doesn't Mark (come) (in) today?　　マークは今日、来ないのですか?

> 正解　(b)　No, he is off today.　（来ません、彼は今日は休みです。）
>
> 正解　(d)　He'll be here soon.　（彼は間もなくここに着きます。）

come inは「(職場などに)来る、出社する」という意味であり、否定疑問文でマークは来ないのかと尋ねています。(b)ではNoで来ないことを伝え、その理由を付け加えています。(d)ではYes/Noでは答えていませんが、「間もなく着く」と情報を伝えています。off「休みの」。

(3) Jimmy's Café serves vegetarian (dishes), (doesn't) it?　　ジミーズ・カフェでは、ベジタリアン向けの料理を出しますよね?

> 正解　(a)　I'm sure it does.　（出すことは確かです。）
>
> 正解　(f)　Yes, and they taste good.　（はい、そしておいしいです。）

付加疑問文で、ベジタリアン向け料理の提供について確認しています。(a)では、提供するという情報をI'm sureと自信を持って伝えています。itはJimmy's Caféを、doesはservesを示します。(f)ではYesと答え、その料理の味について述べています。serve「~(飲食物)を出す」。vegetarian「ベジタリアン向けの」。taste ~「~の味がする」。

(4) Kelly will (pick) me up at the airport, (won't) she?　　ケリーは空港に私を迎えに来ますよね?

> 正解　(i)　Yes, she'll meet you.　（はい、彼女があなたを出迎えます。）
>
> 正解　(l)　She won't, but I will.　（彼女は行きませんが、私が行きます。）

付加疑問文で、空港での出迎えについて確認しています。(i)ではYesと答え、ケリーが出迎えることを繰り返して伝えています。(l)では迎えに行く人物について訂正しています。pick ~ up「~を迎えに行く」。

(5) Haven't you (finished) the daily (report) yet?　　日報をまだ仕上げていないのですか?

> 正解　(g)　I need some more time.　（もう少し時間が必要です。）
>
> 正解　(j)　Yes, I just finished it.　（やりました、ちょうど仕上げたところです。）

否定疑問文で、日報を仕上げていないのかと尋ねています。(g)ではNo,という言葉は省略されていますが、「(まだ仕上げておらず)もう少し時間が必要」と現状を述べています。(j)ではYesと答え、ちょうど完了したことを伝えています。

(6) Are you going to the (library) (today)?　　今日、図書館に行きますか?

> 正解　(h)　No, I will stay home.　（いいえ、私は家にいるつもりです。）
>
> 正解　(k)　Actually, I already went this morning.　（実は、今朝すでに行きました。）

今日の予定についてYes/No疑問文で尋ねています。(h)ではNoと答え、自身の予定を伝えています。(k)では、Yes/Noでは答えていませんが、すでに図書館に行ったことを述べています。

1. 🇬🇧 W Have you been to the new shopping mall?

あの新しいショッピングモールに行ったことはありますか?

🇺🇸 M (A) No problem, it's easy.
(B) Yes, I went there last weekend.
(C) From ten A.M.
(D) On the second floor.

(A) 問題ないです、簡単です。
(B) はい、先週末にそこに行きました。
(C) 午前 10 時からです。
(D) 2 階です。

| 正解 | **B** | Yes/No 疑問文でショッピングモールへ行ったことがあるかと尋ねているので、Yesと答え、続けていつ行ったかを補足している(B)が正解です。 |

☹ (A) No problemは「問題ない」という意味の表現です。行ったことがあるかを問う質問の答えになっていません。
☹ (C) 開店時刻は尋ねられていません。
☹ (D) 場所は尋ねられていません。

2. 🇺🇸 M Doesn't Mark come in today?

マークは今日、来ないのですか?

🇬🇧 W (A) He didn't know that.
(B) Next week is better.
(C) Yes, it is.
(D) No, he is sick.

(A) 彼はそれを知りませんでした。
(B) 来週の方がいいです。
(C) はい、そうです。
(D) 来ません、彼は具合が悪いのです。

| 正解 | **D** | 否定疑問文でマークは来ないのかと尋ねているので、Noで来ないことを伝え、続けてその理由を説明している(D)が正解です。 |

☹ (A) Heがマークを指すとしても、質問内容に合いません。現在のことを尋ねられているのに過去形である点も不適切です。
☹ (B) 都合については尋ねられていません。
☹ (C) Yesと答えていますが、続くit isが示す内容が不明で、応答になっていません。

3. 🇨🇦 M Jimmy's Café serves vegetarian dishes, doesn't it?

ジミーズ・カフェでは、ベジタリアン向けの料理を出しますよね?

🇺🇸 M (A) Yes, they have several kinds.
(B) No, the new one is better.
(C) I prefer coffee.
(D) I need some onions.

(A) はい、幾つか種類があります。
(B) いいえ、新しいものの方がいいです。
(C) 私はコーヒーの方が好きです。
(D) 私は玉ねぎが幾つか必要です。

| 正解 | **A** | 付加疑問文で、ベジタリアン向けの料理があることを確認しているので、Yesと答え、ベジタリアン料理の種類が幾つかあることを補足している(A)が正解です。several kindsの後にof vegetarian dishesが省略 |

されています。
☹ (B) Noと答えていますが、続く内容のthe new oneが指すものが不明で、応答になっていません。
☹ (C) 食事に関する話はしていますが、飲み物の好みは聞かれていないため、応答として不適切です。
☹ (D) 料理に関する話はしていますが、必要な材料については尋ねられていません。

🔊 040–042

4. 🇬🇧 W Kelly will pick me up at the airport, won't she?

🇺🇸 M (A) I did that yesterday.
(B) In front of my house.
(C) You need a passport.
(D) No, she won't have time.

ケリーは空港に私を迎えに来ますよね？

(A) 私は昨日それをしました。
(B) 私の家の前で。
(C) パスポートが必要です。
(D) いいえ、彼女は時間がありません。

正解	D

付加疑問文で、空港での出迎えについて確認しているので、Noと答え、「彼女は時間がない」とその理由を答えている(D)が正解です。Noという答えとsheを主語とした理由がポイントとなります。

☹ (A) 未来のことを尋ねているのに対して過去形で答えているため、不適切です。
☹ (B) 場所は尋ねられていません。in front of ～「～の前で」。
☹ (C) 質問にあるairport「空港」に関連するpassport「パスポート」が含まれていますが、応答になっていません。

5. 🇺🇸 M Haven't you finished the daily report yet?

🇬🇧 W (A) It was too expensive.
(B) I've never been there.
(C) I already submitted it.
(D) Yes, he is available.

日報をまだ仕上げていないのですか？

(A) それは高価過ぎました。
(B) 私はそこに行ったことがありません。
(C) 私はすでにそれを提出しました。
(D) はい、彼は手が空いています。

正解	C

否定疑問文で日報を仕上げていないのかと尋ねているので、「すでに提出した」と答えて、仕上げたことを伝えている(C)が正解です。yet「まだ」を用いた質問に対してalready「すでに」と答えていること、submit「～を提出する」という日報にふさわしい動詞を使って答えていること、そしてその目的語のitがthe daily report「日報」を指すことがポイントとなります。

☹ (A) Itがthe daily reportを指すとするとtoo expensive「高価過ぎる」と合わず、質問への応答としても不適切です。
☹ (B) thereの指す場所が不明であり、また、応答としても不適切です。
☹ (D) Yesと答えていますが、続くheが指す人物が不明であり、応答になっていません。

6. 🇬🇧 W Are you going to the library today?

🇺🇸 M **(A) Yes, I need to return some books.**
(B) It was in my office.
(C) I haven't read the article yet.
(D) Joseph went to the store.

今日、図書館に行きますか？

(A) はい、本を返す必要があります。
(B) それは私のオフィスにありました。
(C) 私はその記事をまだ読んでいません。
(D) ジョセフは店に行きました。

正解	A

図書館に行くかと尋ねているので、Yesと答えて、その理由を付け加えている(A)が正解です。Yesという答えと、return some booksがポイントとなります。

☹ (B) Itが指すものが不明であり、応答になっていません。
☹ (C) 質問にあるlibraryに関連しそうなreadやarticle「記事」が含まれていますが、応答になっていません。
☹ (D) 質問ではAre you ～?と相手のことを尋ねているので、第三者の行動について述べているのは不適切です。

TOEIC Bridge® Listening Test 形式の問題に挑戦しましょう。

1. Mark your answer on your answer sheet.

    (A) No, it's open.
    (B) I don't have a key.
    (C) Yes, near the elevator.
    (D) It goes to Westville.

2. Mark your answer on your answer sheet.

    (A) We've seen it several times.
    (B) A large garden.
    (C) No, it's still too cold.
    (D) I didn't know that.

3. Mark your answer on your answer sheet.

    (A) No, I don't have any.
    (B) Yes, we went to school together.
    (C) At three o'clock tomorrow.
    (D) That's a great plan.

4. Mark your answer on your answer sheet.

    (A) Under the piano.
    (B) A lot of practice.
    (C) I didn't have time to go.
    (D) Not very many people.

5. Mark your answer on your answer sheet.

    (A) I've worked there for years.
    (B) Yes, it was just repaired.
    (C) No, it's at my home.
    (D) She retired last year.

Ch. 1

Listening | Part 2

ミニテスト 3

Unit 4 ｜ 平叙文、選択疑問文、提案・依頼・許可の文

　Unit 4では、Listening Part 2「応答問題」のうち、WH疑問文やYes/No疑問文以外の質問や発言が含まれる問題に取り組みます。

①平叙文

例 I'm going home now. (では、私は帰宅します)
このように、状況や意思などを伝える平叙文を聞いて、適切な応答を選ぶ問題が出題されます。応答はいろいろなパターンが考えられ、例えばI'm leaving, too.(私も出ます)という答えや、Why are you leaving so early? (なぜそんなに早く出るのですか)と質問で返すこともあります。つじつまの合う応答になっているかが重要です。

②選択疑問文

例 When are you traveling, this month or next? (あなたはいつ旅行しますか、今月それとも来月?)
選択疑問文は、2つの選択肢を示してどちらかと尋ねる疑問文です。提示された選択肢を答えることもあれば、Not until August.(8月まではしません)といった、提示されていない応答をすることもあります。

③提案の文

例 How about stopping by a café? (カフェに寄りませんか)

④依頼の文

例 Could you shut the door? (ドアを閉めていただけますか)

⑤許可を求める文

例 May I ask you some questions? (幾つか質問してもいいですか)

③〜⑤の例にあるような、定型表現や助動詞を使って提案や依頼をする、許可を求めるといった質問も登場します。さまざまな表現や答え方を学習していきましょう。

[例題]

 048

1.　Mark your answer on your answer sheet.

(A) Thank you very much.
(B) Yes, blue and yellow.
(C) On the wall, please.
(D) Brushes are over there.

1. W　Your new painting is beautiful!　　　あなたの新しい絵画は美しいです！

 M　(A) Thank you very much.　　　　　（A）どうもありがとうございます。
　　　(B) Yes, blue and yellow.　　　　　（B）はい、青と黄色です。
　　　(C) On the wall, please.　　　　　（C）その壁にお願いします。
　　　(D) Brushes are over there.　　　　（D）絵筆はあそこにあります。

正解	A	「あなたの新しい絵画は美しいです」という称賛に対し、「ありがとうございます」とお礼を述べている(A)が正解です。painting「絵画」。

☹ (B) Yesに続けて色を述べているだけであり、応答になっていません。
☹ (C) 絵画をどこに掛けるかなどは尋ねられていません。on the wall「壁に」。
☹ (D) 絵筆が置いてある場所は尋ねられていません。brush「絵筆」。

Ch.1

Listening | Part 2

Unit 4

✐ ワーク | 1　　　　　　　　　　　　　　　　　　　　　　　　　🔊 **049-054**

音声を聞き、( )の中を埋めましょう。

(1) Do you (　　　　　　　　) to take an (　　　　　　　　　　) class or one in a (　　　　　　　　)?

(2) (　　　　　　　) don't we (　　　　　　　) a bouquet on her birthday?

(3) (　　　　　　　) I talk to you for a (　　　　　　　)?

(4) (　　　　　　　) you (　　　　　　　) out the registration form?

(5) (　　　　　　　) make (　　　　　　　) to bring your water bottle.

(6) The air-conditioning system is (　　　　　　) (　　　　　　　) properly.

✐ ワーク | 2

ワーク1の(1)～(3)と(4)～(6)の質問や発言に対して、応答となり得る選択肢をそれぞれ下の枠内から2つずつ選びましょう。

(1) 〔　　　　　　　〕　　(2) 〔　　　　　　　　　〕　　(3) 〔　　　　　　　〕

(a) An online class is better for me.

(b) Sure, what happened?

(c) That's a good idea.

(d) Sounds great.

(e) Which class is more popular?

(f) Sorry, I have to go to a meeting now.

---

(4) 〔　　　　　　　〕　　(5) 〔　　　　　　　　　〕　　(6) 〔　　　　　　　〕

(g) Sure, I'll do it right away.

(h) OK, may I borrow your pen?

(i) I already packed it.

(j) I will call a repair person.

(k) What else do I need to bring?

(l) That's why it's so hot here.

問われている内容に注意して、最も適切な応答を選択肢から選びましょう。また、答えを選ぶポイントとなった語句に、下線を引きましょう。

1. (A) I studied accounting.
(B) In the orientation.
(C) Both colors are attractive.
(D) I'd like to have classroom lessons.

2. (A) She has to set up the room.
(B) A bunch of sunflowers would be nice.
(C) I'll take two.
(D) I paid twenty dollars.

3. (A) Yes, do you need any help?
(B) Julie talked about the project.
(C) No, not enough.
(D) You can call a taxi.

4. (A) I already completed it.
(B) No, I didn't know that.
(C) That's very helpful.
(D) Yes, you need to register for the course.

5. (A) I was very thirsty.
(B) Thank you for reminding me.
(C) Mr. Lin will show you around.
(D) At a public stadium.

6. (A) Call the maintenance team then.
(B) I'm ready to order.
(C) No, thank you.
(D) It's in the lobby.

［解答・解説は p.42-44］

ワーク 1・2

049-054

(1) Do you (prefer) to take an (online) class or one in a (classroom)?

オンライン授業を受ける方がいいですか、それとも教室での授業の方がいいですか?

| 正解 | (a) | An online class is better for me. （私はオンライン授業の方がいいです。）

| 正解 | (e) | Which class is more popular? （どちらの授業がより人気がありますか?）

選択疑問文で、オンライン授業と教室での授業のどちらがいいかを尋ねています。(a)では、オンライン授業を選択しています。(e)では、どちらかを答えず、代わりにどちらが人気があるのかを問い掛けています。

(2) (Why) don't we (send) a bouquet on her birthday?

彼女の誕生日に花束を贈りませんか?

| 正解 | (c) | That's a good idea. （それは良い考えです。）

| 正解 | (d) | Sounds great. （すごく良いですね。）

Why don't we ～?は、「（一緒に）～しませんか」という提案の表現です。(c)では、That's a good idea.「良い考えだ」と賛同しています。(d)では、sound「思われる、考えられる」を用いて賛成しています。bouquet「花束」。

(3) (May) I talk to you for a (minute)?

少し話してもいいですか?

| 正解 | (b) | Sure, what happened? （もちろん、どうしましたか?）

| 正解 | (f) | Sorry, I have to go to a meeting now. （ごめんなさい、今から会議に行かなければならないのです。）

May I ～?で「～してもいいですか」と許可を求めています。(b)ではSure「もちろん」と受け入れ、相手に用件を尋ねています。(f)ではSorry「ごめんなさい」と断り、理由を述べています。for a minute「少しの間」。happen「起こる」。

(4) (Could) you (fill) out the registration form?

登録用紙に記入していただけますか?

| 正解 | (g) | Sure, I'll do it right away. （はい、今すぐにやります。）

| 正解 | (h) | OK, may I borrow your pen? （分かりました、ペンを借りてもいいですか?）

Could you ～?で「～していただけますか」と丁寧に依頼しています。(g)ではSureと答えて、すぐにやると伝えています。(h)ではOKと承諾し、ペンを借りられるか尋ねています。fill out「～に記入する」。registration「登録」。right away「今すぐ」。

(5) (Please) make (sure) to bring your water bottle.

必ず水筒を持参してください。

| 正解 | (i) | I already packed it. （もうそれを荷物に入れました。）

| 正解 | (k) | What else do I need to bring? （他には何を持って行く必要がありますか?）

Please make sure to do は「必ず～してください」と念押しする表現です。(i)のitはwater bottle「水筒」を指し、すでに荷物に入れたことを伝えています。(k)では、他に持参すべきものを尋ねています。pack「～を荷物に詰める」。

(6) The air-conditioning system is (not) (working) properly.

空調システムが適切に作動していません。

| 正解 | (j) | I will call a repair person. （私が修理業者に電話します。）

| 正解 | (l) | That's why it's so hot here. （だからここはこんなに暑いのですね。）

空調が正しく作動していないことを伝えています。(j)では、空調を直す必要があると判断して「修理業者に電話する」と応じています。(l)では、「だからこんなに暑いのか」と、相手の言葉で自分の感じていた暑さの理由が分かったということを述べています。work「作動する」。properly「適切に」。repair「修理」。that's why ～「だから～なのだ」。

1. 🇺🇸 M　Do you prefer to take an online class or one in a classroom?

オンライン授業を受ける方がいいですか、それとも教室での授業の方がいいですか？

🇬🇧 W
(A) I studied accounting.
(B) In the orientation.
(C) Both colors are attractive.
(D) I'd like to have classroom lessons.

（A）私は会計学を学びました。
（B）オリエンテーションで。
（C）どちらの色も魅力的です。
（D）私は教室で授業を受けたいです。

正解 **D**　選択疑問文で、オンライン授業と教室での授業のどちらがいいかを尋ねています。質問文のoneはclass「授業」を指しているので、one in a classroomをclassroom lessonsと言い換えて選択している(D)が正解です。I'd like to doで「〜がしたい」と希望を述べ、classroom lessonsで2つの選択肢のうちの1つを選んでいる点がポイントとなります。prefer to do「〜する方を好む」。
☹ (A) 何を学んだかについては尋ねられていません。accounting「会計学」。
☹ (B) 質問の内容と関連がありそうなorientation「オリエンテーション」が含まれていますが、質問に応答していません。
☹ (C) 選択疑問文に対してboth「両方の」を用いていますが、続く内容が質問に応答していません。attractive「魅力的な」。

2. 🇨🇦 M　Why don't we send a bouquet on her birthday?

彼女の誕生日に花束を贈りませんか？

🇬🇧 W
(A) She has to set up the room.
(B) A bunch of sunflowers would be nice.
(C) I'll take two.
(D) I paid twenty dollars.

（A）彼女は部屋の準備をしなければいけません。
（B）ひまわりの花束が良さそうです。
（C）2つ頂きます。
（D）私は20ドル支払いました。

正解 **B**　Why don't we 〜?「(一緒に)〜しませんか」と、花束を贈る提案をしています。それに対し、直接賛同の言葉は述べていませんが、具体的にひまわりの花束を提案している(B)が正解です。wouldは「〜でしょう」と推量を表す表現です。bunch「(花などの)束」。
☹ (A) 彼女の予定などについては尋ねられておらず、提案に対する応答になっていません。set up 〜「〜を準備する」。
☹ (C) I'll take 〜は、何かを購入する際に用います。「一緒に贈らないか」という提案に対する応答になっていません。
☹ (D) 幾ら支払ったかは尋ねられていません。

3. 🇺🇸 M　May I talk to you for a minute?

少し話してもいいですか？

🇬🇧 W
(A) Yes, do you need any help?
(B) Julie talked about the project.
(C) No, not enough.
(D) You can call a taxi.

（A）はい、何か手伝いが必要ですか？
（B）ジュリーがそのプロジェクトについて話しました。
（C）いいえ、十分ではありません。
（D）タクシーを呼べますよ。

正解 **A**　May I 〜?で話しかける許可を求めています。Yesと答え、手伝いが必要なのかと問い返している(A)が正解です。Yesと答えている点と、need any helpと助けが必要かと聞いている点がポイントとなります。
☹ (B) 質問にあるtalkの過去形が含まれていますが、第三者の情報は無関係なので不適切です。
☹ (C) Noと答えていますが、続く内容のnot enough「十分ではない」が質問に応答していません。
☹ (D) 許可を求める質問にYou can 〜「〜してよい」と答えていますが、それに続く内容が質問と合っていません。

Ch.1　Listening｜Part 2　Unit 4

🔊 058-060

4. 🇬🇧 W Could you fill out the registration form?

🇺🇸 M (A) I already completed it.
(B) No, I didn't know that.
(C) That's very helpful.
(D) Yes, you need to register for the course.

登録用紙に記入していただけますか?

(A) 私はすでにそれに記入しました。
(B) いいえ、私はそれを知りませんでした。
(C) それはとても役立ちます。
(D) はい、あなたはそのコースに登録する必要があります。

正解 A　Could you 〜?を用いて、用紙への記入を丁寧に依頼しています。completeは「〜に全て記入する」という意味で、すでに記入したことを伝えている(A)が正解です。itはthe registration formを指し、記入したことを伝えているcompleted itがポイントとなります。
😞 (B) Noと答えてはいますが、続く内容が依頼に対する応答になっていません。
😞 (C) Thatが登録用紙を指すとしても、依頼に対する応答になっていません。helpful「役に立つ」。
😞 (D) Yesと答えていますが、続く内容が相手に必要事項を伝えるものであり、依頼に対する応答になっていません。register for 〜「〜に登録する」。

5. 🇺🇸 M Please make sure to bring your water bottle.

🇬🇧 W (A) I was very thirsty.
(B) Thank you for reminding me.
(C) Mr. Lin will show you around.
(D) At a public stadium.

必ず水筒を持参してください。

(A) 私はとても喉が渇いていました。
(B) 念押ししてくれてありがとうございます。
(C) リンさんがあなたを案内します。
(D) 市民スタジアムで。

正解 B　必ず水筒を持参するよう伝えています。それに対し、remind「〜に念押しする、〜に思い出させる」を用いて、念押しのお礼を伝えている(B)が正解です。
😞 (A) 質問にあるwater bottle「水筒」と関連しそうなthirsty「のどが渇いて」が含まれていますが、応答になっていません。
😞 (C) 何が行われるかは尋ねられていません。show 〜 around「〜を案内して回る」。
😞 (D) 場所は尋ねられていません。

6. 🇺🇸 M The air-conditioning system is not working properly.

🇬🇧 W (A) Call the maintenance team then.
(B) I'm ready to order.
(C) No, thank you.
(D) It's in the lobby.

空調システムが適切に作動していません。

(A) では整備チームに電話してください。
(B) もう注文できます。
(C) いいえ、結構です。
(D) それはロビーにあります。

正解 A　空調の不具合を伝えています。それに対し、不具合を確認・修繕してくれると考えられる整備チームに電話するよう伝えている(A)が正解です。不具合の報告に対する応答なので、maintenance teamに言及している点がポイントと言えます。maintenance「整備、維持」。
😞 (B) レストランなどで注文する際に用いる表現です。
😞 (C) 何かを勧められた際、それを断るために用いる表現です。
😞 (D) 場所は尋ねられていません。

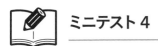
TOEIC Bridge® Listening Test 形式の問題に挑戦しましょう。

1. Mark your answer on your answer sheet.

(A) Over a year old.
(B) My favorite food.
(C) From the farmers market.
(D) Good idea.

2. Mark your answer on your answer sheet.

(A) Both of them.
(B) When I see them.
(C) A radio program.
(D) No, I walked there.

3. Mark your answer on your answer sheet.

(A) All of us agree.
(B) Four hours ago.
(C) I understand now.
(D) That's very nice of you.

4. Mark your answer on your answer sheet.

(A) I shop at the new supermarket.
(B) That would be nice.
(C) Yes, she already joined.
(D) One hour ago.

5. Mark your answer on your answer sheet.

(A) They painted the ceiling, too.
(B) A few of them.
(C) At the City Museum.
(D) Thanks, I just bought it.

Unit 5 | 会話問題のポイント

Listening Part 3「会話問題」では全体で5つの会話が出題され、そのうち2つの会話には図表を見て答える設問が含まれます。Unit 5では、図表を伴わない問題に取り組みます。

会話問題では、2人の人物の会話の音声が流れ、その後に2つの設問文が読み上げられます。下の例題のように、設問文と4つの選択肢は問題用紙に印刷されています。選択肢は読み上げられません。

Questions 27 and 28 refer to the following conversation.(問題27と28は次の会話に関するものです)といったナレーションが流れてから会話が始まります。会話を聞くときは、次のポイントに注意しましょう。

①**どこで会話が行われているか**(店、職場、駅など)
②**誰と誰が話しているか**(店員と客、同僚同士、駅員と乗客など)
③**何のために話しているか**(商品を探している、情報交換する、乗り換え方法を聞くなど)

会話に続く設問では、Where are the speakers?(話し手たちはどこにいますか)といった場面を問う問題や、What does the man want to buy?(男性は何を買いたいのですか)といった詳細を問う問題などが出されます。

[例題]

 066-067

1. Where are the speakers?

(A) At a zoo.
(B) At a pet store.
(C) At a movie theater.
(D) At an airport.

2. How many tickets does the woman buy?

(A) One.
(B) Two.
(C) Three.
(D) Four.

[例題の解答と解説]

🔊 Questions 1 and 2 refer to the following conversation.

🏳 M Welcome to the Central Zoo.

🏴 W Thanks. I'd like one adult ticket and two children's tickets, please.

🏳 M Here you are—three tickets. There's an area at the back where children can feed the animals. Enjoy your visit!

問題 1 と 2 は次の会話に関するものです。

セントラル動物園へようこそ。

ありがとう。大人のチケットを 1 枚と子どもの チケットを 2 枚お願いします。

はい、こちら、チケット 3 枚です。奥に、お子さまたちが動物にえさをやれる場所があります。どうぞお楽しみください!

語注 refer to ～　～に関連する／ following　次の／ conversation　会話／ adult　大人の／ at the back　奥に、裏に／ feed　～にえさをやる／ visit　訪問、滞在

1. 話し手たちはどこにいますか?

(A) 動物園に。
(B) ペットショップに。
(C) 映画館に。
(D) 空港に。

2. 女性はチケットを何枚買いますか?

(A) 1 枚。
(B) 2 枚。
(C) 3 枚。
(D) 4 枚。

正解 **A**　男性は最初の発言で Welcome to the Central Zoo. 「セントラル動物園へようこそ」と言い、それに対して女性はチケットを購入しようとしています。よって、(A)が正解です。
😞 (B) チケットの購入のやりとりをしているので不適切です。pet store「ペットショップ」。
😞 (C) (D) どちらもチケットの購入と関連のある場所ですが、男性は冒頭で「セントラル動物園へようこそ」と言っているので不適切です。

正解 **C**　女性は I'd like one adult ticket and two children's tickets, please. 「大人のチケットを 1 枚と子どものチケットを 2 枚お願いします」と伝えています。それに対して、係員と思われる男性は Here you are—three tickets. 「はい、こちら、チケット 3 枚です」と言ってチケットを渡しています。よって、(C)が正解です。

Unit 5 | ワーク

🖊 ワーク | 1

⚡ 068

(1) 音声を聞いて、聞き取れた語句をなるべく多く書き出してみましょう。

```
```

(2) 話し手たちは何について話していますか。下の枠内から選びましょう。〔　　　〕

(a) 出張の行先	(b) 昨年旅行した場所	(c) 来週の休暇

(3) 話し手たちはどのような場所に言及していますか。下の枠内から選びましょう。〔　　　〕

(a) 国立公園	(b) ホテル	(c) 水族館

✎ ワーク｜2

もう一度音声を聞き、(　　)の中を埋めましょう。

🔊 Questions 1 and 2 refer to the following conversation.

🇺🇸 W　Malcolm, are you planning to (　　　　　　　　) somewhere for your (　　　　　　　　)

next (　　　　　　　)?

🇨🇦 M　Yes, we're (　　　　　　　　) to Norton National Park. I've heard the wildflowers are

(　　　　　　　).

🇺🇸 W　Yes, and the park rangers give guided (　　　　　　　　) walks. I (　　　　　　) you

(　　　　　　　) a reservation for one of those.

語注　somewhere　どこかへ／ wildflower　野草、野の花／ park ranger　公園管理人／ guided　ガイド付きの／
reservation　予約

✎ ワーク｜3

もう一度音声を聞き、各設問において最も適切な選択肢を選びましょう。また、答えを選ぶ際に根拠となった部分を上のワーク2の文中から見つけ、下線を引きましょう。

1.　What does the man plan to do next week?

(A) Start a garden.
(B) Take a vacation.
(C) Shop for a car.
(D) Meet with some clients.

2.　What does the woman suggest?

(A) Photographing some flowers.
(B) Looking at a catalog.
(C) Providing snacks.
(D) Making a reservation.

[解答・解説は p.50]

🔊 Questions 1 and 2 refer to the following conversation.

🇺🇸 W Malcolm, ¹are you planning to (travel) somewhere for your (vacation) next (week)?

🇨🇦 M ¹Yes, we're (driving) to Norton National Park. I've heard the wildflowers are (beautiful).

🇺🇸 W Yes, and the park rangers give guided (nature) walks. ²I (suggest) you (make) a reservation for one of those.

問題1と2は次の会話に関するものです。

マルコム、来週の休暇にどこかへ旅行するつもりなの?

うん、ノートン国立公園に車で行くよ。野草がきれいだって聞いたんだ。

そうよ、それに公園管理人が、ガイド付きの自然散策を行ってくれるの。その1つを予約したらどうかしら。

💡 ワーク | 1

(1) 上記スクリプトを参照。

(2) (c) 来週の休暇　　女性が最初の発言でyour vacation next weekと言い、2人は来週の休暇で男性がどこに行くかについて話しています。

(3) (a) 国立公園　　男性が行き先としてNorton National Parkと述べています。

💡 ワーク | 2

上記スクリプトを参照。

💡 ワーク | 3

答えの根拠となる部分の例は、上記スクリプトの下線部を参照。

1. What does the man plan to do next week?

(A) Start a garden.
(B) Take a vacation.
(C) Shop for a car.
(D) Meet with some clients.

男性は、来週何をすることを計画していますか?

(A) 菜園を始める。
(B) 休暇を取る。
(C) 車を買いに行く。
(D) 顧客と会う。

正解　**B**　女性は最初に、are you planning to travel somewhere for your vacation next week?「来週の休暇にどこかへ旅行するつもりなの?」と尋ねています。それに対して男性はYesと答え、休暇中の予定を伝えているので(B)が正解です。

☹ (A) wildflowersなど、植物に関連する語が出てきますが、garden「菜園、庭園」を始める話はしていません。
☹ (C) 男性はdriveという語を使い、車で行くとは言っていますが、車を買いに行く話はしていません。
☹ (D) client「顧客」については述べられていません。

---

2. What does the woman suggest?

(A) Photographing some flowers.
(B) Looking at a catalog.
(C) Providing snacks.
(D) Making a reservation.

女性は何を提案していますか?

(A) 花の写真を撮ること。
(B) カタログを見ること。
(C) 軽食を提供すること。
(D) 予約をすること。

正解　**D**　女性は2回目の発言で、ガイド付きの自然散策について述べ、I suggest you make a reservation for one of those.「その1つを予約したらどうかしら」と提案しています。よって正解は(D)です。

☹ (A) 野草への言及はありますが、写真を撮ることは提案していません。photograph「〜の写真を撮る」。
☹ (B) catalog「カタログ」については言及がありません。
☹ (C) snack「軽食」については言及がありません。provide「〜を提供する」。

ミニテスト 5

070–073

TOEIC Bridge® Listening Test 形式の問題に挑戦しましょう。

1. What is the woman trying to do?

    (A) Make an appointment.
    (B) Visit a friend.
    (C) Finish some paperwork.
    (D) Cancel a meeting.

2. Who most likely is the man?

    (A) A nurse.
    (B) An accountant.
    (C) A doctor.
    (D) A receptionist.

3. What does the woman not like about reading news online?

    (A) The advertisements.
    (B) The Internet speed.
    (C) The bright screen.
    (D) The high price.

4. What does the woman ask the man to do?

    (A) Download a video.
    (B) Fix her computer.
    (C) Send her an e-mail.
    (D) Write down a name.

Ch. 1

Listening | Part 3

ミニテスト 5

［解答・解説は別冊 p.8-9］

051

Unit 6 ｜ 図表付き会話問題

Unit 6では、Listening Part 3「会話問題」のうち、図表を見て答える設問が含まれる問題に取り組みます。

各会話の導入では、Questions 33 and 34 refer to the following conversation and price list. (問題33と34は次の会話と価格表に関するものです) のようなナレーションが流れ、下線部で図表の種類が示されます。

問題用紙には下の例題のように図表が1つ示され、その下に設問と選択肢が印刷されています。下の例題の図表はprice listですが、他にschedule(予定表、番組表)、list(一覧表)、directory(案内板)、sign(掲示)、invoice(請求書)などがあります。

会話では図表に関連する話題が出てきますが、話の流れをよく聞くことが重要です。例えば「最終的に何を買ったか」「最終的にどの映画を見ることにしたか」などを聞き取らないと、図表のどの項目を見てよいかが分からず、正解を選ぶことができません。図表を見ながら、注意深く会話のやりとりを聞きましょう。

また、会話が始まる前に、図表にあらかじめ目を通しておくことも重要です。そうすると会話の状況を推測しやすくなり、図表中の語句が会話に出てくれば聞き取りの助けにもなります。そして図表の有無にかかわらず、会話が流れる前に設問と選択肢にさっと目を通しておくと、聞き取りのポイントを絞れて正解を導きやすくなります。

［ 例題 ］

● 074-075

The Hot Cup Café		
Item	**Small**	**Large**
Tea or coffee	$1.00	$1.50
Hot chocolate	$2.00	$2.50

1. Look at the price list. How much will the man pay?

　(A) $1.00.
　(B) $1.50.
　(C) $2.00.
　(D) $2.50.

2. What problem does the woman mention?

　(A) An ingredient is not available.
　(B) A business is closing.
　(C) A machine is not working.
　(D) A sign is wrong.

🔊 Questions 1 and 2 refer to the following conversation and price list.

🏳 M　Hello, I'd like to order a large hot chocolate with extra whipped cream.

🇺🇸 W　I'm sorry, sir, but we just ran out of whipped cream.

🏳 M　That's OK. Just the hot chocolate is fine.

問題1と2は次の会話と価格表に関するものです。

こんにちは。ホットココアのLをホイップクリーム増量でお願いします。

すみませんが、お客さま、ホイップクリームをちょうど切らしてしまいました。

いいですよ。ホットココアだけで結構です。

ホットカップカフェ		
品物	S	L
紅茶またはコーヒー	1ドル	1ドル50セント
ホットココア	2ドル	2ドル50セント

語注　price list　価格表／ order　〜を注文する／ hot chocolate　ホットココア／ extra　特別増しの／ whipped cream　ホイップクリーム／ sir　あなた ★男性に対する呼びかけで用いられる敬称／ run out of 〜　〜を切らす

1.　価格表を見てください。男性は幾ら支払いますか?

　(A) 1ドル。
　(B) 1ドル50セント。
　(C) 2ドル。
　(D) 2ドル50セント。

2.　女性はどんな問題について述べていますか?

　(A) 材料が用意できない。
　(B) 会社が廃業する。
　(C) 機械が作動していない。
　(D) 掲示が間違っている。

正解　D　店頭での客と店員の会話であり、価格表を見て答える問題です。男性は最初の発言で、I'd like to order a large hot chocolate with extra whipped cream.「ホットココアのLをホイップクリーム増量でお願いします」と注文しています。それに対し、女性はホイップクリームを切らしていることを伝えていますが、男性は注文を変更していません。価格表を見ると、ホットココアのLサイズは$2.50とあるので(D)が正解です。
☹ (A) 紅茶とコーヒーのSサイズの価格。
☹ (B) 紅茶とコーヒーのLサイズの価格。
☹ (C) ホットココアのSサイズの価格。

正解　A　ホイップクリームの増量について、女性はI'm sorry, sir, but we just ran out of whipped cream.「すみませんが、お客さま、ホイップクリームをちょうど切らしてしまいました」と答えています。ホイップクリームが切れていることをAn ingredient is not available.「材料が用意できない」と表現した(A)が正解です。mention「〜について述べる」。ingredient「(料理の)材料」。
☹ (D) business「会社、事業」の廃業については述べられていません。
☹ (C) 機械については述べられていません。work「作動する」。
☹ (D) sign「掲示」については述べられていません。

```
┌─────────────────────────────────────┐
│         Southville Bakeries          │
│  Davidson's      10 Main St.         │
│  Gregory's       23 Third Ave.       │
│  Jefferson's     77 Gloria Lane      │
│  Sable's         58 Sellers St.      │
└─────────────────────────────────────┘
```

✎ ワーク｜1   ◉ 076

(1) 音声を聞き、上の図表において聞き取れた単語を○で囲みましょう。

(2) 話し手たちは何について話していますか。下の枠内から選びましょう。　　〔　　　　　〕

(a) 朝食のジャンル	(b) 食べ物の購入場所	(c) スタッフ会議の議題

(3) 話し手たちはどのような関係性だと考えられますか。下の枠内から選びましょう。　　〔　　　　　〕

(a) 店員と顧客	(b) 家族	(c) 同僚

✏ ワーク｜2　　　　　　　　　　　　　　　　　　　　　　🔊 076

もう一度音声を聞き、（　　）の中を埋めましょう。

🔊 Questions 1 and 2 refer to the following conversation and list.

🏴 W　David, would you go to a (　　　　　　　　　　) and get a dozen doughnuts for the

　　　(　　　　　　　) (　　　　　　　)?

🇦🇺 M　(　　　　　　　　). The (　　　　　　　　) we got from Gregory's for the awards breakfast

　　　was (　　　　　) (　　　　　　　). Should I go there?

🏴 W　Let's (　　　　　　　) Sable's this time. Their food is delicious.

🇦🇺 M　All right. I'll (　　　　　　) (　　　　　　　　　) Sable's (　　　　　　　)

　　　(　　　　　　　).

語注　dozen　ダース、12 個／ doughnut　ドーナツ／ award　賞

✏ ワーク｜3　　　　　　　　　　　　　　　　　　　🔊 076-077

もう一度音声を聞き、各設問において最も適切な選択肢を選びましょう。また、答えを選ぶ際に根拠となった部分を左ページの図表と上のワーク 2 の文中から見つけ、下線を引きましょう。

1.　Where will the doughnuts be served?

　　(A) At an awards breakfast.
　　(B) At a staff meeting.
　　(C) At a birthday brunch.
　　(D) At a sports event.

2.　Look at the list. Where will the man go?

　　(A) To Main St.
　　(B) To Third Ave.
　　(C) To Gloria Lane.
　　(D) To Sellers St.

[解答・解説は p.56]

Unit 6 | ワーク ［ 解答と解説 ］　🔘 076-077

🔊 Questions 1 and 2 refer to the following conversation and list.

🇬🇧 W David, would you go to a (bakery) and get [1]a dozen doughnuts for the (staff) (meeting)?

🇦🇺 M (Sure). The (food) we got from Gregory's for the awards breakfast was (really) (good). Should I go there?

🇬🇧 W Let's (try) Sable's this time. Their food is delicious.

🇦🇺 M All right. [2]I'll (stop) (by) Sable's (right) (now).

問題1と2は次の会話とリストに関するものです。

デイビッド、ベーカリーに行って、スタッフ会議用のドーナツを1ダース買ってくれませんか？

もちろん。授賞朝食会用にグレゴリーズで買った食べ物は本当においしかったですよ。そこに行きましょうか？

今回はセイブルズにしてみましょう。あそこの食べ物はおいしいですよ。

分かりました。今すぐセイブルズに寄ります。

Southville Bakeries
Davidson's — 10 Main St.
Gregory's — 23 Third Ave.
Jefferson's — 77 Gloria Lane
[2]Sable's — 58 Sellers St.

サウスビルのベーカリー店舗
デイビッドソンズ — メイン通り10番地
グレゴリーズ — 三番街23番地
ジェファーソンズ — グロリア通り77番地
セイブルズ — セラーズ通り58番地

💡 ワーク｜1

（1）上記図表を参照。

（2）(b) 食べ物の購入場所　ドーナツの購入について話し、どこで買うかを話し合っています。

（3）(c) 同僚　スタッフ会議に提供する軽食が話題なので、2人は同僚だと考えられます。

💡 ワーク｜2　上記スクリプトを参照。

💡 ワーク｜3　答えの根拠となる部分の例は、上記スクリプトの下線部を参照。

1. Where will the doughnuts be served?

(A) At an awards breakfast.
(B) At a staff meeting.
(C) At a birthday brunch.
(D) At a sports event.

ドーナツはどこで出されますか？

(A) 授賞朝食会。
(B) スタッフ会議。
(C) 誕生日のブランチ。
(D) スポーツのイベント。

正解 B 女性は最初の発言で would you go to a bakery and get a dozen doughnuts for the staff meeting?「ベーカリーに行って、スタッフ会議用のドーナツを1ダース買ってくれませんか？」と依頼しているので、ドーナツはスタッフ会議で出されるものだと分かります。よって、(B)が正解です。
☹ (A) awards breakfast「授賞朝食会」は、以前に食べ物を提供したイベントとして男性が言及しているだけです。

2. Look at the list. Where will the man go?

(A) To Main St.
(B) To Third Ave.
(C) To Gloria Lane.
(D) To Sellers St.

リストを見てください。男性はどこへ行きますか？

(A) メイン通りへ。
(B) 三番街へ。
(C) グロリア通りへ。
(D) セラーズ通りへ。

正解 D 女性が2回目の発言で Sable's という店を提案し、男性は I'll stop by Sable's right now.「今すぐセイブルズに寄ります」と答えています。リストを見ると、Sable's は 58 Sellers St. とあるので、(D)が正解です。
☹ (B) 男性は三番街にあるグレゴリーズを提案しましたが、女性がセイブルズを提案し、男性もそれに同意しています。

TOEIC Bridge® Listening Test 形式の問題に挑戦しましょう。

Bright Nature Garden Shop	
Garden Soil	$12.50
Plant Food	$13.50
Watering Can	$14.00
Seed Kit	$15.00

1. What did the speakers agree on?

(A) What kind of flowers to plant.
(B) Where to put a fence.
(C) When to water some plants.
(D) Where to make a flower garden.

2. Look at the price list. How much will the woman pay?

(A) $12.50.
(B) $13.50.
(C) $14.00.
(D) $15.00.

DESSERT SPECIALS

Assorted cookies $2.50
Ice cream bars....... $3.00
Cream Pie $3.50
Chocolate cake $5.00

3. Look at the price list. How much will the man probably spend on dessert?

(A) $2.50.
(B) $3.00.
(C) $3.50.
(D) $5.00.

4. What does the woman remind the man to take?

(A) A list of items.
(B) A shopping basket.
(C) A membership card.
(D) A store flyer.

Ch. 1

Listening｜Part 3

ミニテスト 6

Unit 7 | 説明文問題のポイント

Listening Part 4「説明文問題」では全体で7つのトークが出題され、そのうち2つのトークには図表を見て答える設問が含まれます。Unit 7では、図表を伴わない問題に取り組みます。

説明文問題では1人の話し手によるトークの音声が流れ、その後に2つの設問文が読み上げられます。

Questions 37 and 38 refer to the following <u>telephone message</u>.（問題37と38は次の電話のメッセージに関するものです）といったナレーションが流れてから、トークが始まります。この最初のナレーションの下線部に当たる部分を注意深く聞いて、トークの状況をつかみましょう。トークの状況は、電話のメッセージの他

にtalk（話）、announcement（お知らせ）などがあります。この状況を頭に入れた上で、次の2点に注意しながらトークを聞きましょう。

①話し手と聞き手の立場（講師と受講者、案内係と来訪者、同僚同士など）

②トークの目的（予定の伝達、設備の説明、変更事項の案内など）

トークの状況を理解した上で以上の2点を正確につかむことができると、トークの一言一句を正確に聞き取れなくても話の流れを予測しやすくなり、設問にも答えやすくなります。

［ 例題 ］

 082-083

1. What was the speaker asked to do?

   (A) Join a club.
   (B) Create a calendar.
   (C) Send e-mail invitations.
   (D) Volunteer at a school.

2. Why is the speaker unable to help?

   (A) She is not feeling well.
   (B) She does not have enough free time.
   (C) She does not have the right equipment.
   (D) She is taking a new job.

🔊 Questions 1 and 2 refer to the following telephone message.

🇬🇧 w I got your e-mail, Mark. Thanks for inviting me to join the computer club you're starting. It sounds interesting! I have a lot of schoolwork, though, so I don't have time right now. Maybe I can do it next year.

問題1と2は次の電話のメッセージに関するものです。

Eメールを受け取ったわ、マーク。あなたが立ち上げるコンピュータークラブに参加するよう私を誘ってくれてありがとう。面白そうね！でも、私には学校の勉強がたくさんあるので、今すぐは時間がないの。たぶん来年参加できると思うわ。

語注 invite 〜 to do …するよう〜を誘う／ sound 〜のように思える／ schoolwork 学校の勉強／ though でも

1. 話し手は何をするよう依頼されましたか？

（A）クラブに加入する。
（B）日程表を作成する。
（C）Eメールで招待状を送る。
（D）学校でボランティア活動を行う。

2. 話し手はなぜ力になることができないのですか？

（A）彼女は具合が悪い。
（B）彼女は自由な時間が十分にない。
（C）彼女は適切な機器を持っていない。
（D）彼女は新しい仕事に就くことになっている。

正解 **A** 話し手は冒頭でEメールを受け取ったことをマークに伝えた後、Thanks for inviting me to join the computer club you're starting.「あなたが立ち上げるコンピュータークラブに参加するよう私を誘ってくれてありがとう」と述べています。つまり、話し手はコンピュータークラブに入ることを依頼されていたと分かるので、(A)が正解です。
😞 (B) 日程表の作成については述べられていません。create「〜を作成する」。
😞 (C) Eメールを受け取ったことが述べられているだけで、Eメールで招待状を送ることは話題に出ていません。
😞 (D) ボランティア活動については述べられていません。volunteer「ボランティア活動をする」。

正解 **B** 話し手は3行目で、マークからの誘いについて「面白そうね」と言っていますが、続く文でI have a lot of schoolwork, though, so I don't have time right now.「でも、私には学校の勉強がたくさんあるので、今すぐは時間がないの」と述べ、今は参加できないことを伝えています。これをShe does not have enough free time.「自由な時間が十分にない」と表現した(B)が正解です。free「自由な、暇な」。
😞 (A) 健康上の理由は述べられていません。not feel well「具合がよくない」。
😞 (C) 持っている機器については述べられていません。equipment「機器、設備」。
😞 (D) 新しい仕事については述べられていません。take a job「職に就く」。

🖉 ワーク｜1　　　　　　　　　　　　　　　　　　　　🔊 084

(1) 音声を聞いて、聞き取れた語句をなるべく多く書き出してみましょう。

（空欄）

(2) このトークの目的は何か、下の枠内から選びましょう。　　　　　　　〔　　　　　〕

| (a) 商品のセールス | (b) 製品の不具合の連絡 | (c) 新メニュー開発の計画 |

(3) 話し手が扱っている品物は何か、下の枠内から選びましょう。　　　　〔　　　　　〕

| (a) ソフトウエア | (b) 食材 | (c) 名刺 |

✎ ワーク | 2 　　　　　　　　　　　　　　　　⊛ 084

もう一度音声を聞き、(　　　)の中を埋めましょう。

🔊 Questions 1 and 2 refer to the following talk.

Today I'll be showing you the new Top List (　　　　　　　　　). Top List (　　　　　　　) helps

restaurant owners (　　　　　　　　) an attractive (　　　　　　　) (　　　　　　).

Because you are restaurant (　　　　　　　), you know that menu design is (　　　　　)

for (　　　　　　　　). In fact, (　　　　　　　　) that have used Top List (　　　　　) a

(　　　　　　　　) improvement in (　　　　　　　).

| 語注 | help ~ do　～が…するのを助ける／ owner　所有者／ attractive　魅力的な／ in fact　実際、実のところ／
improvement　向上、改善 |

✎ ワーク | 3 　　　　　　　　　　　　　　　　⊛ 084-085

もう一度音声を聞き、各設問において最も適切な選択肢を選びましょう。また、答えを選ぶ際に根拠となった部分を上のワーク 2 の文中から見つけ、下線を引きましょう。

1. Who are the listeners?

(A) Accountants.
(B) Restaurant owners.
(C) Software developers.
(D) Supermarket employees.

2. What does the speaker say about
businesses that use Top List?

(A) Their sales have increased.
(B) Their computers work better.
(C) Their receipts are easier to read.
(D) Their staff members are happier.

[解答・解説は p.62]

🔊 Questions 1 and 2 refer to the following talk.

🇦🇺 M Today I'll be showing you the new Top List (software). Top List (software) helps restaurant owners (design) an attractive (food) (menu). [1]Because you are restaurant (owners), you know that menu design is (important) for (sales). In fact, [2](businesses) that have used Top List (report) a (big) improvement in (sales).

問題1と2は次のトークに関するものです。

本日、私は、新しい「トップリスト」ソフトウエアをご紹介いたします。「トップリスト」ソフトウエアは、レストランのオーナーが魅力的なフードメニューをデザインするのに役立ちます。皆さんはレストランのオーナーですので、メニューのデザインは売り上げにとって重要であるということをご承知でしょう。実際、「トップリスト」を使用したお店は、売り上げの大幅な向上を報告しています。

💡 ワーク | 1

(1) 上記スクリプトを参照。

(2) (a) 商品のセールス 　冒頭から「トップリスト」というソフトウェア商品を紹介し、何に役立つかを述べています。

(3) (a) ソフトウエア 　Top List softwareという商品について、使用対象者や何に使えるかを述べています。

💡 ワーク | 2

上記スクリプトを参照。

💡 ワーク | 3

答えの根拠となる部分の例は、上記スクリプトの下線部を参照。

1. Who are the listeners?

  (A) Accountants.
  (B) Restaurant owners.
  (C) Software developers.
  (D) Supermarket employees.

聞き手は誰ですか？

  (A) 会計士。
  (B) レストランのオーナー。
  (C) ソフトウエア開発者。
  (D) スーパーマーケットの従業員。

| 正解 | B |

トークの冒頭から、話し手は商品を紹介していると分かります。4～5行目で、Because you are restaurant owners「皆さんはレストランのオーナーですので」と述べられているので、聞き手はレストランのオーナーと分かります。
☹ (A) 売り上げについては触れられていますが、会計処理などに関することは述べられていません。
☹ (C) ソフトウエアについて話していますが、開発に関することは述べられていません。developer「開発者」。
☹ (D) スーパーマーケットへの言及はありません。employee「従業員」。

2. What does the speaker say about businesses that use Top List?

  (A) Their sales have increased.
  (B) Their computers work better.
  (C) Their receipts are easier to read.
  (D) Their staff members are happier.

話し手は、「トップリスト」を使用している店について何と言っていますか？

  (A) 売り上げが増加した。
  (B) コンピューターがよりよく機能する。
  (C) 領収書がより読みやすい。
  (D) 従業員がより幸福である。

| 正解 | A |

6～8行目で、businesses that have used Top List report a big improvement in sales「『トップリスト』を使用したお店は、売り上げの大幅な向上を報告しています」と述べられています。この内容を「売り上げが増加した」と言い換えた(A)が正解です。
☹ (B) ソフトウエアの話をしていますが、コンピューターの機能向上については述べられていません。
☹ (C)(D) receipt「領収書、レシート」やstaff members「従業員」については触れられていません。

 ミニテスト 7

TOEIC Bridge® Listening Test 形式の問題に挑戦しましょう。

1. When will the train arrive?

(A) At 2:00.
(B) At 3:00.
(C) At 4:00.
(D) At 5:00.

2. What does the speaker ask the listeners to do?

(A) Form a line.
(B) Remember their luggage.
(C) Go to a station.
(D) Take out their tickets.

3. What is the class about?

(A) Birds.
(B) Airplanes.
(C) A new park.
(D) A weather forecast.

4. What does the speaker remind the listeners to do?

(A) Buy a new textbook.
(B) Meet in a different location.
(C) Prepare an assignment.
(D) Bring some lab equipment.

Ch. 1 | Listening | Part 4 | ミニテスト 7

[解答・解説は別冊 p.12-13]

063

Unit 8 | 図表付き説明文問題

Unit 8では、Listening Part 4「説明文問題」のうち、図表を見て答える設問が含まれる問題に取り組みます。

問題用紙には下の例題のように図表が1つ示され、その下に設問と選択肢が印刷されています。下の例題の図表はschedule（予定表）ですが、他にlist（一覧表、表）、sign（掲示）、directory（案内板）などが登場します。

トークの中には図表に関する話題が出てきますが、例えば、「最初に行くところはどこか」「最終的に会う場所はどこになったか」などの設問では、トーク全体の流れをよく聞き取らないと、図表のどの項目を見てよいかが分からず、正解を選ぶことができません。最後まで注意深く聞きましょう。

会話問題と同様に、あらかじめ図表に目を通しておくと、トークの内容を理解する助けになります。また図表中の語句をトーク中で聞き取れると、正解を導きやすくなります。さらに、設問にもあらかじめ目を通せると、どういったポイントに注意して聞けばよいのかが分かります。

なお、Listening Part 3とPart 4では、各設問の読み上げを待たずに解答することもできます。設問と選択肢を読んで、分かるところは解答を進めても構いません。

[例題]

 090-091

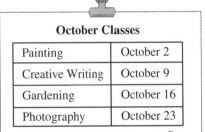

October Classes

Painting	October 2
Creative Writing	October 9
Gardening	October 16
Photography	October 23

1. Look at the schedule. When will the caller go to the community center?

   (A) On October 2.
   (B) On October 9.
   (C) On October 16.
   (D) On October 23.

2. What does the caller offer to do?

   (A) Send a link.
   (B) Give the listener a ride.
   (C) Take some pictures.
   (D) Pick up a schedule.

[例題の解答と解説]

🔊 Questions 1 and 2 refer to the following telephone message and schedule.

🇺🇸 w Hi, Maria. It's Carrie. I just saw the October class schedule for the community center. There's a photography class I'm going to take, and I thought you might want to take it, too. I can pick you up if you decide to go. Take a look at the center's Web site and then let me know, OK?

問題1と2は次の電話のメッセージと予定表に関するものです。

もしもし、マリア。キャリーよ。私はコミュニティーセンターの10月の講座の予定表をちょうど見たところなの。私が取るつもりの写真術の講座があって、あなたも受講してみたらどうかと思ったの。あなたが行くことにするなら車で迎えに行けるわよ。センターのウェブサイトをちょっと見て、その後知らせてちょうだい。いい？

10月の講座	
絵画	10月2日
創作	10月9日
ガーデニング	10月16日
写真術	10月23日

語注 schedule 予定表／ community center コミュニティーセンター／ photography 写真術、写真撮影／ you might want to *do* ～してみたらどうかな／ pick ～ up ～を車で迎えに行く／ decide to *do* ～することに決める／ take a look at ～ ～をちょっと見る
図表 creative writing 創作 ★フィクション作品を執筆すること

1. 予定表を見てください。電話をかけている人はいつコミュニティーセンターに行く予定ですか？

　(A) 10月2日。
　(B) 10月9日。
　(C) 10月16日。
　(D) 10月23日。

2. 電話をかけている人は何をすると申し出ていますか？

　(A) リンクを送る。
　(B) 聞き手を車に乗せて行く。
　(C) 写真を撮る。
　(D) 予定表を手に入れる。

正解	D

予定表を見て答える問題です。caller は「電話をかけている人」なので、話し手の女性を指します。話し手は1～2行目で、I just saw the October class schedule for the community center.「私はコミュニティーセンターの10月の講座の予定表をちょうど見たところなの」と言い、続けて There's a photography class I'm going to take「私が取るつもりの写真術の講座がある」と伝えています。予定表を見ると、Photography の講座の日程は October 23 と分かるので、(D) が正解です。
☹(A) 絵画の講座が行われる日。
☹(B) 創作の講座が行われる日。
☹(C) ガーデニングの講座が行われる日。

正解	B

電話をかけている女性は、自身が受講予定の写真術の講座を聞き手にも勧め、5行目で I can pick you up if you decide to go. 「あなたが行くことにするなら車で迎えに行ける」と言っています。つまり、聞き手を車に乗せて行くことを申し出ているので、Give the listener a ride. と表した (B) が正解です。offer to *do*「～することを申し出る」。give ～ a ride「～を車に乗せて行く」。
☹(C) 写真術の講座に関して話していますが、写真を撮ることは申し出ていません。
☹(D) 話し手は予定表を見るように伝えていますが、それを入手することは申し出ていません。ここでの pick up ～という表現は、「～を手に入れる、～を手に取る」という意味です。

Door Sign Prices	
Small	$10.00
Medium	$15.00
Large	$20.00
Extra large	$25.00

🖊 **ワーク | 1**　　　　　　　　　　　　　　　　　　　　　　　　　🔊 **092**

（1）音声を聞き、上の図表において、聞き取れた単語を○で囲みましょう。

（2）話し手たちは何について話していますか。下の枠内から選びましょう。　　　　〔　　　　〕

(a) 店の看板	(b) 店の休業日	(c) 店の広さ

（3）話し手と聞き手はどのような関係性だと考えられますか。下の枠内から選びましょう。　　〔　　　　〕

(a) 店員と顧客	(b) 同じ店のスタッフ	(c) 店員と納入業者

✏ ワーク | 2

🎧 092

もう一度音声を聞き、(　　　)の中を埋めましょう。

🔊 Questions 1 and 2 refer to the following telephone message and price list.

Samantha, we talked about getting a (　　　　　　　　) (　　　　　　　　) to post our new

store (　　　　　　　　), so I contacted the Leema Sign Shop. They make signs in several

(　　　　　　　　), from (　　　　　　　　) to extra large. I think the (　　　　　　　) choice

is the one that (　　　　　　　　) fifteen dollars. I e-mailed you a (　　　　　　　) with the

(　　　　　　　　) list. Let me know if you agree.

語注　post　～を掲示する／ contact　～と連絡を取る／ choice　選択肢／ agree　賛成する、同意する

✏ ワーク | 3

🎧 092-093

もう一度音声を聞き、各設問において最も適切な選択肢を選びましょう。また、答えを選ぶ際に根拠となった部分を左ページの図表と上のワーク 2 の文中から見つけ、下線を引きましょう。

1. What is the purpose of the sign?

(A) To promote a new service.
(B) To advertise a discount.
(C) To show a store's hours.
(D) To announce a job opening.

2. Look at the price list. What sign does the speaker recommend?

(A) Small.
(B) Medium.
(C) Large.
(D) Extra large.

[解答・解説は p.68]

Questions 1 and 2 refer to the following telephone message and price list.

🍁 M Samantha, we talked about getting [1]a (door) (sign) to post our new store (hours), so I contacted the Leema Sign Shop. They make signs in several (sizes), from (small) to extra large. [2]I think the (best) choice is the one that (costs) fifteen dollars. I e-mailed you a (link) with the (price) list. Let me know if you agree.

問題1と2は次の電話メッセージと価格表に関するものです。

サマンサ、僕たちの店の新しい営業時間を掲示するドア看板を買うことについて話し合ったよね。それで、僕はリーマ看板店に連絡を取ったよ。そこは、小から特大まで、何種類かの大きさで看板を作るんだ。僕は、一番いいのは15ドルかかるものだと思うよ。価格表のリンクをEメールで君に送ったよ。君が賛成するかどうか教えて。

Door Sign Prices	
Small	$10.00
[2]Medium	$15.00
Large	$20.00
Extra large	$25.00

ドア看板の価格	
小	10ドル
中	15ドル
大	20ドル
特大	25ドル

🔳 ワーク｜1

(1) 上記図表を参照。

(2) (a) 店の看板 ──「店の新しい営業時間を掲示するドア看板」を話題にしています。

(3) (b) 同じ店のスタッフ ── our new store hoursと言っているので、同じ店のスタッフと考えられます。

🔳 ワーク｜2   上記スクリプトを参照。

🔳 ワーク｜3   答えの根拠となる部分の例は、上記スクリプトの下線部を参照。

1. What is the purpose of the sign?

(A) To promote a new service.
(B) To advertise a discount.
(C) To show a store's hours.
(D) To announce a job opening.

看板の目的は何ですか？

(A) 新しいサービスを宣伝販売すること。
(B) 値引きを広告すること。
(C) 店の営業時間を表示すること。
(D) 求人を告知すること。

> 正解 **C**   話し手の男性は、1〜2行目でa door sign to post our new store hours「僕たちの店の新しい営業時間を掲示するドア看板」と述べているので、(C)が正解です。purpose「目的」。
> ☹ (A) new store hoursには言及していますが、new serviceとは述べていません。promote「〜を宣伝販売する」。
> ☹ (B) advertise「〜を広告する」。 ☹ (D) announce「〜を告知する、〜を知らせる」。job opening「求人、就職口」。

2. Look at the price list. What sign does the speaker recommend?

(A) Small.
(B) Medium.
(C) Large.
(D) Extra large.

価格表を見てください。話し手はどの看板を勧めていますか？

(A) 小。
(B) 中。
(C) 大。
(D) 特大。

> 正解 **B**   話し手は看板について、5〜6行目でI think the best choice is the one that costs fifteen dollars.「僕は、一番いいのは15ドルかかるものだと思う」と述べています。価格表より、$15.00と表記されているのはMediumなので、正解は(B)です。
> ☹ (A)(D) 話し手がsmallとextra largeに言及しているのは、看板店が取りそろえているサイズの種類を伝えるためです。

 ミニテスト 8

🔊 094-097

TOEIC Bridge® Listening Test 形式の問題に挑戦しましょう。

Hotel Directory	
Ground floor	Fitness Center
First floor	Lobby
Second floor	Restaurant
Third floor	Guest Rooms

Activity	Speaker
Dance Team	Meg Partlow
Rowing Club	Dave Winwood
Debate Team	Uma Traley
Drama Club	Hiro Fukuda

1. What does the speaker say she is going to do?

(A) Update contact information.
(B) Change a schedule.
(C) Contact a supervisor.
(D) Collect some papers.

2. Look at the directory. Where will the listeners go at ten o'clock?

(A) To the ground floor.
(B) To the first floor.
(C) To the second floor.
(D) To the third floor.

3. Where is the talk being given?

(A) At an awards ceremony.
(B) At an athletic event.
(C) At a teaching workshop.
(D) At an information session.

4. Look at the list. Who will be speaking first?

(A) Meg Partlow.
(B) Dave Winwood.
(C) Uma Traley.
(D) Hiro Fukuda.

Ch.1

Listening | Part 4

ミニテスト 8

[解答・解説は別冊 p.14-15]

069

Unit 9 ｜ 文法問題

Unit 9では、Reading Part 1「短文穴埋め問題」における文法知識を問う問題に取り組みます。

短文穴埋め問題では、空所のある文について、その文を完成させるのに最も適切な選択肢を選びます。そのうちの文法知識を問うタイプの問題では、文の構造を正しく理解することが大切です。まずは主語と述語動詞を探し出し、次に空所の前後に注目して、入る語句の品詞を見極めましょう。選択肢には、動詞のsucceed、名詞のsuccess、形容詞のsuccessfulのように、同じ語幹で品詞が異なる派生語が並ぶことが多いので、品詞の役割を正しく理解することが大切です。

主な品詞を紹介します。

①動詞
述語動詞を入れる場合は、主語に注目して単数か複数か、また能動態か受動態かを見極め、時を表す修飾語句に注意して適切な時制を考えます。述語動詞がすでにある場合は、適切な活用形を考えましょう。

②名詞
冠詞や形容詞に続くことが多いです。名詞が2つ続く複合名詞の場合もあります。

③形容詞
名詞を修飾します。

④副詞
動詞や形容詞、副詞、あるいは文全体を修飾します。

［ 例題 ］

1. The students _____ cleaned up the art studio after class.

   (A) quietly
   (B) quiet
   (C) quieter
   (D) quietest

[例題の解答と解説]

1. 学生たちは授業の後、静かにアトリエを清掃しました。

（A）静かに
（B）静かな
（C）より静かな
（D）最も静かな

正解 **A** この文の主語は The students、述語動詞は cleaned です。空所は主語と述語動詞の間にあるので、動詞を修飾する副詞である(A)が適切です。clean up ～「～を清掃する、～を片付ける」。
art studio「アトリエ」。
☹ (B) 形容詞の原級。形容詞は動詞を修飾しません。
☹ (C) 形容詞の比較級。
☹ (D) 形容詞の最上級。

✍ ワーク | 1

(1) 次の文から、主語に当たる部分と述語動詞を探します。主語全体には線を引き、述語動詞は〇で囲みましょう。

① His performance in the concert surprised the audience very much.

② Our team's weekly deadlines make us tired.

(2) 空所にはどんな品詞の語が入るかを考え、下の枠内から選びましょう。

① The doctor _____ the exercise three times a week.　〔　　　〕

② A friend of mine will _____ send an e-mail about the party.　〔　　　〕

③ Before entering the interview room, Lily took a _____ breath.　〔　　　〕

④ The _____ of the global marketing team needs to travel internationally.　〔　　　〕

(a) 名詞　　(b) 動詞　　(c) 形容詞　　(d) 副詞

語注　performance　演奏、演技／ surprise　～を驚かせる／ audience　観客、聴衆／ exercise　運動／ enter　～に入る／ breath　呼吸／ internationally　国際的に

✍ ワーク | 2

右の〔　　〕内の語を必要に応じて適切な形に直し、次の文の（　　）に書き入れましょう。

(1) The photographer tried to make the baby (　　　　　　　　).　〔　smile　〕

(2) Tony printed out his boarding pass before (　　　　　　　　) to the airport.　〔　go　〕

(3) The statues in the garden were (　　　　　　　) by a Brazilian artist.　〔　create　〕

(4) I was cooking when you (　　　　　　　) me yesterday.　〔　call　〕

(5) The office was (　　　　　　　) in the morning than in the afternoon.　〔　busy　〕

語注　photographer　写真家／ boarding pass　搭乗券／ statue　像

✎ ワーク | 3

最も適切な語を選んで文を完成させましょう。また、その答えを選ぶ際に、ポイントとなった語句に下線を引きましょう。

1. Adventure Essentials will have its big annual _____ this weekend.

   (A) sell
   (B) sold
   (C) sale
   (D) selling

2. Alfredo's Kitchen has the _____ Italian food in the city.

   (A) best
   (B) better
   (C) well
   (D) goodness

3. Rick from the maintenance team has been _____ the walls for three hours.

   (A) repainting
   (B) repaint
   (C) repaints
   (D) repainted

語注   annual 年に一度の／ maintenance 整備、維持

Ch.1

Reading | Part 1

Unit 9

[解答・解説は p.74-76]

🔎 ワーク｜1

(1)① His performance in the concert (surprised) the audience very much.

コンサートでの彼の演奏は、観客を大いに驚かせました。

> performance「演奏」という名詞が主語の中心です。His「彼の」という人称代名詞の所有格とin the concertという前置詞句は、performanceを説明しています。述語動詞はsurprisedであり、the audienceはその目的語です。

② Our team's weekly deadlines (make) us tired.

当チームの毎週の締め切りは、私たちを疲れさせます。

> deadlines「締め切り」という名詞が主語の中心です。Our team'sという所有格とweeklyという形容詞がdeadlinesを修飾しています。述語動詞はmakeであり、人称代名詞usはその目的語、形容詞tiredは目的語の補語です。

(2)① The doctor ＿＿＿＿＿ the exercise three times a week.

その医者は、週に３度のその運動を＿＿＿＿。

> **正解 (b)** 動詞
>
> 主語はThe doctorですが、それを受ける述語動詞がありません。よって、空所には動詞が必要となります。空所には、例えばrecommends「〜を勧める」などの語が当てはまると考えられます。

② A friend of mine will ＿＿＿＿＿ send an e-mail about the party.

私の友人が、パーティーに関するEメールを＿＿＿＿送ります。

> **正解 (d)** 副詞
>
> 主語はA friend of mineであり、述語動詞はwill sendです。文に必要な要素としては足りているので、修飾する語句が入ると考えられます。動詞を修飾する副詞が適切です。例えばsoon「間もなく」やimmediately「すぐに」などが当てはまると考えられます。

③ Before entering the interview room, Lily took a ＿＿＿＿＿ breath.

面接の部屋に入る前に、リリーは＿＿＿＿呼吸をしました。

> **正解 (c)** 形容詞
>
> 主語はLily、述語動詞はtookで、a ＿＿ breathはその目的語です。空所の前には冠詞a、後ろには名詞のbreath「呼吸」があるので、空所には名詞を修飾する形容詞が入ります。例えばdeep breathで「深呼吸」となるので、deepなどが当てはまると考えられます。

④ The ＿＿＿＿＿ of the global marketing team needs to travel internationally.

グローバルマーケティングチームの＿＿＿＿は、海外に出張する必要があります。

> **正解 (a)** 名詞
>
> 述語動詞はneedsであり、文頭からteamまでが主語に当たります。空所の前には冠詞Theがあり、後ろのof the global marketing teamは前置詞句なので、空所には主語の中心となる名詞が必要です。述語動詞が三人称・単数・現在形の形なので、単数形の名詞であるmanager「部長、課長」などが当てはまると考えられます。

💡 ワーク｜2

(1) The photographer tried to make the baby (smile).

写真家は、赤ちゃんを笑顔にさせようとしました。

make ～ do は「～に…させる」という表現です。よって、動詞の原形である smile が適切です。

(2) Tony printed out his boarding pass before (going) to the airport.

トニーは、空港に行く前に自分の搭乗券を印刷しました。

この文の主語は Tony で述語動詞は printed です。before 以下は時を表す副詞句と考えられます。前置詞 before に続くので、動名詞の going が適切です。

(3) The statues in the garden were (created) by a Brazilian artist.

庭園にある像は、ブラジルの芸術家によって創作されました。

create は「～を創作する」という意味です。空所の前に be 動詞 were があり、空所の後ろには〈by ＋人物〉の形が続いています。「～によって創作された」という受動態の形になる、過去分詞の created が適切です。

(4) I was cooking when you (called) me yesterday.

昨日あなたが電話をかけてきたとき、私は料理をしているところでした。

主節の主語は I、述語動詞は was cooking です。空所は、when が導く時を表す従属節の中の主語 you に対する動詞となります。主節が過去進行形であり、文末にも過去を表す語 yesterday があるので、過去形の called が適切です。

(5) The office was (busier) in the morning than in the afternoon.

そのオフィスは、午後よりも午前の方が忙しかったです。

形容詞 busy を活用させます。文中には比較級とともに用いられる than があり、than の前後に in the morning と in the afternoon があります。よって、午前と午後を比較する内容であると分かるので、比較級の busier が適切です。

Unit 9 | ワーク

ワーク | 3 答えを選ぶ際にポイントとなる語句の例は、下線部を参照。

1. Adventure Essentials will have its big annual _____ this weekend.

(A) sell
(B) sold
(C) sale
(D) selling

アドベンチャー・エッセンシャルズ社は今週末、年に一度の大セールを行います。

(A) 〜を売る
(B) 〜を売った
(C) セール
(D) 〜を売っている

正解 C 主語はAdventure Essentials、述語動詞はwill haveです。空所の前には代名詞の所有格のits、形容詞のbigとannualがあり、空所の後ろには時を表す語句が続いています。述語動詞のhaveの目的語を探すと、its以降に名詞がないため、目的語となる名詞が必要です。よって、空所には名詞の(C) saleが適切です。
☹ (A) 動詞の原形。 ☹ (B) 動詞の過去形・過去分詞。 ☹ (D) 動詞の現在分詞または動名詞。

2. Alfredo's Kitchen has the _____ Italian food in the city.

(A) best
(B) better
(C) well
(D) goodness

アルフレッズ・キッチンは市内で最もおいしいイタリア料理を出します。

(A) 最もおいしい
(B) よりおいしい
(C) うまく
(D) 良さ

正解 A 空所の前には定冠詞the、後ろにはItalian foodと名詞の単数形が続くので、形容詞が入ると考えられます。さらにin the cityと範囲を限定する語句があるので、最上級を表す(A) bestが適切です。
☹ (B) 比較級。比較の対象がないので不適切です。
☹ (C) 副詞。名詞を修飾しません。
☹ (D) 名詞。空所の後ろには名詞foodがあり、意味が通りません。

3. Rick from the maintenance team has been _____ the walls for three hours.

(A) repainting
(B) repaint
(C) repaints
(D) repainted

整備チームのリックは、3時間ずっと壁の塗り直しをしています。

(A) 〜を塗り直している
(B) 〜を塗り直す
(C) 〜を塗り直す
(D) 〜を塗り直した

正解 A 空所の前にhas beenとあり、後ろに名詞the wallsが続いています。文末には期間を表すfor three hoursとあるので、現在分詞の(A) repaintingを入れると現在完了進行形となり、意味が通ります。
☹ (B) 動詞の原形、または名詞で「塗り直し」。has beenに続けて意味が通りません。
☹ (C) 動詞の三人称・単数・現在形、または名詞の複数形。
☹ (D) 動詞の過去形・過去分詞。has beenに続いて受動態を作ることができますが、主語がリックという人物であり、また直後に目的語となる名詞が続いているため不適切です。

 ミニテスト 9

TOEIC Bridge® Reading Test 形式の問題に挑戦しましょう。

1. The festival committee _____ a meeting tonight at 6:00 P.M.

   (A) will hold
   (B) to hold
   (C) holding
   (D) hold

2. Northside Park has many _____ birds and plants.

   (A) color
   (B) colors
   (C) colorful
   (D) coloring

3. The article about how horses sleep was _____ written.

   (A) clear
   (B) clears
   (C) clearly
   (D) clearness

4. Please join us for the _____ of Percy's Toy Shop on May 14.

   (A) opens
   (B) opened
   (C) opening
   (D) open

Unit 10 ｜ 語彙問題（1）名詞・動詞・形容詞

Unit 10では、Reading Part 1「短文穴埋め問題」のうち、名詞・動詞・形容詞に関する語彙の知識を問う問題に取り組みます。

語彙問題とは、下記の例題のように、選択肢に同じ品詞の語句が並ぶ問題です。空所を除く部分の意味をしっかり把握し、文脈上適切な語句を選びましょう。知っている語句が多いほど理解も解答もスムーズですが、文中に知らない語句があっても、他の語句から何らかのヒントを得て意味を推測することが大切です。

①名詞の語彙問題
空所に入る名詞を修飾している語句に注意し、意味のまとまりを考えます。また、主語の場合は述語動詞と、目的語の場合はその手前の動詞と、適切に対応しているかを見極めます。

②動詞の語彙問題
空所の後ろに目的語があれば他動詞が入り、目的語がなかったり〈前置詞＋名詞〉が続いていたりする場合は自動詞が入ります。

③形容詞の語彙問題
空所に入る語句が修飾している名詞を見極め、意味の通る形容詞を選択します。

いずれの品詞においても、語の意味はもちろんですが、語の性質や、語と語のつながりの自然さ（コロケーション）を考えることも重要です。

[例題]

1. The customer service job requires five _____ of experience.

(A) visits
(B) words
(C) turns
(D) years

［ 例題の解答と解説 ］

1. そのカスタマーサービスの仕事は 5 年の経験を必要とします。

(A) 訪問
(B) 言葉
(C) 回転
(D) 年

正解	**D**

選択肢は全て名詞の複数形です。同じ品詞の選択肢が並んでいる場合は、空所以外の部分の語句の意味を読み取り、文意に合う語を選びます。文の主語は The customer service job「そのカスタマーサービスの仕事」、述語動詞は requires「～を必要とする」です。five _____ of experience が requires の目的語になるので、このまとまりを中心に考えます。数詞 five に修飾され、of experience と続いて意味が通るのは、「5 年の経験」となる (D) years「年」です。
☹ (A)(B)(C) いずれも意味が通りません。

✎ ワーク｜1

空所に入る語を推測し、選択肢の中から最も適切な語を下の枠内から選び、〇をつけましょう。また、その語を（　）に英語で書いてみましょう。

(1) Please use the back _____ because the main entrance is under construction.

> (a) 手　　(b) グループ　　(c) 扉　　(d) 場所　　　　　　　　　（　　　　　　　　　）

(2) A _____ at the museum will be held at 1:00 P.M.

> (a) 屋根　　(b) 従業員　　(c) 見学ツアー　　(d) 芸術作品　　　（　　　　　　　　　）

(3) To get to the bus stop, _____ left at the next traffic light.

> (a) 走る　　(b) 見る　　(c) 乗り換える　　(d) 曲がる　　　　（　　　　　　　　　）

(4) The flight to Miami has already _____.

> (a) 滞在した　　(b) 逃した　　(c) 出発した　　(d) 旅行した　　（　　　　　　　　　）

(5) The ground was still _____ from the rain.

> (a) 濡れて　　(b) 異なって　　(c) 固い　　(d) 暗い　　　　　（　　　　　　　　　）

語注 main　主要な／entrance　入口／under construction　工事中で／traffic light　交通信号／flight　航空便、フライト／ground　地面

✎ ワーク｜2

空所に入る語を推測して、英語で（　）に書いてみましょう。

(1) May I _____ your pen?　　　　　　　　　　　　　　　（　　　　　　　　　）

(2) Silvia had to _____ the boots because they were too big.　（　　　　　　　　　）

(3) The _____ of Premium Internet Service will increase by $20 next year.

（　　　　　　　　　）

(4) Lucky Bakery always has a _____ line in front of the store.　（　　　　　　　　　）

(5) Performers wearing _____ dresses appeared on the stage.　（　　　　　　　　　）

語注 boots　ブーツ／increase　増える、増す／performer　演者／dress　衣装／appear　姿を現す、出演する

ワーク｜3

次の文の意味が通るように、最も適切な語を選んで文を完成させましょう。また、その答えを選ぶ際にポイントとなった語句に下線を引きましょう。

1. The presentation had useful _____ about the environment.

(A) microphone
(B) problem
(C) speaker
(D) information

2. Eric from the IT Department will _____ the computer.

(A) fix
(B) drive
(C) include
(D) lead

3. Hungry Spoon delivers _____ meal boxes to its members every week.

(A) open
(B) extreme
(C) healthy
(D) soft

語注　useful　役立つ／ the environment　自然環境／ department　部門、部署／ deliver　〜を配達する／
meal box　お弁当、食事用キット

［解答・解説は p.82-84］

💡 ワーク | 1

(1) Please use the back _____ because the main entrance is under construction.

正面入口が工事中なので、裏の扉をご利用ください。

| 正解 | (c) | door など |

because 以降で「正面入口が工事中なので」と理由が示され、the back _____ を利用するよう呼び掛けられています。文意から、「扉」が適切です。

(2) A _____ at the museum will be held at 1:00 P.M.

博物館の見学ツアーは、午後1時に行われます。

| 正解 | (c) | tour など |

主語に当たるのは A _____ at the museum であり、その中心となる名詞が空所となっています。述語動詞は will be held「行われる」なので、対応する名詞としても最も適切なのは「見学ツアー」です。

(3) To get to the bus stop, _____ left at the next traffic light.

バス停に行くには、次の信号で左に曲がってください。

| 正解 | (d) | turn など |

命令文における述語動詞が空所になっています。文の前半の To get to the bus stop「バス停に行くには」から、後半には行き方を示す語句が続くと考えられます。空所の直後に left「左」とあるので、「曲がる」が適切です。

(4) The flight to Miami has already _____ .

マイアミ行きの便はもう出発しました。

| 正解 | (c) | left、departed など |

主語は The flight to Miami であり、述語動詞である has _____ の部分が空所となっているので、過去分詞を入れて現在完了形を作ると分かります。主語の flight「航空便」に対応する動詞を選ぶので、「出発した」が適切です。

(5) The ground was still _____ from the rain.

地面は雨でまだ濡れていました。

| 正解 | (a) | wet など |

形容詞を選ぶ問題です。空所の形容詞が説明しているのは主語の The ground「地面」です。空所の後ろに状況を補足する from the rain「雨で」とあることから、「濡れて」が適切です。

💡 ワーク | 2

(1) May I ＿＿＿＿＿ your pen?
｜ ペンを＿＿＿＿＿いいですか？

use（〜を使う）、borrow（〜を借りる）など
適切な動詞が必要です。May I 〜？は相手に許可を求める表現なので、ペンの使用や借用の許可を求める内容が想定されます。

(2) Silvia had to ＿＿＿＿＿ the boots because they were too big.
｜ シルビアは、ブーツが大き過ぎたので＿＿＿＿＿しなければなりませんでした。

return（〜を返品する）、exchange（〜を交換する）など
文の後半のbecause以降で、「ブーツが大き過ぎたので」と理由が述べられています。had to「〜しなければならなかった」に続き、目的語のthe bootsを続けられる動詞が入るので、「〜を返品する」「〜を交換する」といった内容が考えられます。

(3) The ＿＿＿＿＿ of Premium Internet Service will increase by $20 next year.
｜ プレミアム・インターネットサービスの＿＿＿＿＿は、来年20ドル上がる予定です。

price（価格）、cost（値段）、rate（料金）など
The ＿＿＿＿＿ of Premium Internet Serviceが主語に当たり、空所にはその中心となる名詞が入ります。述語動詞はwill increaseであり、by $20と続いているので、価格などに関する語が入ると考えられます。byは変わる数値を表します。

(4) Lucky Bakery always has a ＿＿＿＿＿ line in front of the store.
｜ ラッキーベーカリーは、いつも店の前に＿＿＿＿＿列があります。

long（長い）、short（短い）、huge（とても長い）など
空所の前には冠詞a、後ろには名詞のline「列」があるので、名詞のlineを修飾する形容詞を考えます。主語はLucky Bakeryという店の名前であり、店の前にある列についての記述なので、長さに関する語が考えられます。

(5) Performers wearing ＿＿＿＿＿ dresses appeared on the stage.
｜ ＿＿＿＿＿衣装を着た演者たちが、舞台に登場しました。

colorful（色とりどりの）、simple（シンプルな）、red（赤い）など
Performersからdressesまでが主語に当たり、wearing ＿＿＿＿＿ dressesはPerformersを説明しています。空所にはdresses「衣装」を修飾する形容詞が入るので、衣装を形容するのにふさわしい語であれば、解答例以外にも多様な答えが考えられます。

ワーク | 3　答えを選ぶ際にポイントとなる語句の例は、下線部を参照。

1. The presentation had useful ＿＿＿＿ about the environment.

(A) microphone
(B) problem
(C) speaker
(D) information

そのプレゼンテーションには自然環境に関する有益な情報がありました。

(A) マイク
(B) 問題
(C) 話し手
(D) 情報

正解　**D**　空所に入る名詞は、形容詞 useful「有益な」に修飾され、about the environment「自然環境に関する」と後ろから説明されています。よって、文意に合う(D) information「情報」が適切です。文の主語である presentation「プレゼンテーション」もポイントとなります。
😟(A)(C) いずれもプレゼンテーションに関連する語ですが、意味がつながりません。また、可算名詞なので冠詞が必要となります。
😟(B) 意味がつながりません。

2. Eric from the IT Department will ＿＿＿＿ the computer.

(A) fix
(B) drive
(C) include
(D) lead

IT部門のエリックがそのコンピューターを修理するでしょう。

(A) 〜を修理する
(B) 〜を運転する
(C) 〜を含む
(D) 〜を先導する

正解　**A**　適切な動詞を選びます。空所に続く the computer を目的語として文意に合うのは、(A) fix「〜を修理する」です。
😟(B)(C)(D) いずれも the computer を目的語として文意に合いません。

3. Hungry Spoon delivers ＿＿＿＿ meal boxes to its members every week.

(A) open
(B) extreme
(C) healthy
(D) soft

ハングリースプーン社は毎週、健康的なお弁当を会員の方々に配達します。

(A) 開いた
(B) 極度の
(C) 健康的な
(D) 柔らかい

正解　**C**　適切な形容詞を選びます。主語の Hungry Spoon は会社名と考えられ、述語動詞は delivers「〜を配達する」、その目的語となるのが空所に続く名詞 meal boxes「お弁当、食事用キット」です。空所に入る語は目的語である meal boxes を修飾するので、(C) healthy「健康的な」が文意に合います。
😟(A)(B)(D) いずれも自然な意味になりません。

TOEIC Bridge® Reading Test 形式の問題に挑戦しましょう。

1. Shahnaz _____ her son about the new comedy movie.

   (A) said
   (B) told
   (C) talked
   (D) discussed

2. The dining room table comes with _____ directions on how to put it together.

   (A) patient
   (B) detailed
   (C) frequent
   (D) immediate

3. Makozo Kasandwe is a _____ writer who takes pride in his work.

   (A) permitted
   (B) checked
   (C) talented
   (D) greeted

4. The *Chartville Daily News* includes articles on a wide _____ of topics.

   (A) popularity
   (B) support
   (C) length
   (D) variety

Unit 11 | 語彙問題(2)代名詞・副詞・前置詞・接続詞

　　Unit 11では、Reading Part 1「短文穴埋め問題」のうち、代名詞・副詞・前置詞・接続詞の語彙問題に取り組みます。

①代名詞の語彙問題

選択肢には代名詞の主格(I, heなど)、所有格(my, hisなど)、目的格(me, himなど)、所有代名詞(mine, hisなど)や再帰代名詞(myself, himselfなど)が並びます。文全体の構造と特に空所の前後をよく見て、適切な形を選びましょう。

②副詞の語彙問題

carefully(注意深く)やsuccessfully(首尾よく)などの-lyという接尾辞の語だけでなく、now(今)、very(と

ても)、quite(非常に)なども副詞です。空所の副詞が修飾しているのはどの語句なのか、あるいは文全体なのかを考え、適切なものを選びましょう。

③前置詞と接続詞の語彙問題

前置詞は、「場所」「位置」「時」「期間」などを表す語で、名詞の働きを持つ語句の前に置きます。接続詞は文と文などを結び付ける働きを持ち、andやbutのような等位接続詞と、whenやifのような従属接続詞があります。選択肢に前置詞と接続詞が混在する問題では、空所の後に〈主語＋動詞〉の形があるかないかがポイントとなります。接続詞には〈主語＋動詞〉の形が続きますが、前置詞には続きません。

[例題]

1. _____ the event does not take place until April, you should buy your tickets now.

(A) Although
(B) So
(C) For
(D) Whenever

［ 例題の解答と解説 ］

1. そのイベントが開催されるのは４月になってからですが、
今チケットを買っておいた方がいいです。

(A) ～だけれども
(B) ～するように
(C) ～だから
(D) ～するときは必ず

正解	A

この文はカンマで２つの部分に分かれています。カンマの前には主語のthe eventと述語動詞のdoes not take (place)があり、カンマの後ろにも主語のyouと述語動詞のshould buyがあります。このように１文において〈主語＋動詞〉の形が２つある場合、両者をつなぐ接続詞が必要となります。この問題の選択肢は全て接続詞の働きを持つ語なので、意味の通る接続詞を選びます。カンマの前半には「そのイベントが開催されるのは４月になってからだ（４月になるまでは開催されない）」とあり、カンマの後半には「今チケットを買っておいた方がいい」とあります。つまり、カンマの前後で相反する内容になっているので、空所には逆接を表す接続詞である(A) Although「～だけれども」が適切です。not ～ until …「…までは～しない、…になってやっと～する」。take place「開催される、行われる」。

☹ (B)(C) 接続詞の働きも持ちますが、その場合文頭では用いられません。
☹ (D) 接続詞の働きを持ちますが、意味が通りません。

✏️ ワーク | 1

次の文において、(　　)内の語のうち適切なものを〇で囲みましょう。

(1) Ms. Robinson decided to sell (　her / hers　) house in London.

(2) Edward enjoyed (　his / himself　) at the comedy show.

(3) Vacation policies are (　gently / clearly　) stated in the employee handbook.

(4) Judy (　once / ever　) worked as the secretary for the president of Littman Financial.

(5) I got a message that my phone storage was (　almost / enough　) full.

語注 decide to *do* ～することを決心する／policy　方針／state　～を述べる／employee handbook　従業員の手引／secretary　秘書／president　社長、会長／storage　メモリー容量

✏️ ワーク | 2

次の文の空所に当てはまる語を下の枠内から選びましょう。

(1) You can check in at Oceanview Hotel anytime _____ 3:00 P.M.　　　　　〔　　　　〕

(2) The documentary was _____ deep sea animals.　　　　　〔　　　　〕

(3) Both the author _____ the illustrator of the book are from this city.　　　　　〔　　　　〕

(4) Henry visited my office _____ I was on vacation.　　　　　〔　　　　〕

(5) He has started to work _____ a consulting company.　　　　　〔　　　　〕

(a) and	(b) for	(c) while	(d) after	(e) about

語注 documentary　ドキュメンタリー、記録映画／deep sea　深海／author　著者／illustrator　挿絵画家、イラストレーター／consulting company　コンサルティング会社

🖉 **ワーク | 3**

最も適切な語を選んで文を完成させましょう。また、その答えを選んだ際にポイントとなった語句に下線を引きましょう。

1.　Nancy's Spanish is more fluent than
　　_____ .

　　(A)　mine
　　(B)　me
　　(C)　my
　　(D)　I

2.　There are _____ seats available on the
　　express train to Osaka.

　　(A)　well
　　(B)　yet
　　(C)　still
　　(D)　since

3.　_____ it's raining, why don't we stay
　　home and watch a movie?

　　(A)　Then
　　(B)　Because
　　(C)　With
　　(D)　Before

語注　fluent　流ちょうな／available　利用できる／express train　急行列車

Ch. 1

Reading | Part 1

Unit 11

[解答・解説は p.90-92]

🔆 ワーク｜1

(1) Ms. Robinson decided to sell (her) house in London.

ロビンソンさんは、ロンドンにある自身の家を売却することに決めました。

空所の後ろには名詞house「家」があるので、所有格のher「彼女の」が適切です。hersは「彼女のもの」という意味の所有代名詞であり、後ろに名詞は続きません。

(2) Edward enjoyed (himself) at the comedy show.

エドワードはお笑いのショーで楽しい時を過ごしました。

他動詞であるenjoy「～を楽しむ」には目的語が必要です。enjoy *oneself* で「楽しい時を過ごす」という意味なので、himselfが適切です。hisは所有格で「彼の」、あるいは所有代名詞で「彼のもの」という意味です。

(3) Vacation policies are (clearly) stated in the employee handbook.

休暇の方針は従業員の手引に明確に述べられています。

この文の述語動詞であるare statedを適切に修飾する副詞を選びます。文意から、clearly「明確に」が適切です。gentlyは「穏やかに」という意味であり、自然な意味になりません。

(4) Judy (once) worked as the secretary for the president of Littman Financial.

ジュディはかつて、リットマン金融社の社長秘書として働いていました。

述語動詞のworkedを適切に修飾する副詞を選びます。everにもonceにも「かつて」という意味はありますが、everはその意味では通常、否定文や疑問文で用いられます。onceが適切です。

(5) I got a message that my phone storage was (almost) full.

私は、携帯電話のメモリー容量がほぼいっぱいだというメッセージを受け取りました。

形容詞full「いっぱいの」を修飾する副詞を選びます。「ほとんど」という意味で、形容詞の前に置くことができるalmostが適切です。enough「十分に」は通常、形容詞を後ろから修飾する副詞であり、ここでは意味も通りません。

ワーク | 2

(1) You can check in at Oceanview Hotel anytime **after** 3:00 P.M.

午後3時以降はいつでもオーシャンビューホテルにチェックインすることができます。

正解 (d) 空所の後ろに時刻を表す語句が続いているので、時を示す前置詞が入ります。空所の前にはanytime「いつでも」とあるので、空所以降の前置詞句がanytimeにかかって意味が通る(d) after「〜の後」が適切です。

(2) The documentary was **about** deep sea animals.

そのドキュメンタリーは深海の動物たちに関するものでした。

正解 (e) 主語はThe documentary「そのドキュメンタリー」であり述語動詞はwasなので、空所以降はドキュメンタリーのことを述べていると分かります。空所に続いてdeep sea animals「深海の動物たち」と、テーマと思われる内容が述べられているので、「〜について」という意味の(e) aboutが適切です。

(3) Both the author **and** the illustrator of the book are from this city.

その本の作家と挿絵画家の両者とも、この市の出身です。

正解 (a) the authorとthe illustratorが並列関係で、この文の主語となります。both A and Bで「AもBも両方」という意味になるので、接続詞の(a) andが適切です。

(4) Henry visited my office **while** I was on vacation.

ヘンリーは私が休暇の間に、私の事務所を訪れました。

正解 (c) 空所の前後ともに〈主語＋動詞〉の形があるので、接続詞が必要です。文意から、(c) while「〜する間に」が適切です。

(5) He has started to work **for** a consulting company.

彼はコンサルティング会社で働き始めました。

正解 (b) 空所の後ろにa consulting company「コンサルティング会社」と続いているので、work for 〜で「〜で働く」という意味になる前置詞の(b) forが適切です。

Ch. 1

Reading | Part 1

Unit 11

💡 **ワーク│3**　答えを選ぶ際にポイントとなる語句の例は、下線部を参照。

1. Nancy's Spanish is more fluent than _____ .　ナンシーのスペイン語は私のスペイン語より流ちょうです。

 (A) mine　　　　　　　　　　　　　　　　（A）私のもの
 (B) me　　　　　　　　　　　　　　　　　（B）私に
 (C) my　　　　　　　　　　　　　　　　　（C）私の
 (D) I　　　　　　　　　　　　　　　　　（D）私は

> 正解　**A**　主語は Nancy's Spanish。空所の前に more fluent than「〜よりも流ちょうな」とあるので、主語の Nancy's Spanish を空所の語と比較していると分かります。よって、1語で my Spanish という語句の代わりとなる所有代名詞の(A) mine が適切です。
> ☹(B) 目的格。比較対象が人物ではないため不適切です。
> ☹(C) 所有格。後ろに名詞が必要です。
> ☹(D) 主格。比較対象が人物ではないため不適切です。

2. There are _____ seats available on the express train to Osaka.　大阪行きの急行列車には、空いている座席がまだあります。

 (A) well　　　　　　　　　　　　　　　　（A）上手に
 (B) yet　　　　　　　　　　　　　　　　　（B）まだ(〜ない)
 (C) still　　　　　　　　　　　　　　　（C）まだ
 (D) since　　　　　　　　　　　　　　　　（D）その後ずっと

> 正解　**C**　適切な副詞を選びます。There are _____ seats available は「空いている座席が_____ある」という意味なので、(C) still「まだ」が適切です。
> ☹(A) 意味が通りません。
> ☹(B) 「まだ」の意味で用いられるのは否定文や疑問文においてです。
> ☹(D) 意味が通りません。

3. _____ it's raining, why don't we stay home and watch a movie?　雨が降っているから、家にいて映画を見ませんか?

 (A) Then　　　　　　　　　　　　　　　　（A）それから
 (B) Because　　　　　　　　　　　　　（B）〜だから
 (C) With　　　　　　　　　　　　　　　　（C）〜とともに
 (D) Before　　　　　　　　　　　　　　　（D）〜より前に

> 正解　**B**　カンマの前後にそれぞれ〈主語＋動詞〉の形があるので、空所には文意に合う接続詞が必要です。カンマより前には it's raining「雨が降っている」とあり、カンマの後ろでは why don't we〜?と家で映画を見ることを提案しています。それらをつないで意味が通る接続詞は(B) Because「〜だから」です。
> ☹(A) 副詞で「それから、その後」という意味です。接続詞ではないので不適切です。
> ☹(C) 前置詞なので、〈主語＋動詞〉の形を続けられません。
> ☹(D) 接続詞の働きを持ちますが、続く内容が「雨が降っている」という現在進行形であり、意味が通りません。

ミニテスト 11

TOEIC Bridge® Reading Test 形式の問題に挑戦しましょう。

1. _____ need to buy some books for school.

   (A) We
   (B) Us
   (C) Our
   (D) Ours

2. This bread must bake for _____ an hour.

   (A) rather
   (B) almost
   (C) far
   (D) more

3. All small luggage should be stored _____ your seat.

   (A) through
   (B) among
   (C) of
   (D) under

4. The new library will be located _____ the Guyana Music Academy.

   (A) into
   (B) next to
   (C) part of
   (D) once

[解答・解説は別冊 p.20-21]

Unit 12 | 長文穴埋め問題（1）語句の穴埋め

Unit 12-13では、Reading Part 2「長文穴埋め問題」に取り組みます。文章の中の3つの空所に入る最も適切な語句や文を4つの選択肢から選び、意味の通る完全な文章にする問題です。

この問題ではまず、文章の前にあるQuestions 1-3 refer to the following notice.といった指示文の下線部に当たる部分から、文章の種類をつかみます。

文章の種類は、notice「お知らせ」、text message「テキストメッセージ」、letter「手紙」、e-mail「Eメール」などです。Eメールの場合、本文の上のヘッダー部分に記された宛先、送信元、件名などを頭に入れておくと、本文を理解する上での助けになります。

どんな題材の文章を読むときも、空所以外の語句から、全体のおおよその意味をつかみます。その上で、空所を含む文の主語と述語動詞をまず見つけて文の骨格をつかみ、空所に入る語句を考えていきます。並んでいる選択肢が文意をつかむヒントになることもあるので、参考にしましょう。

また短文穴埋め問題と異なり、空所を含む1文のみからではなく、文章全体の流れから適する語句を選ばなければならないこともあります。前後の文や全体の内容との関連性に注意して読み進めましょう。

［ 例題 ］

Questions 1-3 refer to the following notice.

> The Weather Service expects ＿＿ (**1**) ＿＿ twenty centimeters of snow will fall tomorrow. ＿＿ (**2**) ＿＿ to and from Hogan Airport have been canceled. Road conditions will be poor. Please do not ＿＿ (**3**) ＿＿ unless absolutely necessary.

1. (A) that
(B) each
(C) either
(D) other

2. (A) Fly
(B) Flies
(C) Flights
(D) Flying

3. (A) call
(B) print
(C) remove
(D) drive

［ 例題の解答と解説 ］

問題1-3は次のお知らせに関するものです。

> 気象局は、明日20センチメートルの雪が降ると予測しています。ホーガン空港の発着便は運休となりました。道路の状態は悪くなるでしょう。絶対に必要な場合でない限りは、車の運転はしないでください。

1. (A) 〜ということ
(B) それぞれの
(C) どちらかの
(D) 他の

正解　A　空所を含む文の主語は The Weather Service「気象局」、述語動詞は expects「予測する」です。空所の後ろの twenty centimeters of snow will fall tomorrow「明日20センチメートルの雪が降る」は、全体が expects の目的語になると考えられます。「〜ということ」という働きをする that を入れると expect that 〜「〜ということを予測する」の形になって意味が通るので、(A)that が適切です。
🙁 (B)(C)(D) いずれも名詞を修飾する形容詞の働きを持つ語ですが、意味が通りません。

2. (A) 飛ぶ
(B) 飛ぶ
(C) 飛行機の便
(D) 飛ぶこと

正解　C　選択肢は、動詞 fly「飛ぶ」の変化形と派生語です。空所を含む文において文頭から Airport までが主語に当たりますが、to and from Hogan Airport「ホーガン空港への、そしてホーガン空港からの」は空所の語を説明していると考えられるので、空所には主語の中心となる名詞が必要です。述語動詞は have been canceled「運休になった」なので、主語は複数形の名詞だと分かります。flight「飛行機の便」の複数形である(C)Flights が適切です。
🙁 (A) 動詞の原形。名詞の用法もありますが、「飛行機の便」を意味しません。
🙁 (B) 動詞の三人称・単数・現在形。名詞の複数形の場合もありますが、「飛行機の便」を意味しません。
🙁 (D) 動名詞または現在分詞。名詞で「飛行」の意味もありますが、単数形なので不適切です。

3. (A) 電話する
(B) 印刷する
(C) 移転する
(D) 運転する

正解　D　選択肢はいずれも動詞の原形です。空所を含む文の前半の Please do not _____ は「_____ しないでください」という命令文であり、文脈に合う自動詞を選びます。空所を含む文の前文に Road conditions will be poor.「道路の状態は悪くなるでしょう」とあるので、自然なつながりとなる動詞として適切なのは(D)drive「運転する」です。
🙁 (A)(B)(C) いずれも自動詞の働きを持っていますが、道路状況を述べる文に続く内容としては不適切です。

語注　the Weather Service　気象局／ expect　〜を予期する／ centimeter　センチメートル／ fall　(雪・雨が)降る／ cancel　〜を運休にする／ poor　悪い／ unless　〜でない限りは／ absolutely　絶対的に／ necessary　必要な

次のお知らせを読んで、ワーク1～3の問題に答えましょう。

> The next ___ **(1)** ___ of the Harrison County Park Council
> will be on Thursday, August 16, at 8:00 P.M. The members
> ___ **(2)** ___ plans to build a basketball court on Elmdale
> Avenue. Community members are ___ **(3)** ___ to attend the
> meeting and share their thoughts.

語注 county 郡／council 協議会／share ～を共有する／thought 意見、考え

✎ ワーク | 1

(1) 主に何に関するお知らせですか。下の枠内から選びましょう。　　　　　　　　〔　　　　　〕

(a) 組織の会合　　　　　(b) スポーツの試合　　　　　(c) 道路工事

(2) 誰に向けたお知らせと考えられますか。下の枠内から選びましょう。　　　　　〔　　　　　〕

(a) 学生　　　　　(b) 地域の人　　　　　(c) 工事担当者

✎ ワーク | 2

上のお知らせの要旨をまとめます。（　　）に当てはまる語を日本語で書き入れましょう。

次回のハリソン郡公園協議会

日時: （　　　　）月（　　　　）日（　　　　）曜日午後（　　　　）時

議題: エルムデール大通りの（　　　　　　　　　　　　　　）の建設計画

地域住民は会合に（　　　　　　　）して意見共有されたし。

✏ ワーク｜3

お知らせの空所に当てはまる最も適切な語句を選びましょう。また、答えを選ぶ際に根拠となった部分を左のページのお知らせから探し出し、該当箇所に下線を引きましょう。

1. (A) department
   (B) season
   (C) meeting
   (D) place

2. (A) discussing
   (B) to discuss
   (C) have discussed
   (D) will discuss

3. (A) encourage
   (B) encouraged
   (C) encourages
   (D) encouragement

［解答・解説は p.98］

The next ___ **(1)** ___ ¹of the Harrison County Park Council will be on Thursday, August 16, at 8:00 P.M.²The members ___ **(2)** ___ ²plans to build a basketball court on Elmdale Avenue.³Community members are ___ **(3)** ___ to attend the meeting and share their thoughts.

ハリソン郡公園協議会の次回の会議は、8月16日木曜日の午後8時にあります。メンバーは、エルムデール大通りのバスケットボールコートを建設する計画について話し合います。地域の皆さんはぜひ、会議に出席（参加）して意見共有を行ってください。

🔆 ワーク｜1

(1) **(a) 組織の会合** ◁ Council「協議会」やmeeting「会議」という語があり、日時や議題が示されています。

(2) **(b) 地域の人** ◁ 最後のCommunity members「地域の皆さん」が主語となる文で、会議への出席や意見共有について述べられています。

🔆 ワーク｜2

上記の訳の色文字部分を参照。

🔆 ワーク｜3

答えを選ぶ根拠となる部分の例は、上記の英文文書の下線部を参照。

1.
(A) department   (A) 部門
(B) season   (B) 季節
(C) meeting   (C) 会議
(D) place   (D) 場所

> | 正解 | **C** | 空所を含む文の述語動詞はwill beであり、続けて日時が示されています。また、文頭からCouncilまでが
>
> 主語に当たり、空所に続くof the Harrison County Park Council「ハリソン郡公園協議会の」は空所の語を説明していると考えられます。この文は日時を伝えているので、主語として適切なのは(C) meeting「会議」です。
> 🙁 (A)(B)(D) 日時を示す文の主語として合いません。

2.
(A) discussing   (A) 〜を話し合うこと
(B) to discuss   (B) 〜を話し合うために
(C) have discussed   (C) 〜を話し合った
(D) will discuss   (D) 〜を話し合う予定である

> | 正解 | **D** | このお知らせは次回の会議の予定に関するもので、空所を含む文は、その際に話し合う内容を伝えています。
>
> 空所を含む文には述語動詞が必要であり、未来形の述語動詞となる(D) will discussが適切です。
> 🙁 (A) 動詞discuss「〜を話し合う」の現在分詞または動名詞。単独で述語動詞になりません。
> 🙁 (B) to不定詞。単独で述語動詞になりません。
> 🙁 (C) 〈have＋過去分詞〉は現在完了形の述語動詞になりますが、すでに起こったことを示す表現なので不適切です。

3.
(A) encourage   (A) 〜を奨励する
(B) encouraged   (B) 〜を奨励されて
(C) encourages   (C) 〜を奨励する
(D) encouragement   (D) 奨励

> | 正解 | **B** | 空所を含む文の主語はCommunity members「地域の皆さん」であり、空所に続くto以下は、「会議に
>
> 出席して意見を共有すること」という意味です。空所の前にはbe動詞があるので、be動詞に続いて受動態を作り、be encouraged to *do*で「〜するよう奨励される」という意味になる過去分詞の(B) encouragedが適切です。
> 🙁 (A) 動詞encourage「〜を奨励する」の原形。be動詞には続きません。
> 🙁 (C) 動詞の三人称・単数・現在形。be動詞には続きません。
> 🙁 (D) 名詞で「奨励」。be動詞に続けることはできますが、主語と合いません。

TOEIC Bridge® Reading Test 形式の問題に挑戦しましょう。

Questions 1-3 refer to the following e-mail.

```
╔═══════════════════ E-Mail Message ═══════════════════╗

  ┌─────────┐
  │ To:     │  kellyjenkins@welsmail.com
  └─────────┘
  ┌─────────┐
  │ From:   │  hyesookahn@efficientsend.com
  └─────────┘
  ┌─────────┐
  │ Date:   │  October 4
  └─────────┘
  ┌─────────┐
  │ Subject:│  Saturday
  └─────────┘

  Hi Kelly,

  I'm writing to ask you if you have ___ ( 1 ) ___ for Saturday evening. A new
  Japanese ___ ( 2 ) ___ just opened downtown. Maybe we could have dinner there.
  The food has been receiving great reviews, ___ ( 3 ) ___ I'd love to try it.

  Hye Sook
```

1. (A) are planning
   (B) will plan
   (C) planner
   (D) plans

2. (A) bookstore
   (B) restaurant
   (C) play
   (D) film

3. (A) since
   (B) once
   (C) so
   (D) while

Unit 13 | 長文穴埋め問題（2）語句と文の穴埋め

Unit 13では、Reading Part 2「長文穴埋め問題」のうち、語句のほかに文を選ぶ問題を含む長文に取り組みます。このタイプの問題では、3つの空所のうち、2つが語句を選ぶ問題で、残る1つが文を選ぶ問題です。語句についてはUnit 12で学習した通りです。

文を選ぶ問題では、文章全体の流れに合う文を選びます。空所の前だけでなく空所の後ろの内容とのつながりも考えて、適切な流れになることが重要です。以下の点に特に注意して取り組みましょう。

①定冠詞、指示代名詞
選択肢に、定冠詞のthe や、指示代名詞のitやthatなどが含まれているかどうかに注目します。例えば、the concertという語句が選択肢に含まれていたら、空所より前にコンサートの話があったかどうかを確認します。指示代名詞がある場合は、空所より前にその語が指す語句があるのか、そして意味が通るのかを確認します。

②時制
選択肢の中の時制にも注意が必要です。前後の文脈と時制が合っているかを確認します。

③接続表現
選択肢にtherefore「それゆえに」やhowever「しかしながら」などの接続表現が含まれている場合は、前の文までの流れを受けて自然かどうかを吟味します。

［ 例題 ］

Questions 1-3 refer to the following text message.

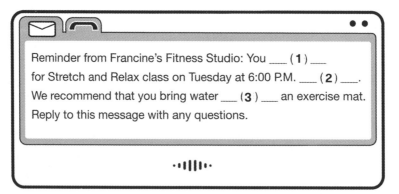

Reminder from Francine's Fitness Studio: You ___ (**1**) ___ for Stretch and Relax class on Tuesday at 6:00 P.M. ___ (**2**) ___. We recommend that you bring water ___ (**3**) ___ an exercise mat. Reply to this message with any questions.

1.　(A) schedule
　　(B) are scheduled
　　(C) to schedule
　　(D) schedules

2.　(A) The meeting has been canceled.
　　(B) We are happy that you enjoyed it.
　　(C) Please arrive a few minutes early.
　　(D) Jenny Anderson teaches the morning class.

3.　(A) and
　　(B) but
　　(C) nor
　　(D) yet

[例題の解答と解説]

問題1-3は次のテキストメッセージに関するものです。

> フランシーヌズ・フィットネススタジオからのお知らせです。あなたは火曜日の午後6時に「ストレッチ&リラックス」講座を予定されています。*数分早くお越しください。水とエクササイズ・マットをお持ちになることをお勧めします。ご質問があればこのメッセージにご返信ください。

* 問題2の挿入文の訳。

1.
(A) 〜の予定を組む
(B) 予定されている
(C) 予定すること
(D) 〜の予定を組む

> **正解 B**　空所を含む文は述語動詞が抜けているので、適切な述語動詞を選びます。この文の主語はYouであり、空所の後ろには前置詞forと具体的な講座名が続きます。よって、be scheduled for 〜「〜を予定されている」の形になる(B) are scheduledが適切です。
> ☹ (A) 動詞の原形、または名詞で「予定」。動詞の場合は他動詞なので、後ろに目的語が必要です。
> ☹ (C) 不定詞。単独では述語動詞になりません。
> ☹ (D) 動詞の三人称・単数・現在形、または名詞の複数形。

2.
(A) 会議は中止になりました。
(B) 楽しんでいただけたことをうれしく思います。
(C) 数分早くお越しください。
(D) ジェニー・アンダーソンが午前の講座を指導します。

> **正解 C**　空所に文を挿入する問題であり、空所の前後の文の意味を的確に理解することがポイントです。空所の前の文では講座の日時を確認し、後ろの文では持ち物について述べています。よって、Please arrive a few minutes early.「数分早くお越しください」と伝える(C)を入れると自然な流れとなります。
> ☹ (A) 会議は話題に出ていません。
> ☹ (B) テキストメッセージの内容はこれから先の予定などに関するお知らせであり、前文からも講座の受講は未来のことと分かるので、enjoyedと過去形で述べられている点が不適切です。
> ☹ (D) 受講予定の講座は午後6時からであり、午前の講座について述べるのは全体の流れに合いません。

3.
(A) 〜と…
(B) 〜だが…
(C) そして〜でもない
(D) 〜だが…

> **正解 A**　空所を含む文はWe recommend that 〜.「私たちは〜ということを勧める」という意味です。that節の中の主語はyou、述語動詞はbring「〜を持ってくる」で、water _____ an exercise mat が bringの目的語です。waterとan exercise matは持ち物として同列なので、2つを並列につなぐ(A) andが適切です。
> ☹ (B) not A but Bで「AではなくB」の意味になりますが、ここではnotがないので不適切です。
> ☹ (C) notなどの否定語に続いてA nor B「AでもBでも (ない)」となりますが、ここでは否定語がないので不適切です。
> ☹ (D) A yet B「AだけれどもB」となりますが、意味が通りません。

語注　reminder 　(思い出させるための)お知らせ／ stretch　ストレッチ／ recommend that 〜 　〜ということを勧める／ exercise mat　エクササイズ・マット(運動用の床敷マット)／ reply to 〜 　〜に返信する

Unit 13 | ワーク

次の情報を読んで、ワーク1〜3の問題に答えましょう。

> Fresh fruits and vegetables have many benefits. ＿＿（ **1** ）＿＿.
> These keep the body ＿＿（ **2** ）＿＿ and support growth. A diet
> that includes fruits and vegetables is very ＿＿（ **3** ）＿＿ for
> everyone.

語注 benefit　効用、利益／growth　成長／diet　食事、飲食物

ワーク｜1

主に何に関する情報ですか。下の枠内から選びましょう。　　　〔　　　　　〕

(a) 果物や野菜の調理　　　(b) 果物や野菜の効用　　　(c) 果物や野菜の栽培

ワーク｜2

① Fresh fruits and vegetables have many benefits. ＿＿ (1) ＿＿ . ② These keep the body ＿＿ (2) ＿＿ and support growth.

1. これは、情報の前半を抜き出したものです。(1)に当てはまる文を考えるために、直前の①と直後の②の文の意味を考えます。(　　)に当てはまる言葉を下の枠内から選んで書き入れましょう。

    ①　（　　　　　　　　）の果物や野菜には、（　　　　　　　）の（　　　　　　　）がある。

    ②　これらは、（　　　　　　　）を ＿＿(2)＿＿ に保ち、（　　　　　　　）を助ける。

    多く　　効用　　成長　　取れたて　　体

2. ②の文の主語であるTheseは、(1)に入る文で述べられている内容を受けると考えられます。Theseが指すものについて予想し、下の枠内から選びましょう。　　　〔　　　　　〕

    (a) 果物や野菜の栄養素　　　(b) 果物や野菜の運搬方法　　　(c) 果物や野菜の賞味期間

✐ ワーク│3

情報の空所に当てはまる最も適切な語句や文を選びましょう。また、答えを選ぶ際に根拠となった部分を左のページの情報から探し出し、該当箇所に下線を引きましょう。

1. (A) Fresh fruits are shipped in trucks.
   (B) In fact, roasting is a common way to cook vegetables.
   (C) For example, they contain vitamins.
   (D) Growing your own vegetables is a good experience.

2. (A) health
   (B) healthy
   (C) healthiest
   (D) healthfully

3. (A) careful
   (B) bright
   (C) important
   (D) thankful

[解答・解説はp.104]

Unit 13 | ワーク [解答と解説]

> 1, 3
> Fresh fruits and vegetables have many benefits. ___ (**1**) ___. ¹These ²keep the body ___ (**2**) ___ and support growth. A diet that includes fruits and vegetables is very ___ (**3**) ___ for everyone.

> 取れたての果物や野菜には多くの効用があります。*〈例えば、それらはビタミンを含んでいます。〉これらは体を健康的に保ち、成長を助けます。果物や野菜を含む食事は、誰もにとって、非常に重要です。

*問題1の挿入文の訳。

🔆 ワーク | 1

(b) 果物や野菜の効用　　　最初の文で効用について述べ、その理由を全体で述べています。

🔆 ワーク | 2

1. 上記の訳の色文字の部分を参照。

2. (a) 果物や野菜の栄養素　　体に何らかの影響を与え、成長を助けるものを考えます。

🔆 ワーク | 3　　答えを選ぶ根拠となる部分の例は、上記の英文文書の下線部を参照。

1. (A) Fresh fruits are shipped in trucks.
(B) In fact, roasting is a common way to cook vegetables.
(C) For example, they contain vitamins.
(D) Growing your own vegetables is a good experience.

(A) 取れたての果物は、トラックで出荷されます。
(B) 実際、あぶり焼きは野菜を調理する一般的な方法です。
(C) 例えば、それらはビタミンを含んでいます。
(D) 自前の野菜を育てることは、良い経験となります。

正解 C　空所の前の文では果物や野菜には効用があると述べられています。また、空所に続く文は体や成長を助けることについて述べており、Theseから始まっています。このTheseは直前の文中の語句を受けると考えられるので、vitamins「ビタミン」という栄養素について述べた(C)を空所に入れると自然な流れとなります。

2. (A) health
(B) healthy
(C) healthiest
(D) healthfully

(A) 健康
(B) 健康的な
(C) 最も健康的な
(D) 健康的に

正解 B　空所を含む文の主語はThese、述語動詞はkeepとsupportで、それらがandでつながれています。空所はkeepとその目的語bodyに続き、〈keep＋目的語＋形容詞〉で「(目的語)を～に保つ」という意味になります。この形に合致する形容詞の(B) healthy「健康的な」が適切です。
☹ (A) 名詞で「健康」。keepの目的語はbodyがすでにあり、不適切です。
☹ (C) 形容詞の最上級。ここでは比較対象となるものがないので不適切です。
☹ (D) 副詞で「健康的に」。副詞は名詞を説明しないため不適切です。

3. (A) careful
(B) bright
(C) important
(D) thankful

(A) 注意深い
(B) 明るい
(C) 重要な
(D) ありがたく思って

正解 C　空所を含む文の主語はA diet that includes fruits and vegetables「果物や野菜を含む食事」であり、この主語について述べる形容詞を考えます。文書全体で、果物や野菜の効用が述べられているので、(C) important「重要な」が適切です。

ミニテスト 13

TOEIC Bridge® Reading Test形式の問題に挑戦しましょう。

Questions 1-3 refer to the following letter.

March 5

Dear Mr. Renaldo,

Thank you for reserving a room at the Bayside Hotel for ___ (**1**) ___ Thursday and Friday, March 12–13. ___ (**2**) ___. If you need to make any changes to your reservation, please contact ___ (**3**) ___ this week.

Sincerely,

Maria Robison
Manager, Bayside Hotel

1.
(A) such
(B) some
(C) whichever
(D) next

2.
(A) The pool is closed in the winter.
(B) Your room has a queen bed and a desk.
(C) More items are available on our Web site.
(D) Unfortunately, the hotel is full on that date.

3.
(A) us
(B) its
(C) your
(D) which

Unit 14 | テキストメッセージのやりとり

Unit 14-16では、Reading Part 3「読解問題」を学習します。文書とそれに続く設問文を読み、最も適切な選択肢を選ぶ問題です。Unit 14では、テキストメッセージのやりとりを題材にした問題に取り組みます。この問題では最初に、Questions 1-2 refer to the following text-message chain.（問題1-2は次のテキストメッセージのやりとりに関するものです）といった指示文があります。

テキストメッセージとは、スマートフォンやタブレット端末上で送る短いメッセージであり、通常、Eメールなどよりも気軽に送受信されます。送った順に名前と時刻が記され、それぞれ下にメッセージが続きます。メッセージの内容はさまざまですが、それほど長い文のやりとりではありません。

最初のメッセージで、発信者がどのような用件で連絡してきたかを正確につかみましょう。そしてその後のやりとりから、書き手たちの関係や何が起きているのかを理解しましょう。

また、この問題では、最後のメッセージに対する返信が空白になっており、それに関して下の例題の設問2のようにSelect the best response to Paul's message.といったことが問われます。直前のメッセージの内容に特に注意して、話の流れに合う返信となる選択肢を選びましょう。

[例題]

Questions 1-2 refer to the following text-message chain.

Messages / Details

Carlos [2:40 P.M.]
Hi, Paul. I have an extra ticket to tonight's football game. Are you available?

Paul [2:42 P.M.]
Hello! Yes, I'm free. What time is the game?

Carlos [2:44 P.M.]

1. Why did Carlos send Paul a message?

   (A) To cancel an appointment
   (B) To ask him to buy game tickets
   (C) To invite him to a sporting event
   (D) To ask information about a meeting

2. Select the best response to Paul's message.

   (A) "Please bring a ball."
   (B) "It starts at 7:00 P.M."
   (C) "Your seat is in row two."
   (D) "I can give you a ride."

［ 例題の解答と解説 ］

問題1-2は次のテキストメッセージのやりとりに関するものです。

（メッセージ）	（詳細）
カルロス（午後2時40分） やあ、ポール。今夜のフットボールの試合のチケットが1枚余っているんだ。君は都合がつくかい？ **ポール（午後2時42分）** やあ！ うん、僕は空いてるよ。試合は何時？ **カルロス（午後2時44分）**	

1. カルロスはなぜポールにメッセージを送りましたか？

(A) 約束をキャンセルするため
(B) 試合のチケットを買うよう彼に頼むため
(C) 彼をスポーツのイベントに誘うため
(D) 会議についての情報を聞くため

2. ポールのメッセージに対する最も適切な返答を選んでください。

(A)「ボールを持ってきて。」
(B)「午後7時に始まるよ。」
(C)「君の席は2列目だよ。」
(D)「僕は君を車に乗せて行けるよ。」

正解 C カルロスは ❶ で I have an extra ticket to tonight's football game.「今夜のフットボールの試合のチケットが1枚余っているんだ」と述べ、続けて Are you available?「君は都合がつくかい？」と尋ねています。よって、football game を sporting event「スポーツのイベント」と言い換えた(C)が正解です。invite ～ to …「～を…に誘う」。sporting「スポーツの」。

☹ (A) 元々約束はしておらず、キャンセルもしていません。appointment「約束」。
☹ (B) チケットに言及していますが、すでにカルロスの手元にあり、ポールに購入するよう頼んではいません。ask ～ to *do*「～に…するよう頼む」。
☹ (D) 会議は話題に出ていません。

正解 B ❷で、ポールは試合に行けることを伝え、続けて What time is the game?「試合は何時？」と尋ねています。それに対する返事なので、時刻を答えている(B) "It starts at 7:00 P.M."「午後7時に始まるよ」が正解です。
☹ (A)(C)(D) いずれも、ポールが知りたい時刻を答えていません。

語注 extra　余りの／football　〈米〉アメリカン・フットボール、〈英〉サッカー／available　都合がつく、手が空いている

Unit 14 ┃ ワーク

次のテキストメッセージのやりとりを読んで、ワーク1〜3の問題に答えましょう。

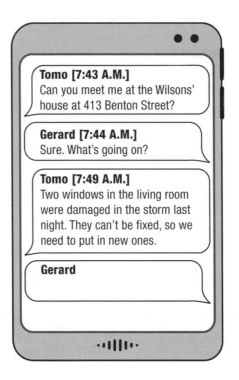

> **Tomo [7:43 A.M.]**
> Can you meet me at the Wilsons' house at 413 Benton Street?
>
> **Gerard [7:44 A.M.]**
> Sure. What's going on?
>
> **Tomo [7:49 A.M.]**
> Two windows in the living room were damaged in the storm last night. They can't be fixed, so we need to put in new ones.
>
> **Gerard**

語注 damage ～に損傷を与える／ fix ～を修理する／ put in ～ ～を取り付ける

✐ ワーク┃1

（1）トモが最初のメッセージを送った目的を、下の枠内から選びましょう。　　　　〔　　　　　〕

(a) ジェラードを呼び出すこと　　　(b) ジェラードを訪問すること　　　(c) ジェラードに予定変更を伝えること

（2）トモはジェラードと一緒に何をしようとしているのか、下の枠内から選びましょう。　　　〔　　　　　〕

(a) リビングの配置換え　　　(b) 家電製品の修理　　　(c) 窓の取り付け

✐ ワーク | 2

ジェラードがトモに返信する内容を考えます。ジェラードになったつもりで、トモに返信する文面を考えましょう。難しければ、まずは日本語で書いてみても構いません。

✐ ワーク | 3

最も適切な選択肢を選びましょう。答えを選ぶ際に根拠となった部分を左のページのテキストメッセージから探し出し、該当箇所に下線を引きましょう。

1. What is true about the Wilsons' house?

   (A) It is a new construction project.
   (B) Lunch will be served there today.
   (C) It is near a hardware store.
   (D) Some of its windows are broken.

2. Select the best response to Tomo's message.

   (A) "I can be there in 15 minutes."
   (B) "Mr. Wilson works in the city."
   (C) "They are always clean."
   (D) "These tools are expensive."

[解答・解説は p.110]

Unit 14 | ワーク［ 解答と解説 ］

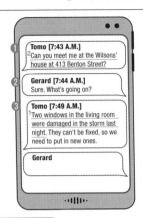

Tomo [7:43 A.M.]
²Can you meet me at the Wilsons' house at 413 Benton Street?

Gerard [7:44 A.M.]
Sure. What's going on?

Tomo [7:49 A.M.]
¹Two windows in the living room were damaged in the storm last night. They can't be fixed, so we need to put in new ones.

Gerard

トモ（午前7時43分）
ベントン通り413番地のウィルソンさん宅で会える？

ジェラード（午前7時44分）
もちろん。何が起こってるんだい？

トモ（午前7時49分）
昨夜の嵐で、リビングの窓が2枚損傷したの。それらは修理できないから、私たちが新しいものを取り付ける必要があるわ。

ジェラード

ワーク｜1

（1）（a）ジェラードを呼び出すこと　　❶のCan you meet me at 〜? で、目的地に来られるかを尋ねています。

（2）（c）窓の取り付け　　❸の最後に、we need to put in new onesと述べています。このonesは、その前文で話題にしていたwindows「窓」を指します。

ワーク｜2

解答例　I see. I can help you.（なるほど。手伝えるよ）／ OK, I'll be there soon.（分かった、すぐに行くよ）
I'll give you a hand.（手を貸すよ）／ I can arrive at the place in a short time.（すぐにその場所に着けるよ）

ワーク｜3　　答えを選ぶ根拠となる部分の例は、上記の英文文書の下線部を参照。

1. What is true about the Wilsons' house?　　ウィルソンさんの家について、何が正しいですか？

    (A) It is a new construction project.　　　　（A）新規の建築事業である。
    (B) Lunch will be served there today.　　　　（B）今日、昼食がそこで提供される。
    (C) It is near a hardware store.　　　　　　　（C）金物店の近くにある。
    (D) Some of its windows are broken.　　　　（D）窓が幾つか割れている。

正解　**D**　　❶で、トモはジェラードにウィルソンさんの家に来られるかを尋ねています。その理由については❸で、Two windows in the living room were damaged in the storm last night.「昨夜の嵐で、リビングの窓が2枚損傷した」と書いています。つまり、ウィルソンさんの家で窓が割れたことが分かるので(D)が正解です。
😞 (A) 窓を取り付ける話をしていますが、損傷を受けた窓の交換についてであり、新規の建築事業ではありません。
😞 (B)(C) 昼食や金物店については述べられていません。

2. Select the best response to Tomo's message.　　トモのメッセージに対する最も適切な返答を選んでください。

    (A) "I can be there in 15 minutes."　　　　　（A）「15分後にそこに着けるよ。」
    (B) "Mr. Wilson works in the city."　　　　　（B）「ウィルソンさんは市内で働いているよ。」
    (C) "They are always clean."　　　　　　　　（C）「それらはいつもきれいだよ。」
    (D) "These tools are expensive."　　　　　　（D）「これらの道具は高価なんだ。」

正解　**A**　　❶で、トモはジェラードに対して、ウィルソンさんの家で会えるかを尋ねています。❷でジェラードは行けると答えてさらにその目的を尋ね、❸でトモは起こっていることを述べています。それらのやりとりを踏まえての返信なので、目的地にいつ頃着けるかを知らせる(A)が正解です。
😞 (B) ウィルソンさんの家が話題になっていますが、ウィルソンさんの勤務地は尋ねられていません。
😞 (C) Theyが窓を指すとしても、応答として不自然です。　😞 (D) tool「道具」については話題に出ていません。

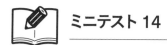

ミニテスト 14

TOEIC Bridge® Reading Test形式の問題に挑戦しましょう。

Questions 1-2 refer to the following text-message chain.

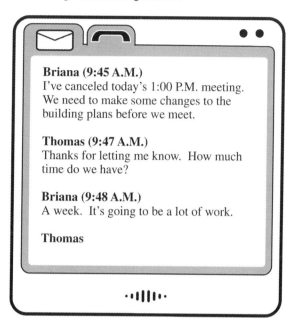

Briana (9:45 A.M.)
I've canceled today's 1:00 P.M. meeting. We need to make some changes to the building plans before we meet.

Thomas (9:47 A.M.)
Thanks for letting me know. How much time do we have?

Briana (9:48 A.M.)
A week. It's going to be a lot of work.

Thomas

1. Why was a meeting time changed?

   (A) A computer is broken.
   (B) A building will be closed.
   (C) An employee is sick.
   (D) A design must be updated.

2. Select the best response to Briana's message.

   (A) "They just left my office."
   (B) "I went there last week."
   (C) "We can start today."
   (D) "I'll introduce you to him."

［解答・解説は別冊 p.26-27］

Unit 15 ｜ お知らせやスケジュール表

Unit 15では、Reading Part 3「読解問題」のうち、お知らせやスケジュール表、ウェブサイトのページなど、さまざまな人に向けて特定の情報を発信する文書の問題に取り組みます。

最初にQuestions 1-2 refer to the following notice.といった指示文があるので、下線部に当たる部分を見て文書の種類を確認します。notice（お知らせ）の他に、Web page（ウェブページ）、sign（看板）、memo（連絡メモ）などの文書が出題されます。こういった文書を読み取る際のポイントは次の2点です。

①目的と読み手をつかむ

第一にその文書がどんな情報を誰のために伝達しているのかを捉える必要があります。多くの場合、一番上に大きな文字で内容を端的に表す見出しが掲載されています。まずはこれを読み取り、文書の目的を予測します。同時に、想定される読み手は従業員なのか学生なのか不特定多数の人物なのかなど、誰に向けて発信されているのかをつかみます。

②特定の情報を探す

文書全体の中から、必要な情報を素早く拾い出すことも重要です。その際、設問文を先に読み、その答えとなりそうな情報を探しながら文書を読むという方法も有効です。このとき、キーワードとなりそうな固有名詞や場所・時間などを文書中から探し出し、その前後を丁寧に読んでいくと必要な情報を見つけやすいです。

［ 例題 ］

Questions 1-2 refer to the following notice.

❶ *Are you interested in a career in nursing?*
❷ The Dellwyn School of Nursing offers:

- Inexpensive fees
- Flexible scheduling: day and night classes
- Practical experience in hospitals
- Guaranteed employment at the end of our 24-month program

❸ To apply, visit www.dsn.edu/programs

1. What is the notice about?

(A) A bank
(B) A medical office
(C) A nursing school
(D) An employment agency

2. What does the program offer?

(A) Evening classes
(B) Easy registration
(C) Financial support
(D) Hospital tours

問題1-2は次のお知らせに関するものです。

看護の職に興味はありますか?
デルウィン看護学校は以下のものを提供します。

- 安価な授業料
- 柔軟なスケジュール設定:日中と夜間の授業
- 病院での実践経験
- 24カ月のプログラム修了時の雇用保証

出願するには、www.dsn.edu/programs にアクセスしてください。

---

1. お知らせは何についてですか?

(A) 銀行
(B) 診療所
(C) 看護学校
(D) 職業紹介所

2. プログラムは何を提供しますか?

(A) 夜間の授業
(B) 簡単な登録
(C) 財務支援
(D) 病院の見学

| 正解 | **C** |

このお知らせの趣旨をつかむための基本情報が問われています。❶の見出しにAre you interested in a career in nursing?「看護の職に興味はありますか?」とあります。また❷の冒頭に、The Dellwyn School of Nursing offers:「デルウィン看護学校は以下のものを提供します」とあり、続けてこの学校の特長が箇条書きで記されています。よって(C)が正解です。

☹ (A) 話題に出ていません。

☹ (B) nursing「看護」やhospital「病院」など、medical office「診療所」と関係のある語句が含まれていますが、診療所についてのお知らせではありません。

☹ (D) ❷の箇条書きの4点目にGuaranteed employment「雇用保証」とありますが、修了時の雇用を保証するだけで、職業紹介を専門に行っているわけではないため不適切です。

| 正解 | **A** |

特定の情報を探し出す問題です。❷にあるこの学校の特長の2つ目にFlexible scheduling: day and night classes「柔軟なスケジュール設定:日中と夜間の授業」とあり、夜間の授業も提供していることが分かります。よって(A)が正解です。

☹ (B) 受講などの登録が簡単かどうかは述べられていません。

☹ (C) ❷にInexpensive fees「安価な授業料」とあるだけで、財務支援を提供するとは述べられていません。

☹ (D) ❷にPractical experience in hospitals「病院での実践経験」とあるだけで、病院の見学を行っているとは述べられていません。

語注 career 職業／nursing 看護(の職)／offer ～を提供する／inexpensive 安価な、安い／
fee 授業料／flexible 柔軟な／practical 実践的な／guaranteed 保証された／employment 雇用／
at the end of ～ ～の終わりに／apply 出願する、申し込む

次のスケジュール表を見て、ワーク1～3の問題に答えましょう。

International Association of Plant Scientists Summer Conference at Filmore University June 14–16		
	EVENT	**LOCATION**
Thursday, June 14 5:00 P.M. 6:00 P.M.	Welcome Talk by President Amna Musazai Welcome Dinner	Howton Auditorium Vandermeer Hall
Friday, June 15 9:30 A.M. 1:00 P.M. 3:00 P.M.	Presentation of Research Posters *Music and Plant Growth* (film) Small Group Discussions 　　Topic: The Role of Plants in Medicine	Morimoto Science Hall Clancy Hall Ghantri Arts Center
Saturday, June 16 10:30 A.M. 12:00 noon	Awards Ceremony for Outstanding Research Farewell Lunch and Reception	Howton Auditorium Student Dining Center

語注　association　協会、組合／plant　植物／conference　協議会、会議／location　場所、位置／president　議長、総長／auditorium　講堂／research poster　研究内容を掲示するためのポスター／role　役割／medicine　薬剤、医学／award　賞／ceremony　式典／outstanding　傑出した、優れた／farewell　別れの／reception　パーティー

ワーク | 1

(1) 何についてのスケジュール表でしょうか。下の枠内から選びましょう。　〔　　　〕

(a) 新入社員研修　　　(b) 専門分野の学会　　　(c) サマーキャンプ

(2) このイベントが開催される場所はどこでしょうか。下の枠内から選びましょう。　〔　　　〕

(a) 複合研修施設　　　(b) 大学　　　(c) ホテル

✎ ワーク 2

次のイベントに参加するにはいつどこに行けばよいかを読み取り、（　　　）に英語で書き入れましょう。

（1）Talk by President Amna Musazai

　　日時　　（　　　　　　　　　　　　　　　　　　　　　　　　　　　　　　　　）

　　場所　　（　　　　　　　　　　　　　　　　　　　　　　　　　　　　　　　　）

（2）Group Discussions

　　日時　　（　　　　　　　　　　　　　　　　　　　　　　　　　　　　　　　　）

　　場所　　（　　　　　　　　　　　　　　　　　　　　　　　　　　　　　　　　）

（3）Farewell Lunch

　　日時　　（　　　　　　　　　　　　　　　　　　　　　　　　　　　　　　　　）

　　場所　　（　　　　　　　　　　　　　　　　　　　　　　　　　　　　　　　　）

✎ ワーク 3

最も適切な選択肢を選びましょう。答えを選ぶ際に根拠となった部分を左のページのスケジュール表から探し出し、下線を引きましょう。

1. What will happen in Vandermeer Hall?

(A) A poster will be presented.
(B) A discussion will be held.
(C) A speech will be given.
(D) A meal will be served.

2. Where will participants see a movie?

(A) Morimoto Science Hall
(B) Howton Auditorium
(C) Ghantri Arts Center
(D) Clancy Hall

3. At what time will the awards ceremony be held?

(A) 9:30 A.M.
(B) 10:30 A.M.
(C) 1:00 P.M.
(D) 5:00 P.M.

［解答・解説は p.116-118］

❶

International Association of Plant Scientists
Summer Conference at Filmore University
June 14–16

	EVENT	LOCATION
❷ **Thursday, June 14** 5:00 P.M. 6:00 P.M.	Welcome Talk by President Amna Musazai [1] Welcome Dinner	Howton Auditorium Vandermeer Hall
❸ **Friday, June 15** 9:30 A.M. 1:00 P.M. 3:00 P.M.	Presentation of Research Posters [2] *Music and Plant Growth* (film) Small Group Discussions Topic: The Role of Plants in Medicine	Morimoto Science Hall Clancy Hall Ghantri Arts Center
❹ **Saturday, June 16** [3] 10:30 A.M. 12:00 noon	Awards Ceremony for Outstanding Research Farewell Lunch and Reception	Howton Auditorium Student Dining Center

植物科学者国際協会
夏季協議会　フィルモア大学にて
6月14日—16日

	イベント	場所
6月14日　木曜日 午後5時 午後6時	アムナ・ムサザイ会長による歓迎スピーチ 歓迎ディナー	ホートン講堂 バンデルメール・ホール
6月15日　金曜日 午前9時30分 午後1時 午後3時	研究のポスター発表 『音楽と植物の成長』（映画） 小グループでの討論 　　議題：薬剤における植物の役割	モリモト科学ホール クランシー・ホール ガントリ学術センター
6月16日　土曜日 午前10時30分 正午	傑出した研究への授賞式典 お別れのランチとパーティー	ホートン講堂 学生食堂

ワーク 1

(1)（b）専門分野の学会 ➡ ❶のスケジュール表全体のタイトルに注目します。Plant Scientists や Conference という語句がキーワードとなります。

(2)（b）大学 ➡ ❶のタイトル2行目にある、場所を示す at 以下に注目します。

ワーク 2

(1) 日時： Thursday, June 14　5:00 P.M.

　　場所：　Howton Auditorium

Talk by President Amna Musazai「アムナ・ムサザイ会長によるスピーチ」を EVENT 欄から探し出し、その日時と場所を確認します。

(2) 日時： Friday, June 15　3:00 P.M.

　　場所：　Ghantri Arts Center

Group Discussions「グループでの討論」を EVENT 欄から探し出し、その日時と場所を確認します。

(3) 日時： Saturday, June 16　12:00 noon

　　場所：　Student Dining Center

Farewell Lunch「お別れのランチ」を EVENT 欄から探し出し、その日時と場所を確認します。farewell は「別れの」という意味なので、最終日に見当を付けると早く見つけられます。

ワーク | 3　　答えを選ぶ根拠となる部分の例は、P.116の英文文書の下線部を参照。

1. What will happen in Vandermeer Hall?

   (A)　A poster will be presented.
   (B)　A discussion will be held.
   (C)　A speech will be given.
   (D)　A meal will be served.

バンデルメール・ホールでは何がありますか？

   (A) ポスターが紹介される。
   (B) 討論が行われる。
   (C) スピーチが行われる。
   (D) 食事が出される。

> **正解　D**　　バンデルメール・ホールに関する情報を探すので、LOCATION「場所」の欄に注目します。バンデルメール・ホールで行われるイベントは、6月14日木曜日のWelcome Dinner「歓迎ディナー」のみです。よって、食事が出されると判断できるので(D)が正解です。meal「食事」。
> 😞 (A) ポスターを使った発表の会場は、モリモト科学ホールです。present「～を紹介する、～を発表する」。
> 😞 (B) 討論が行われるのは、ガントリ学術センターです。
> 😞 (C) スピーチが行われるのは、ホートン講堂です。

2. Where will participants see a movie?

   (A)　Morimoto Science Hall
   (B)　Howton Auditorium
   (C)　Ghantri Arts Center
   (D)　Clancy Hall

参加者はどこで映画を見ますか？

   (A) モリモト科学ホール
   (B) ホートン講堂
   (C) ガントリ学術センター
   (D) クランシー・ホール

> **正解　D**　　映画に関する情報を探すので、EVENT「イベント」の欄に注目します。列挙されているイベントの中で❸に *Music and Plant Growth* に続けて(film)とあるので、これが映画だと分かります。このイベントの行われる場所を確認すると、(D) Clancy Hall が正解と分かります。なお、書名や映画名などは通例斜体で示されるので、探す際にそれも参考になります。
> 😞 (A) ポスターを使った発表が行われる場所です。
> 😞 (B) 歓迎スピーチや、授賞式典が行われる場所です。
> 😞 (C) 小グループでの討論が行われる場所です。

3. At what time will the awards ceremony be held?

   (A)　9:30 A.M.
   (B)　10:30 A.M.
   (C)　1:00 P.M.
   (D)　5:00 P.M.

授賞式典は何時に行われますか？

   (A) 午前9時30分
   (B) 午前10時30分
   (C) 午後1時
   (D) 午後5時

> **正解　B**　　授賞式典に関する情報を探すので、EVENT「イベント」の欄に注目します。❹ の午前10時30分に Awards Ceremony for Outstanding Research「傑出した研究への授賞式典」とあります。よって、(B)が正解です。
> 😞 (A) ポスターを使った発表の時刻です。
> 😞 (C) 映画の時刻です。
> 😞 (D) 歓迎スピーチの時刻です。

 **ミニテスト 15**

TOEIC Bridge® Reading Test 形式の問題に挑戦しましょう。

Questions 1-3 refer to the following Web page.

Attention, Northwood Neighbors!

The Northwood Community Center will be hosting a bus trip to the city to visit the Zelitzer Museum on Sunday, April 15. The museum contains paintings, sculptures, and photographs from many artistic periods throughout human history.

The bus will leave from the community center at 8:00 A.M. and return at 4:00 P.M. To reserve your place on the bus, please call 555–0164 by April 1.

Comments

Ling (March 22): *Should I pack a lunch?*
Coordinator (March 22): You can, or you can buy lunch at the museum.

Jane (March 25): *What special exhibits are showing at the museum right now?*
Coordinator (March 25): There is a collection of Chinese sculptures.

---

1. Where will the bus trip go?

(A) To city hall
(B) To an art museum
(C) To a science laboratory
(D) To a theater

2. When is the bus trip?

(A) On March 22
(B) On March 28
(C) On April 1
(D) On April 15

3. What does Ling want to know?

(A) How much the trip will cost
(B) When the trip will take place
(C) Whether he should bring food
(D) Whether there are special exhibits

Ch. 1

Reading | Part 3

ミニテスト 15

Unit 16 | 手紙やEメール

Unit 16では、Reading Part 3「読解問題」のうち、手紙やEメールを題材にした問題に取り組みます。

この問題では最初に、Questions 1-2 refer to the following letter. や … following e-mail. といった指示文があります。手紙やEメールを読む際には、以下のような点に注意しましょう。

①差出人と受取人

手紙やEメールにおいては、差出人（送信者）と受取人（受信者）に注意を払いましょう。多くの場合、差出人の署名などには会社名や肩書なども書かれています。こちらも確認して、ビジネス関連のやりとりなのか、私的なやりと

りなのかなどを考えましょう。

②書かれた目的

用件の概要は冒頭の段落で述べられることが多いです。なぜその手紙やEメールが書かれたのかを把握しましょう。Eメールの場合はSubject（件名）もヒントとなります。

③詳細情報

細かい情報は、2段落目以降に書かれていることが多いです。大まかな用件に付随した細かい情報も見逃さないようにしましょう。なお、設問にあらかじめ目を通しておくと、探すべき詳細情報を見つけやすくなります。

[例題]

Questions 1-2 refer to the following e-mail.

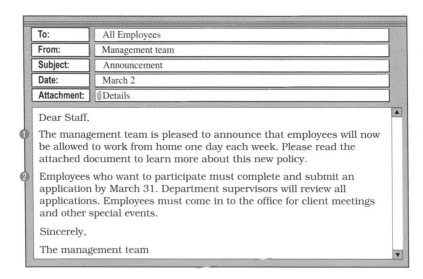

To:	All Employees
From:	Management team
Subject:	Announcement
Date:	March 2
Attachment:	📎 Details

Dear Staff,

❶ The management team is pleased to announce that employees will now be allowed to work from home one day each week. Please read the attached document to learn more about this new policy.

❷ Employees who want to participate must complete and submit an application by March 31. Department supervisors will review all applications. Employees must come in to the office for client meetings and other special events.

Sincerely,

The management team

1. What is the purpose of the e-mail?

(A) To introduce a supervisor
(B) To announce a meeting
(C) To describe equipment
(D) To discuss a new policy

2. What does the e-mail mention about applications?

(A) They are available on a Web site.
(B) They must be sent in by March 31.
(C) They will be reviewed by clients.
(D) They were created by the management team.

[例題の解答と解説]

問題1-2は次のEメールに関するものです。

宛　先: 全従業員
送信元: 管理チーム
件　名: お知らせ
日　付: 3月2日
添　付: 詳細

従業員各位

管理チームは、従業員が毎週1日在宅勤務を行うことが今後認められることをお知らせでき、うれしく思います。添付書類を読んで、この新しい方針について詳細を知ってください。

利用を希望する従業員は、3月31日までに申請書を記入して提出しなければなりません。部門統括者が全ての申請書を精査します。従業員は、顧客との会議および他の特別な行事の際は出社しなければなりません。

敬具

管理チーム

---

1. このEメールの目的は何ですか?

　(A) 統括者を紹介すること
　(B) 会議を知らせること
　(C) 機器の特徴を述べること
　(D) 新しい方針を詳述すること

2. このEメールは、申請書についてどんなことを述べていますか?

　(A) ウェブサイトで入手できる。
　(B) 3月31日までに送付されなければならない。
　(C) 顧客によって精査される。
　(D) 管理チームによって作成された。

| 正解 | **D** |

❶の1～2行目に、「管理チームは、従業員が毎週1日在宅勤務を行うことが今後認められることをお知らせでき、うれしく思います」とあり、続けてPlease read …… this new policy.「添付書類を読んで、この新しい方針について詳細を知ってください」と述べられています。つまり、新しい方針について知らせることが目的と分かるので、これをTo discuss a new policy「新しい方針を詳述すること」と表現した(D)が正解です。discuss「～を(詳しく)論じる」。

☹ (A) ❷で部門統括者に言及されていますが、その統括者の紹介はしていません。
☹ (B) 顧客との会議への言及はありますが、会議を知らせてはいません。
☹ (C) 機器は話題に出ていません。

| 正解 | **B** |

❷の1～2行目にEmployees who want to participate must complete and submit an application by March 31.「利用を希望する従業員は、3月31日までに申請書を記入して提出しなければなりません」とあるので、(B)が正解です。mention「～に言及する」。

☹ (A) ウェブサイトは話題に出ていません。
☹ (C) ❷の2～3行目より、申請書を精査するのは部門統括者と分かります。
☹ (D) 申請書の作成者については述べられていません。

語注 management　管理、経営／attachment　添付／be pleased to *do*　～することをうれしく思う／announce　～を知らせる／be allowed to *do*　～することを許可される／attached document　添付書類／learn more about ～　～について詳細を知る／policy　方針／participate　参加する／submit　～を提出する／application　申請書／department　部署、部門／supervisor　統括者、管理者／review　～を精査する、～を見直す

次のＥメールを読んで、ワーク１～３の問題に答えましょう。

To:	Kathryn Knauss <kknauss@rhinepack.com>
From:	Anthony Ventri <ventri@cloudlandia.com>
Date:	April 28
Subject:	Business Opportunity

Dear Ms. Knauss,

I am a sales associate with Cloudlandia. My company helps businesses manage their meetings.

I understand that your company, Rhinestone Packaging, has partners and suppliers across the country and around the world. This can make it challenging to schedule and attend meetings. Cloudlandia is here to help. Our technology allows you to hold meetings online, saving your company travel and hotel expenses.

Please contact me at ventri@cloudlandia.com to learn more about our services.

Sincerely,

Anthony Ventri
Senior Sales Associate, Cloudlandia

語注　sales　営業／associate　従業員／manage　～を運営する／partner　共同事業者、提携企業／supplier　納入業者／challenging　大変な／allow ～ to do　～が…することを可能にする／save　～を節約する／expense　費用

✐ ワーク｜1

(1) このＥメールの送信者と受信者の名前とそれぞれが所属する会社名を英語で書きましょう。

送信者： 名前 （　　　　　　　　　　　） 会社名 （　　　　　　　　　　　　　　　）

受信者： 名前 （　　　　　　　　　　　） 会社名 （　　　　　　　　　　　　　　　）

(2) このＥメールの目的は何ですか。下の枠内から選びましょう。　　　　　〔　　　　　〕

(a) 変更事項のお知らせ　　　(b) 旅行手配の手順説明　　　(c) 自社サービスの売り込み

✏ ワーク｜2

Eメールの内容について、各文の内容が正しい場合はTを、正しくないもしくは判断できない場合はFを記入しましょう。

(1)　Mr. Ventri is a sales associate with Rhinestone Packaging.　〔　　　〕

(2)　Cloudlandia helps companies hold online meetings.　〔　　　〕

(3)　Mr. Ventri wants Ms. Knauss to contact him by e-mail.　〔　　　〕

(4)　Rhinestone Packaging has branch offices all over the world.　〔　　　〕

(5)　Mr. Ventri needs to organize an online meeting with Ms. Knauss.　〔　　　〕

✏ ワーク｜3

最も適切な選択肢を選びましょう。答えを選ぶ際に根拠となった部分を左のページのEメールから探し出し、下線を引きましょう。

1.　What does Cloudlandia help companies do?

　(A)　Hire employees
　(B)　Find business partners
　(C)　Organize meetings
　(D)　Sell items to hotels

2.　What is stated about Rhinestone Packaging?

　(A)　It has multiple locations.
　(B)　It does business internationally.
　(C)　Its offices are well maintained.
　(D)　Its employees travel frequently.

3.　What does Mr. Ventri ask Ms. Knauss to do?

　(A)　Send an e-mail
　(B)　Recommend his company
　(C)　Schedule a meeting
　(D)　Work from home

① **To:** Kathryn Knauss <kknauss@rhinepack.com>

From: Anthony Ventri <ventri@cloudlandia.com>

Date: April 28

Subject: Business Opportunity

Dear Ms. Knauss,

② [1]I am a sales associate with Cloudlandia. My company helps businesses manage their meetings.

③ I understand that your company, [2]Rhinestone Packaging, has partners and suppliers across the country and around the world. This can make it challenging to schedule and attend meetings. Cloudlandia is here to help. Our technology allows you to hold meetings online, saving your company travel and hotel expenses.

④ [3]Please contact me at ventri@cloudlandia.com to learn more about our services.

Sincerely,

Anthony Ventri
Senior Sales Associate, Cloudlandia

宛　先: キャスリン・クナウス <kknauss@rhinepack.com>
送信元: アンソニー・ベントリ <ventri@cloudlandia.com>
日　付: 4月28日
件　名: お取引の機会

クナウス様

私はクラウドランディア社の営業担当者です。当社は、企業が会議を運営するのを支援いたします。

私は、貴社、ラインストーン包装社は全国および世界中に共同事業者や供給業者をお持ちであると理解しています。このことは、会議の予定を組んだり会議に出席したりすることを困難にしかねません。クラウドランディア社がご支援します。当社の技術によって貴社が会議をオンラインで開催することを可能にし、貴社の移動や宿泊の経費を節約いたします。

当社のサービスについてさらによく知っていただくために、ventri@cloudlandia.comまで、私宛てにご連絡ください。

敬具

アンソニー・ベントリ
上級営業担当　クラウドランディア社

💡 ワーク｜1

(1) 送信者：名前　（　Anthony Ventri　）
　　　　　会社名　（　Cloudlandia　）
　　受信者：名前　（　Kathryn Knauss　）
　　　　　会社名　（　Rhinestone Packaging　）

> 送受信者名は、それぞれ❶のFromとToから探します。送信者の会社名は署名から分かります。受信者の会社名は、❸の1行目にyour companyと前置きして記されています。

(2) (c) 自社サービスの売り込み

> 全体から判断しますが、特に件名と最初の段落に注目します。

💡 ワーク｜2

(1) Mr. Ventri is a sales associate with Rhinestone Packaging.

ベントリさんは、ラインストーン包装社の営業担当者です。

> **正解　F**　Ventriさんは E メールの送信者であり、❷の冒頭に I am a sales associate with Cloudlandia.「私はクラウドランディア社の営業担当者です」とあります。

(2) Cloudlandia helps companies hold online meetings.

クラウドランディア社は、企業がオンライン会議を開催するのを支援します。

> **正解　T**　❸の3〜4行目に、Our technology allows you to hold meetings online「当社の技術によって、貴社が会議をオンラインで開催することを可能にする」とあります。この「当社」は書き手の会社であるクラウドランディア社を指します。

(3) Mr. Ventri wants Ms. Knauss to contact him by e-mail.

ベントリさんは、クナウスさんに E メールで連絡してもらいたいと思っています。

> **正解　T**　❹に、Please contact me at ventri@cloudlandia.com「ventri@cloudlandia.comまで、私宛てにご連絡ください」とあり、E メールのアドレスを示していることから判断できます。

(4) Rhinestone Packaging has branch offices all over the world.

ラインストーン包装社は、世界中に支社があります。

> **正解　F**　❸の1〜2行目に、Rhinestone Packaging, has partners and suppliers across the country and around the world「ラインストーン包装社は全国および世界中に共同事業者や供給業者をお持ちである」とありますが、支社については述べられていません。

(5) Mr. Ventri needs to organize an online meeting with Ms. Knauss.

ベントリさんは、クナウスさんとのオンライン会議を開く必要があります。

> **正解　F**　ベントリさんの会社の事業としてオンライン会議に言及していますが、ベントリさんとクナウスさんのオンライン会議については述べられていません。

Unit 16 | ワーク [解答と解説]

ワーク | 3　答えを選ぶ根拠となる部分の例は、P.124の英文文書の下線部を参照。

1. What does Cloudlandia help companies do?　　　クラウドランディア社は企業が何をするのを支援しますか？

  (A) Hire employees

  (B) Find business partners

  (C) Organize meetings

  (D) Sell items to hotels

  (A) 従業員を雇用する

  (B) 共同事業者を見つける

  (C) 会議を準備する

  (D) ホテルに品物を販売する

正解 C　書き手は❷の冒頭で、自分はクラウドランディア社の営業担当者であると自己紹介した後、My company helps businesses manage their meetings.「当社は、企業が会議を運営するのを支援いたします」と述べています。よって、Organize meetings「会議を準備する」と言い換えた(C)が正解です。

☹ (A) 雇用については述べられていません。hire「〜を雇用する」。

☹ (B) business partner「共同事業者」については、ラインストーン包装社がすでに多く持っていることを前提としており、さらに見つけるとは述べられていません。

☹ (D) ホテルは、経費の節約対象の例として言及されているだけです。

---

2. What is stated about Rhinestone Packaging?　　　ラインストーン包装社について、何が述べられていますか？

  (A) It has multiple locations.

  (B) It does business internationally.

  (C) Its offices are well maintained.

  (D) Its employees travel frequently.

  (A) 複数の拠点がある。

  (B) 国際的に事業を行っている。

  (C) 同社のオフィスはよく整備されている。

  (D) 同社の従業員は頻繁に出張する。

正解 B　❸の1〜2行目にyour company, Rhinestone Packaging, has partners and suppliers across the country and around the world「貴社、ラインストーン包装社は全国および世界中に共同事業者や供給業者をお持ちです」とあるので、国際的に事業を行っていると分かります。よって(B)が正解です。

☹ (A) 全国各地や世界中に共同事業者や供給業者がいることは分かりますが、複数の拠点があるとは述べられていません。

☹ (C) オフィスの整備状況については述べられていません。maintain「〜を整備する」。

☹ (D) 出張の経費については言及されていますが、出張の頻度は述べられていません。frequently「頻繁に」。

---

3. What does Mr. Ventri ask Ms. Knauss to do?　　　ベントリさんはクナウスさんに何をするよう頼んでいますか？

  (A) Send an e-mail

  (B) Recommend his company

  (C) Schedule a meeting

  (D) Work from home

  (A) Eメールを送る

  (B) 彼の会社を推薦する

  (C) 会議の予定を入れる

  (D) 在宅勤務をする

正解 A　ベントリさんはEメールの送信者であり、クナウスさんはEメールの受信者です。❹でベントリさんは、Please contact me at ventri@cloudlandia.com「ventri@cloudlandia.comまで、私宛てにご連絡ください」とクナウスさんにEメールアドレスを伝えているので、ベントリさんはクナウスさんに対してEメールを送るよう頼んでいると分かります。よって、(A)が正解です。

☹ (B) ベントリさんはEメールで自社を紹介していますが、クナウスさんに同社を推薦するよう頼んではいません。

☹ (C) 自社の事業として会議を準備することについて述べていますが、ベントリさんがクナウスさんと実際に会議を行いたいとは述べられていません。

☹ (D) 在宅勤務をすることについては述べられていません。

TOEIC Bridge® Reading Test 形式の問題に挑戦しましょう。

Questions 1-2 refer to the following letter.

December 3

Alice Brewster
239 Clover Way
Burtonsville, MD 20866

Dear Ms. Brewster,

Thank you for renewing your subscription to *Happy Cook* magazine! Your next issue will arrive soon.

We think you will like some new features we are adding to the magazine. Each issue of *Happy Cook* will include a one-month family meal plan and a sample menu for a dinner party. These will help you make the most of your time in the kitchen.

We hope you continue to enjoy *Happy Cook*!

Sincerely,

Customer Service Team

1. Why was the letter sent to Ms. Brewster?
   (A) To offer her a special discount
   (B) To thank her for subscribing
   (C) To apologize for a delay
   (D) To ask for a payment

2. What will appear in every issue of *Happy Cook*?
   (A) An interview with a famous chef
   (B) A review of new cooking equipment
   (C) A menu for a special event
   (D) An article by a guest writer

Chapter

02

TOEIC Bridge® Listening & Reading Tests

受 験 の 前 に

〈当日の持ち物〉

☐ **受験票**

☐ **写真付の本人確認書類**（学生証、運転免許証、パスポートなど）

☐ **筆記用具**（HBの鉛筆またはシャープペンシル、消しゴム）

☐ **腕時計**

　　※腕時計以外のもの（携帯電話・置時計・ストップウォッチ・ウェアラブル端末など）
　　を時計として使用することはできません。

その他、最新の情報はIIBC公式サイト（https://www.iibc-global.org）をご確認ください。

〈注意事項〉

• 会場には早めに到着するように心がけましょう。試験会場までの交通手段なども確認
しておきましょう。

〈受験の際に覚えておきたいこと〉

• 試験終了後、問題冊子とマークシートは回収されます。問題冊子は持ち帰ることはで
きません。また、問題冊子には一切書き込まないように指示がありますので、ご注意く
ださい。

• 全て、(A)〜(D)の4つの選択肢から解答を1つ選ぶ問題形式です。マークミスに注
意しましょう（本書の巻末のマークシートを使い、マークシート形式に慣れておきま
しょう）。

• 全ての問題に解答するようにしましょう（減点方式ではないので、推測であっても全て
の問題に解答することをお勧めします）。

Practice Test

実践テスト1

Directions

This booklet contains two tests: Listening and Reading.
The tests measure how well you can understand English.
The total time for the two tests is about one hour.

Please answer every question. Use the separate answer sheet.
Do not mark your answers in this test book.

LISTENING

This is the Listening test. There are four parts to this test.

LISTENING PART 1

Directions: You will see a set of four pictures in your test book, and you will hear one short phrase or sentence. Look at the set of pictures. Choose the picture that the phrase or sentence best describes. Then mark the letter (A), (B), (C), or (D) on your answer sheet.

Look at the sample pictures below and listen to the phrase.

Example

You will hear: A man wearing headphones

(A)

(B)
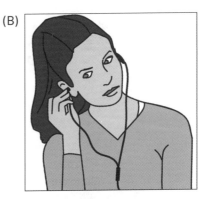

(C)
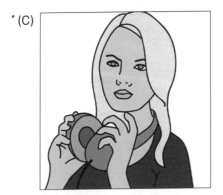

(D)
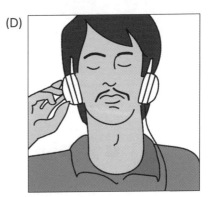

The best answer is (D), so you should mark the letter (D) on your answer sheet.

1.

(A)

(B)

(C)

(D)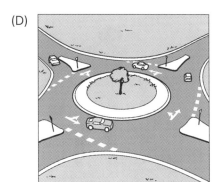

2.

(A)

(B)

(C)

(D)

GO ON TO THE NEXT PAGE

3. (A)

(B)

(C)

(D)

4. (A)

(B)

(C)

(D)

5.

(A)

(B)

(C)

(D)

6.

(A)

(B)

(C)

(D)

Ch.2

Listening | Part 1

実践テスト1

GO ON TO THE NEXT PAGE

LISTENING PART 2

Directions: You will hear some questions or statements. After each question or statement, you will hear and read four responses. Choose the best response to each question or statement. Then mark the letter (A), (B), (C), or (D) on your answer sheet.

Now listen to a sample question.

Example

You will hear: What time is it?

You will hear and read: (A) It's three o'clock.
(B) Several times.
(C) Near the hotel.
(D) Yes, it is.

The best answer is (A), so you should mark the letter (A) on your answer sheet.

7. Mark your answer on your answer sheet.
   (A) No, I haven't.
   (B) We can go later.
   (C) Next week.
   (D) I thought so.

8. Mark your answer on your answer sheet.
   (A) At the art museum.
   (B) It's my grandmother.
   (C) Yes, I just saw it.
   (D) My uncle is a photographer.

9. Mark your answer on your answer sheet.
   (A) I knew him.
   (B) Usually a suit and tie.
   (C) Yes, I turned it off.
   (D) On the second floor.

10. Mark your answer on your answer sheet.
    (A) That new restaurant in town.
    (B) Only cheese, please.
    (C) No, we had pasta.
    (D) Yes, I would.

11. Mark your answer on your answer sheet.
    (A) Sometime in January.
    (B) The bus is best.
    (C) I'll have two roommates.
    (D) My new job.

12. Mark your answer on your answer sheet.
    (A) Do you have his phone number?
    (B) I don't know about those.
    (C) It's on the desk.
    (D) I wanted to ask him a question.

13. Mark your answer on your answer sheet.
    (A) Yes, and a beautiful view.
    (B) Please close the windows.
    (C) At Noriko's house.
    (D) No, it's near the door.

14. Mark your answer on your answer sheet.
    (A) Thanks, I appreciate it.
    (B) We'll be there soon.
    (C) Sure, I'll be happy to.
    (D) Up to 40 pounds.

15. Mark your answer on your answer sheet.

    (A) Yes, just now.
    (B) About two hours long.
    (C) He's a good actor.
    (D) I haven't seen it.

16. Mark your answer on your answer sheet.

    (A) Sure, no problem.
    (B) That tall man over there.
    (C) Very quickly.
    (D) That's a good idea.

17. Mark your answer on your answer sheet.

    (A) As soon as I can.
    (B) I'd like a single room.
    (C) Just a short walk.
    (D) It's an express train.

18. Mark your answer on your answer sheet.

    (A) Because I was tired.
    (B) At the post office.
    (C) I don't mind.
    (D) No, not until late.

19. Mark your answer on your answer sheet.

    (A) A lot of flowers.
    (B) Paulina will do it.
    (C) I've already been there.
    (D) Please watch them carefully.

20. Mark your answer on your answer sheet.

    (A) It wasn't expensive.
    (B) In the newspaper.
    (C) Yes, we have a lot of orders to deliver.
    (D) Was it at the garage?

21. Mark your answer on your answer sheet.

    (A) Using the new printer.
    (B) In 30 minutes.
    (C) Everyone was there.
    (D) We haven't met.

22. Mark your answer on your answer sheet.

    (A) I'll take two, please.
    (B) Sure, I'll get the server.
    (C) Just a little cream.
    (D) We could try a French restaurant.

23. Mark your answer on your answer sheet.

    (A) Some new software.
    (B) No, not that one.
    (C) Yes, and it looks good.
    (D) Have you tried an electronics shop?

24. Mark your answer on your answer sheet.

    (A) A very old sign.
    (B) My class starts at eight o'clock.
    (C) Yes, a couple of hours ago.
    (D) Twenty students.

25. Mark your answer on your answer sheet.

    (A) It's not on sale.
    (B) OK, I have some free time then.
    (C) Vegetable soup, please.
    (D) Thanks for the present.

26. Mark your answer on your answer sheet.

    (A) To the auto repair shop.
    (B) I like that car.
    (C) A mechanic is working on it now.
    (D) Only fifteen minutes.

GO ON TO THE NEXT PAGE

LISTENING PART 3

Directions: You will hear some short conversations. You will hear and read two questions about each conversation. Each question has four answer choices. Choose the best answer to each question and mark the letter (A), (B), (C), or (D) on your answer sheet.

27. What does the man say about the elevator?

(A) It is being cleaned.
(B) It is difficult to find.
(C) It is not working.
(D) It is very large.

28. What will the man have a staff member do?

(A) Carry some luggage.
(B) Store some equipment.
(C) Change a reservation date.
(D) Move a vehicle.

29. What kind of music will be played at the concert?

(A) Rock.
(B) Folk.
(C) Jazz.
(D) Country.

30. What does the woman suggest?

(A) Arriving early.
(B) Taking snacks.
(C) Sitting close to the stage.
(D) Inviting some coworkers.

31. What does the woman ask the man about?

(A) His address.
(B) His name.
(C) The date.
(D) The time.

32. What will the man do next?

(A) Call a company.
(B) Go to a store.
(C) Sign a paper.
(D) Mail a letter.

Program Schedule	
6:00	*News and More*
7:00	*The Home Show*
8:00	*Ted's Music Show*
9:00	*Comedy Hour*

Len's Camping Store	
Aisle 1	Tents
Aisle 2	Footwear
Aisle 3	Sleeping Bags
Aisle 4	Camp Stoves

33. What are the speakers discussing?

(A) Sharing a ride.
(B) Working extra hours.
(C) Buying some tickets.
(D) Going out to eat.

34. Look at the schedule. Which program does the woman want to watch?

(A) *News and More.*
(B) *The Home Show.*
(C) *Ted's Music Show.*
(D) *Comedy Hour.*

35. Look at the directory. Which aisle will the woman go to?

(A) Aisle 1.
(B) Aisle 2.
(C) Aisle 3.
(D) Aisle 4.

36. What problem does the man mention?

(A) A coupon is not valid.
(B) A product is out of stock.
(C) Credit cards are not accepted.
(D) Delivery service is not available.

Ch.2 Listening | Part 3 実践テスト1

GO ON TO THE NEXT PAGE

LISTENING PART 4

Directions: You will hear some short talks. You will hear and read two questions about each talk. Each question has four answer choices. Choose the best answer to each question and mark the letter (A), (B), (C), or (D) on your answer sheet.

37. What will be different about this year's parade?

(A) The registration form.
(B) The route.
(C) The starting time.
(D) The name.

38. What can the listeners do on a Web site?

(A) Watch some videos.
(B) Read some instructions.
(C) See a list of musicians.
(D) View photographs of a park.

39. Where is the speaker?

(A) In an art supply store.
(B) In a community center.
(C) In a museum.
(D) In a café.

40. What will the listeners do after lunch?

(A) Paint pictures.
(B) Purchase supplies.
(C) Go on a hike.
(D) Take a tour.

41. What event are the listeners preparing for?

(A) A restaurant opening.
(B) A sports match.
(C) A theater performance.
(D) A book sale.

42. What will the listeners most likely do next?

(A) Play some music.
(B) Move some tables.
(C) Put up some signs.
(D) Open some doors.

43. Who most likely are the listeners?

(A) Authors.
(B) Performers.
(C) Park visitors.
(D) Research assistants.

44. What are the listeners asked to do?

(A) Submit story ideas.
(B) Turn off mobile phones.
(C) Carry some equipment.
(D) Invite friends to an event.

45. What is the speaker discussing?

    (A) A celebration.

    (B) A job opportunity.

    (C) A class project.

    (D) A conference presentation.

46. What is the speaker going to do?

    (A) Hand out some papers.

    (B) Demonstrate a product.

    (C) Introduce a guest speaker.

    (D) Join a group.

Workshop Schedule	
June 1	Garden basics
June 8	Growing fruit trees
June 15	Caring for roses
June 22	Planting vegetable gardens

47. Look at the schedule. When will the speaker attend a workshop?

    (A) On June 1.

    (B) On June 8.

    (C) On June 15.

    (D) On June 22.

48. What does the speaker offer to give the listener?

    (A) A ride.

    (B) An address.

    (C) Some vegetables.

    (D) Some instructions.

McFarland Dance School

Special Performances
May 21

Featured Dancers

1. "Flower Song"
   Jan Ryland

2. "Rain Catcher"
   Charles Hill and Inara Patel

3. "Power"
   Hayato Kubo and Jessica Marley

4. "Moving"
   Kiara Wells

49. Who is the speaker most likely talking to?

    (A) A group of parents.

    (B) A class of students.

    (C) Former teachers.

    (D) New employees.

50. Look at the program. Which performance will feature Carolyn Klein?

    (A) "Flower Song."

    (B) "Rain Catcher."

    (C) "Power."

    (D) "Moving."

This is the end of the Listening test. Turn to the Reading test.

Ch. 2

Listening | Part 4

実践テスト 1

READING

This is the Reading test. There are three parts to this test.
You will have 35 minutes to complete the Reading test.

READING PART 1

Directions: You will read some sentences. Each one has a space where a word or phrase is missing. Choose the best answer to complete the sentence. Then mark the letter (A), (B), (C), or (D) on your answer sheet.

Example   Do not _____ on the grass.

    (A) find
    (B) keep
    (C) walk
    (D) have

The best answer is (C), so you should mark the letter (C) on your answer sheet.

51. Mr. Garcia helped Samuel prepare for _____ interview.

    (A) him
    (B) his
    (C) he
    (D) himself

52. Davis Computers _____ the new laptops to our office on Tuesday.

    (A) worked
    (B) listened
    (C) sent
    (D) put

53. Fernando is practicing for the _____ he will be giving in class next week.

    (A) presented
    (B) presenting
    (C) presentation
    (D) presenter

54. The dancers wore _____ costumes during the show.

    (A) careful
    (B) kind
    (C) nervous
    (D) colorful

55. Tomorrow, the mayor _____ plans for a new bicycle path in Bridgetown.

    (A) will announce
    (B) announced
    (C) announcing
    (D) announce

56. The _____ of the contest winners are Stephanie Reynolds and Misaki Kato.

    (A) names
    (B) lists
    (C) decisions
    (D) lessons

57. The Lawrence Hotel is _____ located in the city center.

(A) convenient
(B) conveniently
(C) convenience
(D) conveniences

58. _____ it rains tomorrow, the party will be held inside.

(A) Then
(B) Also
(C) So
(D) If

59. Tom's sister is two years _____ than he is.

(A) young
(B) younger
(C) as young
(D) youngest

60. Contact Ron Daly with any questions _____ the Web design course.

(A) about
(B) up
(C) beside
(D) below

61. After playing their last song, the members of The Emojos _____ left the stage.

(A) hurry
(B) hurries
(C) hurriedly
(D) hurried

62. _____ meeting in the conference room, the leadership team will meet in the cafeteria.

(A) Completely
(B) Some
(C) So that
(D) Instead of

63. Seaside Market sells _____ prepared sandwiches and salads.

(A) hardly
(B) freshly
(C) deeply
(D) brightly

64. The teacher _____ Naomi to answer a question.

(A) called on
(B) found out
(C) handed in
(D) added up

65. Exercise can be an _____ way to reduce stress.

(A) effect
(B) effectively
(C) effects
(D) effective

GO ON TO THE NEXT PAGE

READING PART 2

Directions: You will read some short texts. Each one has three spaces where a word, phrase, or sentence is missing. For each space, choose the best answer to complete the text. Then mark the letter (A), (B), (C), or (D) on your answer sheet.

Example

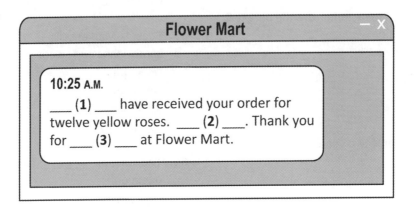

1. (A) We
   (B) Us
   (C) Our
   (D) Ours

2. (A) Please ask for help.
   (B) Red is a bright color.
   (C) They will arrive today.
   (D) Put them on my desk.

3. (A) shop
   (B) shops
   (C) shopped
   (D) shopping

The best answer for question 1 is (A), so you should mark the letter (A) on your answer sheet.

The best answer for question 2 is (C), so you should mark the letter (C) on your answer sheet.

The best answer for question 3 is (D), so you should mark the letter (D) on your answer sheet.

Questions 66-68 refer to the following text message.

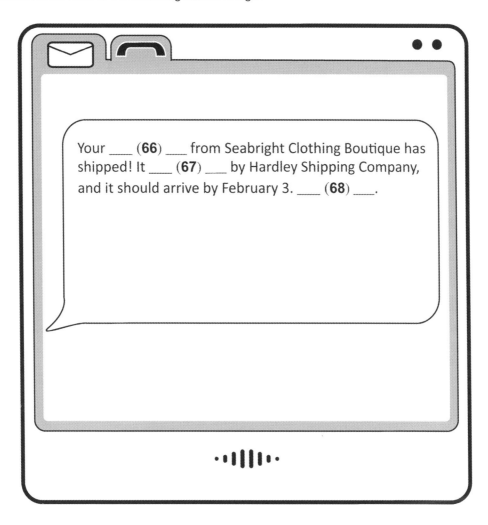

Your ____ **(66)** ____ from Seabright Clothing Boutique has shipped! It ____ **(67)** ____ by Hardley Shipping Company, and it should arrive by February 3. ____ **(68)** ____.

66. (A) store
    (B) question
    (C) number
    (D) package

67. (A) will be delivered
    (B) was delivered
    (C) delivers
    (D) delivering

68. (A) That will probably happen in March.
    (B) The sale ends on Monday.
    (C) Visit our Web site to track your order.
    (D) Call 555-0152 for a reservation.

GO ON TO THE NEXT PAGE

★ ★ ★ ★ ★ ★ ★ ★ ★ ★ ★ ★ ★ ★ ★

From May 1 to May 5, track maintenance work will be performed ___ (69) ___ the red line. Trains will be running less frequently. ___ (70) ___ will not be made at the Brook Street or Thompson Road stations. Your patience is ___ (71) ___ appreciated.

★ ★ ★ ★ ★ ★ ★ ★ ★ ★ ★ ★ ★ ★ ★

69. (A) during
(B) on
(C) above
(D) at

70. (A) Meals
(B) Names
(C) Stops
(D) Meetings

71. (A) greatly
(B) great
(C) greatest
(D) greatness

Questions 72-74 refer to the following e-mail.

To: Mayda Flores
From: Antonia Roebling
Date: 15 June
Subject: Conference

Dear Mayda,

I would like to ___ (72) ___ you to the upcoming Women's Leadership Conference. The conference will include many wonderful ___ (73) ___. I have tickets available for you and a guest. ___ (74) ___.

Best regards,
Antonia

---

72. (A) cancel
    (B) hire
    (C) discuss
    (D) invite

73. (A) speaks
    (B) speak
    (C) speakers
    (D) speaking

74. (A) Our conversation was very interesting.
    (B) Please let me know if you are able to attend.
    (C) The restaurant is closed for a private event.
    (D) We will announce the winners next week.

GO ON TO THE NEXT PAGE

Questions 75-77 refer to the following notice.

Eagleville Art Museum

Please join us this Friday at the Eagleville Art Museum for ___ (75) ___ annual "Art After Dark" event. ___ (76) ___. Snacks and beverages will be available free of charge in the ___ (77) ___ gallery.

75. (A) her
    (B) our
    (C) which
    (D) whose

77. (A) main
    (B) fair
    (C) average
    (D) different

76. (A) On Monday, a visiting artist gave a talk.
    (B) There are some art classes in the morning.
    (C) Several beautiful paintings were on display.
    (D) The museum will be open until 11:00 P.M.

Questions 78-80 refer to the following memo.

To: Lab staff
Date: January 22

This information is for all staff who work in the chemistry laboratory ___ **(78)** ___ Felston Hall. To enter the lab, you ___ **(79)** ___ to wear safety glasses and gloves. ___ **(80)** ___ who is not wearing these items will not be allowed in the lab.

78. (A) for
(B) in
(C) among
(D) onto

79. (A) to require
(B) requiring
(C) are required
(D) will require

80. (A) Anyone
(B) This
(C) All
(D) Several

GO ON TO THE NEXT PAGE

Directions: You will read some texts such as notices, letters, and instant messages. Each text is followed by two or three questions. Choose the best answer to each question and mark the letter (A), (B), (C), or (D) on your answer sheet.

Example

Milltown Supermarket

We have the freshest fruit and vegetables in town!

Opening Hours
Monday to Friday, 9:00 A.M. to 9:00 P.M.
Saturday and Sunday, 10:00 A.M. to 7:00 P.M.

1. What does the store sell?

(A) Food
(B) Clothing
(C) Books
(D) Furniture

2. What time does the store close on Tuesday?

(A) At 7:00 P.M.
(B) At 8:00 P.M.
(C) At 9:00 P.M.
(D) At 10:00 P.M.

The best answer for question 1 is (A), so you should mark the letter (A) on your answer sheet.

The best answer for question 2 is (C), so you should mark the letter (C) on your answer sheet.

Questions 81-82 refer to the following text-message chain.

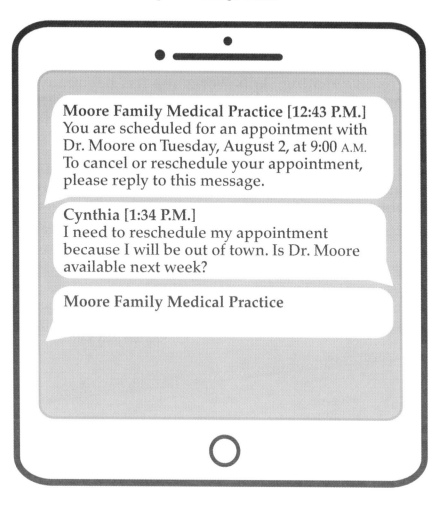

Moore Family Medical Practice [12:43 P.M.]
You are scheduled for an appointment with Dr. Moore on Tuesday, August 2, at 9:00 A.M. To cancel or reschedule your appointment, please reply to this message.

Cynthia [1:34 P.M.]
I need to reschedule my appointment because I will be out of town. Is Dr. Moore available next week?

Moore Family Medical Practice

Ch. 2   Reading | Part 3   実践テスト 1

81. Why does Cynthia need to change her appointment?

(A) She wants to see another doctor.
(B) She will be traveling.
(C) She has no transportation.
(D) The office will be closed.

82. Select the best response to Cynthia's message.

(A) "We are open until 5:00 P.M."
(B) "Please call the office to request a prescription refill."
(C) "We are not accepting new patients at this time."
(D) "Yes, Dr. Moore could see you on Thursday or Friday."

GO ON TO THE NEXT PAGE

Attention, Students

The Creative Writing Skills Workshop has been moved to the auditorium. Over 30 students have already signed up for the workshop, and we needed to use a larger space. The date and time are the same.

If you have any questions about participation, you can see Farah Hart at her desk in the library during normal school hours.

83. What is the purpose of the notice?

(A) To ask for someone to lead an event
(B) To announce a change to an event
(C) To request assistance
(D) To ask for feedback

84. What is suggested about Farah Hart?

(A) She is selling tickets.
(B) She is leaving the school.
(C) She works in the library.
(D) She will give a speech.

Questions 85-86 refer to the following text-message chain.

Joanna [9:32 A.M.]
Hi, Henry. I was planning to stop by your office later today to drop off the building plans. Does that work for you?

Henry [9:33 A.M.]
I'm sorry, Joanna, but I'm not in the office today. I'll be in tomorrow.

Joanna [9:34 A.M.]
I'm traveling tomorrow. Can I leave them at the front desk this afternoon?

Henry

Ch. 2

Reading | Part 3

実践テスト 1

85. What does Joanna want to do?

(A) Schedule a job interview
(B) Give Henry some documents
(C) Arrange a ride to the airport
(D) Meet Henry for lunch

86. Select the best response to Joanna's message.

(A) "Flight 246 to Vancouver."
(B) "There's one near the front desk."
(C) "Sure. I'll tell my assistant you're coming."
(D) "I hope you had a wonderful vacation."

GO ON TO THE NEXT PAGE

Questions 87-88 refer to the following schedule.

English Class Schedule
Ms. Jan Levitt, Instructor
Thursdays, 9:30 A.M. to 11:30 A.M.
Room 422

Class Date	Topic	Homework Assignment
September 3	The Novel	• Write a two-page essay about your favorite novel
September 10	Introduction to Poetry	• Write a 16-line poem
September 17	Writing Your Life Story	• Read pages 5–25 in your textbook • Write one page about a happy memory
September 24	Writing a Research Paper	• Research a topic of your choice • Write five paragraphs about that topic

87. When will students learn about poetry?

(A) On September 3
(B) On September 10
(C) On September 17
(D) On September 24

88. After which class will students read their textbook?

(A) The Novel
(B) Introduction to Poetry
(C) Writing Your Life Story
(D) Writing a Research Paper

Questions 89-91 refer to the following notice.

Sale

I am moving to a smaller house and want to sell some items.

The prices vary, but everything is $20.00 or less.

Household items for sale
Kitchen items: blender, toaster, dishes
Decorations: wall art, picture frames, mirrors
Electronics: printer, digital camera, radio
Items for children: several boxes of books and toys

To request photos or discuss buying items, e-mail Holly Liang at hliang@myhomemail.com.

89. What is the notice about?

(A) Household goods for sale
(B) A workshop for artists
(C) A cooking demonstration
(D) Repair services

90. Why does the notice mention $20.00?

(A) It is the charge for shipping.
(B) It is the cost of a ticket.
(C) It is a registration fee.
(D) It is the price of some items.

91. Why should someone e-mail Ms. Liang?

(A) To ask her for photographs
(B) To help her move
(C) To give her some advice
(D) To buy her home

GO ON TO THE NEXT PAGE

Questions 92-94 refer to the following Web page with comments.

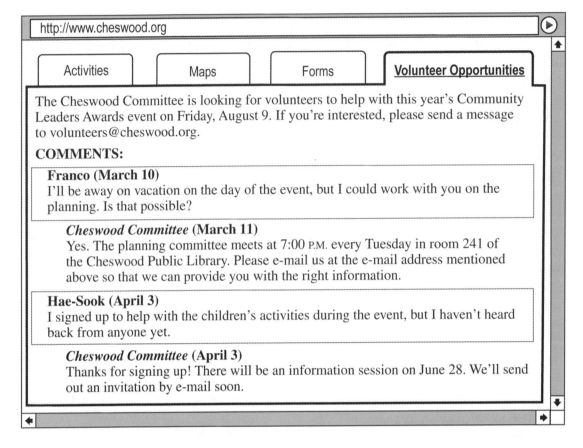

http://www.cheswood.org

| Activities | Maps | Forms | **Volunteer Opportunities** |

The Cheswood Committee is looking for volunteers to help with this year's Community Leaders Awards event on Friday, August 9. If you're interested, please send a message to volunteers@cheswood.org.

COMMENTS:

Franco (March 10)
I'll be away on vacation on the day of the event, but I could work with you on the planning. Is that possible?

Cheswood Committee (March 11)
Yes. The planning committee meets at 7:00 P.M. every Tuesday in room 241 of the Cheswood Public Library. Please e-mail us at the e-mail address mentioned above so that we can provide you with the right information.

Hae-Sook (April 3)
I signed up to help with the children's activities during the event, but I haven't heard back from anyone yet.

Cheswood Committee (April 3)
Thanks for signing up! There will be an information session on June 28. We'll send out an invitation by e-mail soon.

92. What will happen on August 9?

(A) A book sale
(B) A planning meeting
(C) A training session
(D) An awards ceremony

93. What would Franco like to do?

(A) Take an event off his schedule
(B) Change the date of his vacation
(C) Help with organizing
(D) Find a new job

94. Why did Hae-Sook post a comment?

(A) She does not understand some directions.
(B) She wants to register her children.
(C) She is unable to participate.
(D) She has not received an e-mail reply.

To: Tenants of the Raner Office Building
From: Yarbury Management Company
Date: Tuesday, October 12

Starting on Monday, October 25, we will be making repairs to the parking area in front of the building. The work is expected to continue all week. Parking near the building will be limited during this time. Additional parking may be available in the parking structure on Main Street.

However, to encourage the use of public transportation, Yarbury Management Company is offering tenants a weekly bus pass. You can apply for a pass by filling out the form at our Web site, www.ymc.com.

95. What is the memo mostly about?

(A) An important meeting
(B) A repair project
(C) A change in a rental contract
(D) A new building manager

96. What will Yarbury Management Company provide?

(A) Bus passes
(B) Parking permits
(C) Ride-sharing service
(D) Internet access

97. What is available on Yarbury Management Company's Web site?

(A) Password instructions
(B) A price list
(C) A construction schedule
(D) An application form

Ch.2

Reading | Part 3

実践テスト 1

GO ON TO THE NEXT PAGE

http://www.candlestick.com

| Show Times | Food and Beverages | <u>FAQs</u> |

 # CANDLESTICK CINEMA

What events are coming up at Candlestick Cinema?
On Thursdays in October, we will be offering two tickets for the price of one. In addition, we're having a special showing of the award-winning film *Spaceship Games* on Saturday, January 19, at 2 P.M.

Is food and beverage service offered in the theater?
Yes! You may place an order for food and beverages at the snack bar or by using the touch screen at your seat up to fifteen minutes before the start of the movie. Your order will be delivered to your seat.

How can I reserve tickets for FREE events?
You can reserve tickets for all free events, such as our Family Film Festival, by contacting Mr. Ken Franklin by e-mail at kfranklin@candlestick.com or by telephone at 555-0122. **Seating for FREE events is on a first-come, first-served basis.**

98. What will happen at Candlestick Cinema in October?

(A) Prices will be discounted once each week.
(B) A gaming tournament will be organized.
(C) Renovation work will take place.
(D) Awards will be presented.

99. What is mentioned about food?

(A) It must be paid for with a credit card.
(B) It can be ordered before the show.
(C) It sells out quickly.
(D) It is expensive.

100. What is stated about tickets for free events?

(A) They can be ordered only over the Internet.
(B) They are no longer offered.
(C) They can be obtained from Mr. Franklin.
(D) They are available first to members.

Stop! This is the end of the Reading test. If you finish before time is called, you may go back to Reading Parts 1, 2, and 3 and check your work.

Practice Test

実践テスト2

Directions

This booklet contains two tests: Listening and Reading.
The tests measure how well you can understand English.
The total time for the two tests is about one hour.

Please answer every question. Use the separate answer sheet.
Do not mark your answers in this test book.

LISTENING

This is the Listening test. There are four parts to this test.

LISTENING PART 1

Directions: You will see a set of four pictures in your test book, and you will hear one short phrase or sentence. Look at the set of pictures. Choose the picture that the phrase or sentence best describes. Then mark the letter (A), (B), (C), or (D) on your answer sheet.

Look at the sample pictures below and listen to the phrase.

Example

You will hear: A man wearing headphones

(A)  (B)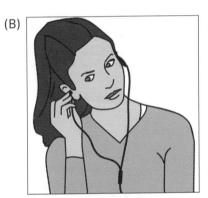

(C)  (D)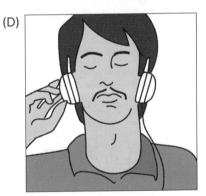

The best answer is (D), so you should mark the letter (D) on your answer sheet.

1. (A)

(B)

(C)

(D)

2. (A)

(B)

(C)

(D)

Ch. 2

Listening | Part 1

実践テスト2

GO ON TO THE NEXT PAGE

3. (A)
(B)

(C)
(D)

4. (A)
(B)

(C)
(D)

5. (A)

(B)

(C)

(D)

6. (A)

(B)

(C)

(D)

Ch. 2

Listening | Part 1

実践テスト 2

GO ON TO THE NEXT PAGE

LISTENING PART 2

Directions: You will hear some questions or statements. After each question or statement, you will hear and read four responses. Choose the best response to each question or statement. Then mark the letter (A), (B), (C), or (D) on your answer sheet.

Now listen to a sample question.

Example

You will hear: What time is it?

You will hear and read: (A) It's three o'clock.
                            (B) Several times.
                            (C) Near the hotel.
                            (D) Yes, it is.

The best answer is (A), so you should mark the letter (A) on your answer sheet.

7.   Mark your answer on your answer sheet.
   (A) On the top shelf.
   (B) No, it isn't.
   (C) I'll get some.
   (D) Old books.

8.   Mark your answer on your answer sheet.
   (A) At City Airport.
   (B) Tomorrow morning.
   (C) From Tokyo.
   (D) For a two-week visit.

9.   Mark your answer on your answer sheet.
   (A) It's my friend's.
   (B) Main Street.
   (C) No, not yet.
   (D) If there's enough space.

10. Mark your answer on your answer sheet.
   (A) A few years old.
   (B) Cakes and cookies.
   (C) Across from the bank.
   (D) No, I haven't.

11. Mark your answer on your answer sheet.
   (A) I like the striped hat.
   (B) Three copies.
   (C) Very recently.
   (D) No, I have one.

12. Mark your answer on your answer sheet.
   (A) She's a dentist.
   (B) Yes, I had to wait.
   (C) Next Thursday.
   (D) For a cleaning.

13. Mark your answer on your answer sheet.
   (A) I mailed it today.
   (B) Yes, I just started.
   (C) I'll stop there later.
   (D) A few stamps.

14. Mark your answer on your answer sheet.
   (A) The new French restaurant.
   (B) No, in ten minutes.
   (C) Red is my favorite color.
   (D) Coffee with sugar.

15. Mark your answer on your answer sheet.

    (A) It's getting late.
    (B) About two kilometers.
    (C) Until seven o'clock.
    (D) A birthday present.

16. Mark your answer on your answer sheet.

    (A) Yes, she's very happy.
    (B) The next contest.
    (C) Sure, I'd like that.
    (D) A few more vacation days.

17. Mark your answer on your answer sheet.

    (A) No, but Larry can.
    (B) To the meeting.
    (C) Yes, I bought a car.
    (D) We had a good trip.

18. Mark your answer on your answer sheet.

    (A) The main office.
    (B) By bus or train.
    (C) It was the cheapest ticket.
    (D) No, but maybe another time.

19. Mark your answer on your answer sheet.

    (A) She's moving next month.
    (B) An art museum.
    (C) Yes, I enjoyed both of them.
    (D) Thanks, but I'm busy today.

20. Mark your answer on your answer sheet.

    (A) OK, I can be there.
    (B) I like that chair.
    (C) It's a truck.
    (D) At the furniture store.

21. Mark your answer on your answer sheet.

    (A) No, it seems to be fine.
    (B) I always watch that show.
    (C) Yes, every month.
    (D) At the shop on Tenth Avenue.

22. Mark your answer on your answer sheet.

    (A) No, I'll have the salad.
    (B) I haven't tried it yet.
    (C) Yes, please.
    (D) What kind do you have?

23. Mark your answer on your answer sheet.

    (A) A couple of classes.
    (B) Yes, I do.
    (C) She studies a lot.
    (D) Let's stay inside.

24. Mark your answer on your answer sheet.

    (A) I like blue.
    (B) No, only the kitchen.
    (C) That would be fine.
    (D) For a few days.

25. Mark your answer on your answer sheet.

    (A) No, I don't like this music.
    (B) Every Tuesday morning.
    (C) I'll e-mail them to you later.
    (D) Yes, I met them yesterday.

26. Mark your answer on your answer sheet.

    (A) Yes, I can give it to you.
    (B) He was happy to do it.
    (C) On Elm Street, I think.
    (D) Not very often.

GO ON TO THE NEXT PAGE

LISTENING PART 3

Directions: You will hear some short conversations. You will hear and read two questions about each conversation. Each question has four answer choices. Choose the best answer to each question and mark the letter (A), (B), (C), or (D) on your answer sheet.

27. Where does the woman want to go?

    (A) To the bus station.
    (B) To the airport.
    (C) To a friend's house.
    (D) To a hotel.

28. What will the woman most likely do?

    (A) Pay the man.
    (B) Take a walk.
    (C) Ride a bus.
    (D) Travel by taxi.

29. Where most likely are the speakers?

    (A) At a pharmacy.
    (B) At a school.
    (C) At a bank.
    (D) At a car repair shop.

30. What will the woman probably do next?

    (A) Complete a form.
    (B) Pay for an item.
    (C) Sit down in a waiting area.
    (D) Schedule an appointment.

31. What does the woman tell the man?

    (A) Some food is vegetarian.
    (B) An item will cost extra.
    (C) A dish is not offered.
    (D) The restaurant is closing.

32. What drink does the man order?

    (A) Soda.
    (B) Milk.
    (C) Water.
    (D) Tea.

	Items for sale	
Hats	....	$10
Mittens	....	$15
Scarves	....	$25
Sweaters	....	$50

DAY	TYPE OF FILMS
Monday	Comedy
Tuesday	Nature
Wednesday	Travel
Thursday	Adventure

33. What are the speakers discussing?

(A) Items the woman made.
(B) A new clothing store.
(C) An artist they know.
(D) Tickets for an event.

34. Look at the price list. How much will the man pay?

(A) $10.
(B) $15.
(C) $25.
(D) $50.

35. Look at the schedule. What type of films will the speakers see?

(A) Comedy.
(B) Nature.
(C) Travel.
(D) Adventure.

36. What does the man offer to do?

(A) Pay for parking.
(B) Bring a snack.
(C) Read a movie review.
(D) Reserve tickets.

Ch. 2

Listening | Part 3

実践テスト 2

GO ON TO THE NEXT PAGE

LISTENING PART 4

Directions: You will hear some short talks. You will hear and read two questions about each talk. Each question has four answer choices. Choose the best answer to each question and mark the letter (A), (B), (C), or (D) on your answer sheet.

37. What does the speaker say about the meeting?

(A) It was too long.
(B) It was not convenient.
(C) He enjoyed it.
(D) He did not attend it.

38. What will the speaker send to Suzanne?

(A) A list of books.
(B) An e-mail address.
(C) A schedule.
(D) A membership card.

39. What does the speaker ask about?

(A) A date.
(B) A time.
(C) A name.
(D) An address.

40. What does the speaker want Ms. Jackson to do?

(A) Pick her up at 7:30 P.M.
(B) Drive her to the store.
(C) Give her an update.
(D) Call her on Saturday night.

41. What event is taking place?

(A) A theater performance.
(B) A birthday party.
(C) A graduation ceremony.
(D) A retirement celebration.

42. What will Ms. Gordon do next month?

(A) Go on a trip.
(B) Teach a class.
(C) Publish a book.
(D) Visit her family.

43. What do the students usually do on Mondays?

(A) Have a discussion.
(B) Go to the library.
(C) Read a story together.
(D) Write an essay.

44. What does the speaker want to know?

(A) When the teacher is returning.
(B) What the last assignment was.
(C) Which students are absent.
(D) Where to buy textbooks.

45. What will the listeners do?

  (A) Sort T-shirts.
  (B) Decorate a room.
  (C) Paint a closet.
  (D) Purchase equipment.

46. What will the markers be used for?

  (A) To make price tags.
  (B) To decorate a sign.
  (C) To label some boxes.
  (D) To sign up for a project.

Oldwick Craft Fair	
Room 11	Photographs
Room 12	Jewelry
Room 13	Clothing
Room 14	Paintings

47. What problem does the speaker mention?

  (A) A building will not be available.
  (B) A date has been changed.
  (C) Some participants cannot come.
  (D) The weather will be rainy.

48. Look at the list. What will Mr. Sims display at the craft fair?

  (A) Photographs.
  (B) Jewelry.
  (C) Clothing.
  (D) Paintings.

LOCATION	DATE
West End	April 2
East End	April 9
South Side	April 16
North Side	April 23

49. What is the announcement about?

  (A) Furniture.
  (B) Car tires.
  (C) Mobile phones.
  (D) Bicycles.

50. Look at the schedule. Where will the next collection take place?

  (A) At the West End.
  (B) At the East End.
  (C) On the South Side.
  (D) On the North Side.

Ch. 2

Listening | Part 4

実践テスト 2

This is the end of the Listening test. Turn to the Reading test.

READING

This is the Reading test. There are three parts to this test.
You will have 35 minutes to complete the Reading test.

READING PART 1

Directions: You will read some sentences. Each one has a space where a word or phrase is missing. Choose the best answer to complete the sentence. Then mark the letter (A), (B), (C), or (D) on your answer sheet.

Example

Do not _____ on the grass.

(A) find
(B) keep
(C) walk
(D) have

The best answer is (C), so you should mark the letter (C) on your answer sheet.

---

51. Peter's birthday _____ will be next Sunday.

(A) party
(B) world
(C) number
(D) house

52. Maria is visiting _____ friends this weekend.

(A) she
(B) her
(C) hers
(D) herself

53. We can _____ the restaurant and order pizza tonight.

(A) think
(B) write
(C) seem
(D) call

54. Yesterday was the _____ day of the year so far.

(A) hot
(B) hotter
(C) hottest
(D) heat

55. Flight 496 _____ Dallas departed at 9:00 P.M.

(A) then
(B) to
(C) on
(D) when

56. I need to go to a _____ to buy new clothes.

(A) storing
(B) store
(C) stored
(D) storage

57. Mark has decided to see a movie _____ Tom tonight.

(A) until
(B) toward
(C) with
(D) against

58. Two new employees _____ working next Monday.

(A) starts
(B) started
(C) starting
(D) will start

59. Susan and Ed tried to find seats on the train, but it was too _____ .

(A) crowded
(B) quiet
(C) wide
(D) surprising

60. We have a new classmate, and the teacher introduced _____ to the class today.

(A) he
(B) his
(C) him
(D) himself

61. Jenna is _____ on vacation at her uncle's villa in Italy.

(A) now
(B) very
(C) quite
(D) since

62. Hannah has always been _____ in ancient history.

(A) interesting
(B) interested
(C) interests
(D) interest

63. Either Martin _____ Eliza will pick you up from the airport next week.

(A) and
(B) but
(C) or
(D) yet

64. Could you speak more _____ , please?

(A) slowest
(B) slows
(C) slowing
(D) slowly

65. Eleanor bought some wood to repair the _____ around the garden.

(A) flower
(B) fence
(C) view
(D) door

GO ON TO THE NEXT PAGE

READING PART 2

Directions: You will read some short texts. Each one has three spaces where a word, phrase, or sentence is missing. For each space, choose the best answer to complete the text. Then mark the letter (A), (B), (C), or (D) on your answer sheet.

Example

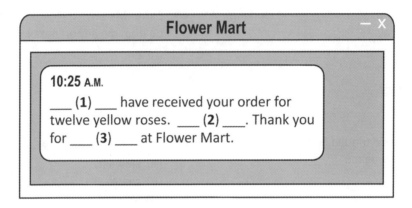

1. (A) We
    (B) Us
    (C) Our
    (D) Ours

2. (A) Please ask for help.
    (B) Red is a bright color.
    (C) They will arrive today.
    (D) Put them on my desk.

3. (A) shop
    (B) shops
    (C) shopped
    (D) shopping

The best answer for question 1 is (A), so you should mark the letter (A) on your answer sheet.

The best answer for question 2 is (C), so you should mark the letter (C) on your answer sheet.

The best answer for question 3 is (D), so you should mark the letter (D) on your answer sheet.

Questions 66-68 refer to the following e-mail.

```
╔══════════════════════════════════════════════════════════╗
║                      E-Mail Message                      ║
╟──────────┬───────────────────────────────────────────────╢
║ To:      │ Tucayana Hotel <info@tucayanahotel.com>       ║
╟──────────┼───────────────────────────────────────────────╢
║ From:    │ Chris Levin <clevin@sortmail.com>             ║
╟──────────┼───────────────────────────────────────────────╢
║ Date:    │ June 29                                       ║
╟──────────┼───────────────────────────────────────────────╢
║ Subject: │ Hotel bill                                    ║
╟──────────┴───────────────────────────────────────────────╢
║  Dear Sir/Madam,                                          ║
║                                                           ║
║  I stayed ___ (66) ___ your hotel on June 26 and 27. I    ║
║  am writing to request a copy of ___ (67) ___ final bill. ║
║  I need this information so that my company can pay me     ║
║  back the money that I ___ (68) ___ during my stay last   ║
║  week.                                                     ║
║                                                           ║
║  Thank you.                                               ║
║                                                           ║
║  Chris Levin                                              ║
╚══════════════════════════════════════════════════════════╝
```

66. (A) at
(B) from
(C) of
(D) by

67. (A) its
(B) my
(C) their
(D) whose

68. (A) spent
(B) deposited
(C) earned
(D) counted

GO ON TO THE NEXT PAGE

Questions 69-71 refer to the following notice.

This ___ (69) ___ of the Sunset Trail is closed for maintenance. The park service ___ (70) ___ the pedestrian bridge. To get to Blue Lake, walk along the Butterfly Path instead. ___ (71) ___.

69. (A) section
    (B) problem
    (C) guide
    (D) equipment

70. (A) repair
    (B) repairing
    (C) is repairing
    (D) to repair

71. (A) There are three campgrounds in the park.
    (B) The bridge has scenic views.
    (C) After a short distance, you will see the lake.
    (D) The park service is currently accepting applications.

Questions 72-74 refer to the following text message.

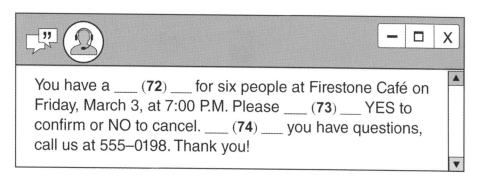

You have a ___ **(72)** ___ for six people at Firestone Café on Friday, March 3, at 7:00 P.M. Please ___ **(73)** ___ YES to confirm or NO to cancel. ___ **(74)** ___ you have questions, call us at 555–0198. Thank you!

72. (A) reserve
(B) reserves
(C) reservation
(D) reserved

73. (A) have
(B) remind
(C) follow
(D) reply

74. (A) As
(B) If
(C) Although
(D) So

GO ON TO THE NEXT PAGE

Questions 75-77 refer to the following notice.

New regional train schedules ___ **(75)** ___ on Monday, July 15. Please visit our Web site to obtain electronic copies. ___ **(76)** ___. Please check the new times ___ **(77)** ___ so that you do not miss your train.

75. (A) release
    (B) releases
    (C) will be released
    (D) will be releasing

76. (A) These trains are fast and comfortable.
    (B) Paper copies will be available at train stations.
    (C) Passengers must buy tickets at the station.
    (D) The 7:17 A.M. train is running four minutes late.

77. (A) hardly
    (B) usefully
    (C) carefully
    (D) recently

Questions 78-80 refer to the following sign.

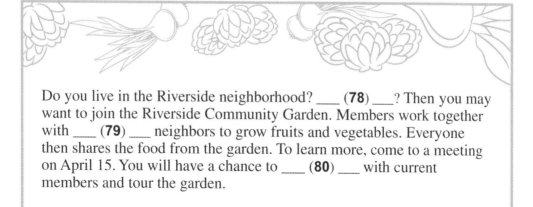

Do you live in the Riverside neighborhood? ___ **(78)** ___? Then you may want to join the Riverside Community Garden. Members work together with ___ **(79)** ___ neighbors to grow fruits and vegetables. Everyone then shares the food from the garden. To learn more, come to a meeting on April 15. You will have a chance to ___ **(80)** ___ with current members and tour the garden.

78. (A) Do you want to go out to dinner?
(B) Have you taken a vacation recently?
(C) Have you received the delivery?
(D) Do you like to work outside?

79. (A) they
(B) their
(C) theirs
(D) themselves

80. (A) welcome
(B) drive
(C) talk
(D) introduce

GO ON TO THE NEXT PAGE

READING PART 3

Directions: You will read some texts such as notices, letters, and instant messages. Each text is followed by two or three questions. Choose the best answer to each question and mark the letter (A), (B), (C), or (D) on your answer sheet.

Example

Milltown Supermarket
We have the freshest fruit and vegetables in town!

Opening Hours
Monday to Friday, 9:00 A.M. to 9:00 P.M.
Saturday and Sunday, 10:00 A.M. to 7:00 P.M.

1. What does the store sell?

    (A) Food
    (B) Clothing
    (C) Books
    (D) Furniture

2. What time does the store close on Tuesday?

    (A) At 7:00 P.M.
    (B) At 8:00 P.M.
    (C) At 9:00 P.M.
    (D) At 10:00 P.M.

The best answer for question 1 is (A), so you should mark the letter (A) on your answer sheet.

The best answer for question 2 is (C), so you should mark the letter (C) on your answer sheet.

Questions 81-82 refer to the following notice.

Event: Summer Movies at Sunset
Date: June 5 to August 28
Time: 7:30 P.M.
Place: Hadley Harbor

Join your friends and neighbors for free movie nights this summer! The Recreation Department will set up a large screen near Pier 22 at Hadley Harbor every Friday beginning on June 5. The movies we show will be family friendly and appropriate for all ages. Please bring your own chairs and snacks.

81. What is being announced?

(A) A basketball clinic
(B) Summer jobs
(C) Free entertainment
(D) A store opening

82. What should people bring?

(A) Food
(B) Sunglasses
(C) Sports equipment
(D) A map

GO ON TO THE NEXT PAGE

WELDMAN FURNITURE DESIGN
New Employee Orientation • Tuesday, June 21 • Location: Room 114

Time	Topic	Presenter
8:00 A.M.–8:45 A.M.	Breakfast	—
8:45 A.M.–9:00 A.M.	Welcome by company vice president	Ms. Archana Tewari
9:00 A.M.–10:00 A.M.	Growth plan for the next five years	Mr. Felix Nangoro
10:00 A.M.–12:00 noon	Company policies and employee benefits	Ms. Tanisha Wright
12:00 noon–1:00 P.M.	Lunch	—
1:00 P.M.–2:30 P.M.	Overview of current projects	Mr. Joe Schrampf
2:30 P.M.–4:00 P.M.	Begin work on current projects	—

83. What is indicated about the event?

(A) It takes place in the morning only.
(B) It is hosted by a toy manufacturer.
(C) It is required for all employees.
(D) It includes meals.

84. Who will talk about the future of the company?

(A) Ms. Tewari
(B) Mr. Nangoro
(C) Ms. Wright
(D) Mr. Schrampf

Questions 85-86 refer to the following text-message chain.

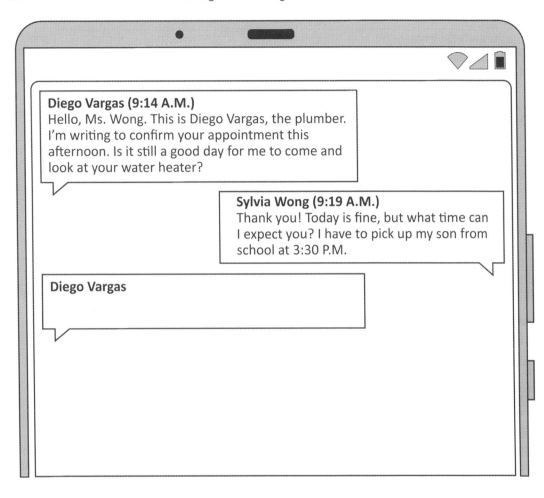

Diego Vargas (9:14 A.M.)
Hello, Ms. Wong. This is Diego Vargas, the plumber. I'm writing to confirm your appointment this afternoon. Is it still a good day for me to come and look at your water heater?

Sylvia Wong (9:19 A.M.)
Thank you! Today is fine, but what time can I expect you? I have to pick up my son from school at 3:30 P.M.

Diego Vargas

85. What is Ms. Wong's problem?

(A) Her electricity went out.
(B) Her car needs to be inspected.
(C) Her water heater needs repair.
(D) Her son missed the school bus.

86. Select the best response to Ms. Wong's message.

(A) "I'll be there at about 2:00 P.M."
(B) "Usually about an hour."
(C) "No, I don't work in the evenings."
(D) "My assistant will be joining me."

GO ON TO THE NEXT PAGE

Questions 87-89 refer to the following Web page.

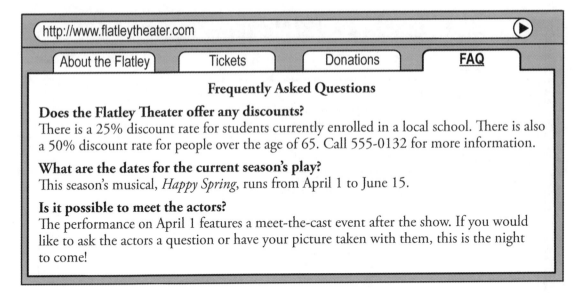

http://www.flatleytheater.com

About the Flatley   Tickets   Donations   **FAQ**

Frequently Asked Questions

Does the Flatley Theater offer any discounts?
There is a 25% discount rate for students currently enrolled in a local school. There is also a 50% discount rate for people over the age of 65. Call 555-0132 for more information.

What are the dates for the current season's play?
This season's musical, *Happy Spring*, runs from April 1 to June 15.

Is it possible to meet the actors?
The performance on April 1 features a meet-the-cast event after the show. If you would like to ask the actors a question or have your picture taken with them, this is the night to come!

87. What is true about student tickets?

(A) They are free.
(B) They are only for certain seats.
(C) They are cheaper than regular tickets.
(D) There is a limited number of them.

88. When is the last performance of *Happy Spring*?

(A) On April 5
(B) On May 1
(C) On May 25
(D) On June 15

89. What can theater guests do on April 1?

(A) Enter the theater early
(B) Receive a discount at the gift shop
(C) Go on stage
(D) Talk to the actors

Questions 90-91 refer to the following text-message chain.

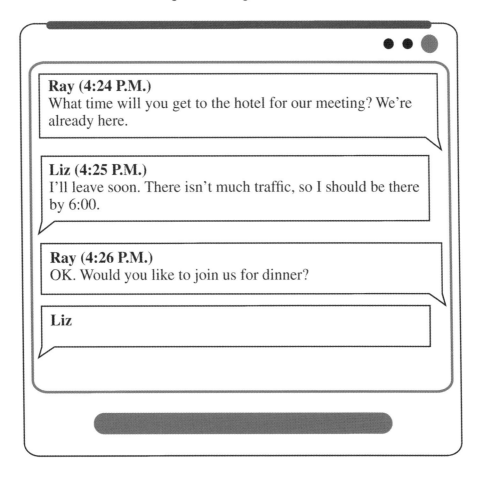

Ray (4:24 P.M.)
What time will you get to the hotel for our meeting? We're already here.

Liz (4:25 P.M.)
I'll leave soon. There isn't much traffic, so I should be there by 6:00.

Ray (4:26 P.M.)
OK. Would you like to join us for dinner?

Liz

90. What did Ray ask Liz?

(A) How much dinner will cost
(B) When a meeting starts
(C) What kind of food she likes
(D) When she will arrive

91. Select the best response to Ray's message.

(A) "It's around the corner."
(B) "Yes, that would be great."
(C) "I'm sorry I missed it."
(D) "Yes, last week."

GO ON TO THE NEXT PAGE

http://www.citybotanicalpark.org

About Us   Highlights   **Nature Walks**   Directions

Our next walk is scheduled for Saturday, May 12. The tour will be led by master gardener Susan Traverse. Meet at the City Botanical Park entrance at 11:00 A.M. Admission is free of charge with proof of city residence.

Together we will learn about the park's trees and flowers. We will pay special attention to its collection of roses, which is one of the largest in the world. We will walk for about one hour, stop for lunch at 12:30 P.M. in the Garden Café, and then walk again. We will stay together until 2:30 P.M., but you are welcome to remain in the park until it closes at 5:00 P.M.

92. What park feature will the tour focus on?

(A) Roses
(B) Animals
(C) Ponds
(D) Rocks

93. What is stated about the City Botanical Park?

(A) It has a café.
(B) It contains the city's largest tree.
(C) It has several entrances.
(D) It is closed on Saturday.

94. When will the tour end?

(A) At 11:00 A.M.
(B) At 12:30 P.M.
(C) At 2:30 P.M.
(D) At 5:00 P.M.

Questions 95-97 refer to the following Web page.

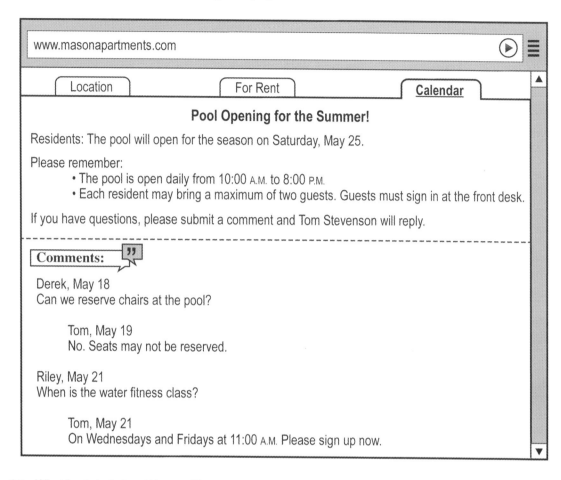

www.masonapartments.com ▶ ≡

Location | For Rent | **Calendar** ▲

Pool Opening for the Summer!

Residents: The pool will open for the season on Saturday, May 25.

Please remember:
- The pool is open daily from 10:00 A.M. to 8:00 P.M.
- Each resident may bring a maximum of two guests. Guests must sign in at the front desk.

If you have questions, please submit a comment and Tom Stevenson will reply.

- -

Comments: 🗨

Derek, May 18
Can we reserve chairs at the pool?

Tom, May 19
No. Seats may not be reserved.

Riley, May 21
When is the water fitness class?

Tom, May 21
On Wednesdays and Fridays at 11:00 A.M. Please sign up now. ▼

95. What is stated about the pool?

(A) Residents may begin using it on May 25.
(B) A daily fee is charged.
(C) Residents may bring four guests.
(D) Pool toys are not permitted.

96. Who most likely is Tom Stevenson?

(A) An apartment resident
(B) A pool manager
(C) An exercise class instructor
(D) A swim team member

97. What happens on Wednesday mornings?

(A) The pool opens at 11:00 A.M.
(B) A swimming competition is held.
(C) Swim lessons are offered for children.
(D) There is a water exercise class.

GO ON TO THE NEXT PAGE →

Dear Liam,

As you know, next Friday will be your final day in apartment 2B. Please complete the tasks below to make sure that the apartment is ready for the new tenant.

- Vacuum and mop floors
- Clean all walls and windows
- Remove all personal items and all trash

Please stop at the office at 5 P.M. on Friday. We will walk through the apartment together, and I will check to make sure that everything is clean. I will also check that all lights and appliances are working properly. Please be prepared to return your keys at that meeting.

I hope you have enjoyed your time living at Turner Apartments.

Sincerely,
Donna

98. What is the purpose of the letter?

(A) To welcome a tenant to a new home
(B) To provide instructions
(C) To advertise an apartment
(D) To recommend a service

99. What will Liam do on Friday?

(A) Meet with Donna
(B) Buy decorations
(C) Sell items at an event
(D) Repair some furniture

100. What is probably true about Donna?

(A) She owns a cleaning business.
(B) She works for Turner Apartments.
(C) She is Liam's friend.
(D) She is an electrician.

Stop! This is the end of the Reading test. If you finish before time is called, you may go back to Reading Parts 1, 2, and 3 and check your work.

TOEIC Bridge®
Listening & Reading

解答用紙 A 面

フリガナ	
NAME 氏名	

氏　名　（ローマ字で姓□名□ミドルイニシャルの順序）

NAME　（LAST □ FIRST □ MIDDLE INITIAL）

受験番号　REGISTRATION No.

生年月日（西暦）
(BIRTH) YEAR MONTH DAY
西暦

性別 SEX	
男	Ⓜ
女	Ⓕ

REGISTRATION No.
受験番号

フリガナ
NAME
氏名

TOEIC Bridge®
Listening & Reading

解答用紙 B 面

ETS, the ETS logo, PROPELL, TOEIC and TOEIC BRIDGE
are registered trademarks of ETS, Princeton, New Jersey, USA,
and used in Japan under license.

Portions are copyrighted by ETS and used with permission.

READING TEST

Part 1		Part 2		Part 3	
No.	ANSWER A B C D	No.	ANSWER A B C D	No.	ANSWER A B C D
51	Ⓐ Ⓑ Ⓒ Ⓓ	71	Ⓐ Ⓑ Ⓒ Ⓓ	91	Ⓐ Ⓑ Ⓒ Ⓓ
52	Ⓐ Ⓑ Ⓒ Ⓓ	72	Ⓐ Ⓑ Ⓒ Ⓓ	92	Ⓐ Ⓑ Ⓒ Ⓓ
53	Ⓐ Ⓑ Ⓒ Ⓓ	73	Ⓐ Ⓑ Ⓒ Ⓓ	93	Ⓐ Ⓑ Ⓒ Ⓓ
54	Ⓐ Ⓑ Ⓒ Ⓓ	74	Ⓐ Ⓑ Ⓒ Ⓓ	94	Ⓐ Ⓑ Ⓒ Ⓓ
55	Ⓐ Ⓑ Ⓒ Ⓓ	75	Ⓐ Ⓑ Ⓒ Ⓓ	95	Ⓐ Ⓑ Ⓒ Ⓓ
56	Ⓐ Ⓑ Ⓒ Ⓓ	76	Ⓐ Ⓑ Ⓒ Ⓓ	96	Ⓐ Ⓑ Ⓒ Ⓓ
57	Ⓐ Ⓑ Ⓒ Ⓓ	77	Ⓐ Ⓑ Ⓒ Ⓓ	97	Ⓐ Ⓑ Ⓒ Ⓓ
58	Ⓐ Ⓑ Ⓒ Ⓓ	78	Ⓐ Ⓑ Ⓒ Ⓓ	98	Ⓐ Ⓑ Ⓒ Ⓓ
59	Ⓐ Ⓑ Ⓒ Ⓓ	79	Ⓐ Ⓑ Ⓒ Ⓓ	99	Ⓐ Ⓑ Ⓒ Ⓓ
60	Ⓐ Ⓑ Ⓒ Ⓓ	80	Ⓐ Ⓑ Ⓒ Ⓓ	100	Ⓐ Ⓑ Ⓒ Ⓓ
		81	Ⓐ Ⓑ Ⓒ Ⓓ		
		82	Ⓐ Ⓑ Ⓒ Ⓓ		
		83	Ⓐ Ⓑ Ⓒ Ⓓ		
		84	Ⓐ Ⓑ Ⓒ Ⓓ		
		85	Ⓐ Ⓑ Ⓒ Ⓓ		
		86	Ⓐ Ⓑ Ⓒ Ⓓ		
		87	Ⓐ Ⓑ Ⓒ Ⓓ		
		88	Ⓐ Ⓑ Ⓒ Ⓓ		
		89	Ⓐ Ⓑ Ⓒ Ⓓ		
		90	Ⓐ Ⓑ Ⓒ Ⓓ		

(No. 61–70 Part 1 ANSWER A B C D bubbles)

LISTENING TEST

Part 1		Part 2		Part 3		Part 4	
No.	ANSWER A B C D	No.	ANSWER A B C D	No.	ANSWER A B C D	No.	ANSWER A B C D
1	Ⓐ Ⓑ Ⓒ Ⓓ	11	Ⓐ Ⓑ Ⓒ Ⓓ	31	Ⓐ Ⓑ Ⓒ Ⓓ	41	Ⓐ Ⓑ Ⓒ Ⓓ
2	Ⓐ Ⓑ Ⓒ Ⓓ	12	Ⓐ Ⓑ Ⓒ Ⓓ	32	Ⓐ Ⓑ Ⓒ Ⓓ	42	Ⓐ Ⓑ Ⓒ Ⓓ
3	Ⓐ Ⓑ Ⓒ Ⓓ	13	Ⓐ Ⓑ Ⓒ Ⓓ	33	Ⓐ Ⓑ Ⓒ Ⓓ	43	Ⓐ Ⓑ Ⓒ Ⓓ
4	Ⓐ Ⓑ Ⓒ Ⓓ	14	Ⓐ Ⓑ Ⓒ Ⓓ	34	Ⓐ Ⓑ Ⓒ Ⓓ	44	Ⓐ Ⓑ Ⓒ Ⓓ
5	Ⓐ Ⓑ Ⓒ Ⓓ	15	Ⓐ Ⓑ Ⓒ Ⓓ	35	Ⓐ Ⓑ Ⓒ Ⓓ	45	Ⓐ Ⓑ Ⓒ Ⓓ
6	Ⓐ Ⓑ Ⓒ Ⓓ	16	Ⓐ Ⓑ Ⓒ Ⓓ	36	Ⓐ Ⓑ Ⓒ Ⓓ	46	Ⓐ Ⓑ Ⓒ Ⓓ
7	Ⓐ Ⓑ Ⓒ Ⓓ	17	Ⓐ Ⓑ Ⓒ Ⓓ	37	Ⓐ Ⓑ Ⓒ Ⓓ	47	Ⓐ Ⓑ Ⓒ Ⓓ
8	Ⓐ Ⓑ Ⓒ Ⓓ	18	Ⓐ Ⓑ Ⓒ Ⓓ	38	Ⓐ Ⓑ Ⓒ Ⓓ	48	Ⓐ Ⓑ Ⓒ Ⓓ
9	Ⓐ Ⓑ Ⓒ Ⓓ	19	Ⓐ Ⓑ Ⓒ Ⓓ	39	Ⓐ Ⓑ Ⓒ Ⓓ	49	Ⓐ Ⓑ Ⓒ Ⓓ
10	Ⓐ Ⓑ Ⓒ Ⓓ	20	Ⓐ Ⓑ Ⓒ Ⓓ	40	Ⓐ Ⓑ Ⓒ Ⓓ	50	Ⓐ Ⓑ Ⓒ Ⓓ

TOEIC Bridge® Listening & Reading

解答用紙 A 面

受　験　番　号

REGISTRATION No.

								—
0	⓪	⓪	⓪	⓪	⓪	⓪	⓪	⓪
1	①	①	①	①	①	①	①	①
2	②	②	②	②	②	②	②	②
3	③	③	③	③	③	③	③	③
4	④	④	④	④	④	④	④	④
5	⑤	⑤	⑤	⑤	⑤	⑤	⑤	⑤
6	⑥	⑥	⑥	⑥	⑥	⑥	⑥	⑥
7	⑦	⑦	⑦	⑦	⑦	⑦	⑦	⑦
8	⑧	⑧	⑧	⑧	⑧	⑧	⑧	⑧
9	⑨	⑨	⑨	⑨	⑨	⑨	⑨	⑨

性別 SEX	
男	Ⓜ
女	Ⓕ

生年月日（西暦）

(BIRTH) YEAR				MONTH		DAY	
西暦							
	⓪	⓪	⓪	⓪	⓪	⓪	⓪
①	①	①	①	①	①	①	①
②	②	②	②		②	②	②
	③	③	③		③	③	③
	④	④	④		④		④
	⑤	⑤	⑤		⑤		⑤
	⑥	⑥	⑥		⑥		⑥
	⑦	⑦	⑦		⑦		⑦
	⑧	⑧	⑧		⑧		⑧
	⑨	⑨	⑨		⑨		⑨

氏　名　（ローマ字で姓□名□ミドルイニシャルの順序）

NAME　（LAST □ FIRST □ MIDDLE INITIAL）

A	Ⓐ	Ⓐ	Ⓐ	Ⓐ	Ⓐ	Ⓐ	Ⓐ	Ⓐ	Ⓐ	Ⓐ	Ⓐ	Ⓐ	Ⓐ	Ⓐ	Ⓐ	Ⓐ	Ⓐ	Ⓐ	Ⓐ	Ⓐ	Ⓐ	Ⓐ	Ⓐ	Ⓐ	Ⓐ
B	Ⓑ	Ⓑ	Ⓑ	Ⓑ	Ⓑ	Ⓑ	Ⓑ	Ⓑ	Ⓑ	Ⓑ	Ⓑ	Ⓑ	Ⓑ	Ⓑ	Ⓑ	Ⓑ	Ⓑ	Ⓑ	Ⓑ	Ⓑ	Ⓑ	Ⓑ	Ⓑ	Ⓑ	Ⓑ
C	Ⓒ	Ⓒ	Ⓒ	Ⓒ	Ⓒ	Ⓒ	Ⓒ	Ⓒ	Ⓒ	Ⓒ	Ⓒ	Ⓒ	Ⓒ	Ⓒ	Ⓒ	Ⓒ	Ⓒ	Ⓒ	Ⓒ	Ⓒ	Ⓒ	Ⓒ	Ⓒ	Ⓒ	Ⓒ
D	Ⓓ	Ⓓ	Ⓓ	Ⓓ	Ⓓ	Ⓓ	Ⓓ	Ⓓ	Ⓓ	Ⓓ	Ⓓ	Ⓓ	Ⓓ	Ⓓ	Ⓓ	Ⓓ	Ⓓ	Ⓓ	Ⓓ	Ⓓ	Ⓓ	Ⓓ	Ⓓ	Ⓓ	Ⓓ
E	Ⓔ	Ⓔ	Ⓔ	Ⓔ	Ⓔ	Ⓔ	Ⓔ	Ⓔ	Ⓔ	Ⓔ	Ⓔ	Ⓔ	Ⓔ	Ⓔ	Ⓔ	Ⓔ	Ⓔ	Ⓔ	Ⓔ	Ⓔ	Ⓔ	Ⓔ	Ⓔ	Ⓔ	Ⓔ
F	Ⓕ	Ⓕ	Ⓕ	Ⓕ	Ⓕ	Ⓕ	Ⓕ	Ⓕ	Ⓕ	Ⓕ	Ⓕ	Ⓕ	Ⓕ	Ⓕ	Ⓕ	Ⓕ	Ⓕ	Ⓕ	Ⓕ	Ⓕ	Ⓕ	Ⓕ	Ⓕ	Ⓕ	Ⓕ
G	Ⓖ	Ⓖ	Ⓖ	Ⓖ	Ⓖ	Ⓖ	Ⓖ	Ⓖ	Ⓖ	Ⓖ	Ⓖ	Ⓖ	Ⓖ	Ⓖ	Ⓖ	Ⓖ	Ⓖ	Ⓖ	Ⓖ	Ⓖ	Ⓖ	Ⓖ	Ⓖ	Ⓖ	Ⓖ
H	Ⓗ	Ⓗ	Ⓗ	Ⓗ	Ⓗ	Ⓗ	Ⓗ	Ⓗ	Ⓗ	Ⓗ	Ⓗ	Ⓗ	Ⓗ	Ⓗ	Ⓗ	Ⓗ	Ⓗ	Ⓗ	Ⓗ	Ⓗ	Ⓗ	Ⓗ	Ⓗ	Ⓗ	Ⓗ
I	Ⓘ	Ⓘ	Ⓘ	Ⓘ	Ⓘ	Ⓘ	Ⓘ	Ⓘ	Ⓘ	Ⓘ	Ⓘ	Ⓘ	Ⓘ	Ⓘ	Ⓘ	Ⓘ	Ⓘ	Ⓘ	Ⓘ	Ⓘ	Ⓘ	Ⓘ	Ⓘ	Ⓘ	Ⓘ
J	Ⓙ	Ⓙ	Ⓙ	Ⓙ	Ⓙ	Ⓙ	Ⓙ	Ⓙ	Ⓙ	Ⓙ	Ⓙ	Ⓙ	Ⓙ	Ⓙ	Ⓙ	Ⓙ	Ⓙ	Ⓙ	Ⓙ	Ⓙ	Ⓙ	Ⓙ	Ⓙ	Ⓙ	Ⓙ
K	Ⓚ	Ⓚ	Ⓚ	Ⓚ	Ⓚ	Ⓚ	Ⓚ	Ⓚ	Ⓚ	Ⓚ	Ⓚ	Ⓚ	Ⓚ	Ⓚ	Ⓚ	Ⓚ	Ⓚ	Ⓚ	Ⓚ	Ⓚ	Ⓚ	Ⓚ	Ⓚ	Ⓚ	Ⓚ
L	Ⓛ	Ⓛ	Ⓛ	Ⓛ	Ⓛ	Ⓛ	Ⓛ	Ⓛ	Ⓛ	Ⓛ	Ⓛ	Ⓛ	Ⓛ	Ⓛ	Ⓛ	Ⓛ	Ⓛ	Ⓛ	Ⓛ	Ⓛ	Ⓛ	Ⓛ	Ⓛ	Ⓛ	Ⓛ
M	Ⓜ	Ⓜ	Ⓜ	Ⓜ	Ⓜ	Ⓜ	Ⓜ	Ⓜ	Ⓜ	Ⓜ	Ⓜ	Ⓜ	Ⓜ	Ⓜ	Ⓜ	Ⓜ	Ⓜ	Ⓜ	Ⓜ	Ⓜ	Ⓜ	Ⓜ	Ⓜ	Ⓜ	Ⓜ
N	Ⓝ	Ⓝ	Ⓝ	Ⓝ	Ⓝ	Ⓝ	Ⓝ	Ⓝ	Ⓝ	Ⓝ	Ⓝ	Ⓝ	Ⓝ	Ⓝ	Ⓝ	Ⓝ	Ⓝ	Ⓝ	Ⓝ	Ⓝ	Ⓝ	Ⓝ	Ⓝ	Ⓝ	Ⓝ
O	Ⓞ	Ⓞ	Ⓞ	Ⓞ	Ⓞ	Ⓞ	Ⓞ	Ⓞ	Ⓞ	Ⓞ	Ⓞ	Ⓞ	Ⓞ	Ⓞ	Ⓞ	Ⓞ	Ⓞ	Ⓞ	Ⓞ	Ⓞ	Ⓞ	Ⓞ	Ⓞ	Ⓞ	Ⓞ
P	Ⓟ	Ⓟ	Ⓟ	Ⓟ	Ⓟ	Ⓟ	Ⓟ	Ⓟ	Ⓟ	Ⓟ	Ⓟ	Ⓟ	Ⓟ	Ⓟ	Ⓟ	Ⓟ	Ⓟ	Ⓟ	Ⓟ	Ⓟ	Ⓟ	Ⓟ	Ⓟ	Ⓟ	Ⓟ
Q	Ⓠ	Ⓠ	Ⓠ	Ⓠ	Ⓠ	Ⓠ	Ⓠ	Ⓠ	Ⓠ	Ⓠ	Ⓠ	Ⓠ	Ⓠ	Ⓠ	Ⓠ	Ⓠ	Ⓠ	Ⓠ	Ⓠ	Ⓠ	Ⓠ	Ⓠ	Ⓠ	Ⓠ	Ⓠ
R	Ⓡ	Ⓡ	Ⓡ	Ⓡ	Ⓡ	Ⓡ	Ⓡ	Ⓡ	Ⓡ	Ⓡ	Ⓡ	Ⓡ	Ⓡ	Ⓡ	Ⓡ	Ⓡ	Ⓡ	Ⓡ	Ⓡ	Ⓡ	Ⓡ	Ⓡ	Ⓡ	Ⓡ	Ⓡ
S	Ⓢ	Ⓢ	Ⓢ	Ⓢ	Ⓢ	Ⓢ	Ⓢ	Ⓢ	Ⓢ	Ⓢ	Ⓢ	Ⓢ	Ⓢ	Ⓢ	Ⓢ	Ⓢ	Ⓢ	Ⓢ	Ⓢ	Ⓢ	Ⓢ	Ⓢ	Ⓢ	Ⓢ	Ⓢ
T	Ⓣ	Ⓣ	Ⓣ	Ⓣ	Ⓣ	Ⓣ	Ⓣ	Ⓣ	Ⓣ	Ⓣ	Ⓣ	Ⓣ	Ⓣ	Ⓣ	Ⓣ	Ⓣ	Ⓣ	Ⓣ	Ⓣ	Ⓣ	Ⓣ	Ⓣ	Ⓣ	Ⓣ	Ⓣ
U	Ⓤ	Ⓤ	Ⓤ	Ⓤ	Ⓤ	Ⓤ	Ⓤ	Ⓤ	Ⓤ	Ⓤ	Ⓤ	Ⓤ	Ⓤ	Ⓤ	Ⓤ	Ⓤ	Ⓤ	Ⓤ	Ⓤ	Ⓤ	Ⓤ	Ⓤ	Ⓤ	Ⓤ	Ⓤ
V	Ⓥ	Ⓥ	Ⓥ	Ⓥ	Ⓥ	Ⓥ	Ⓥ	Ⓥ	Ⓥ	Ⓥ	Ⓥ	Ⓥ	Ⓥ	Ⓥ	Ⓥ	Ⓥ	Ⓥ	Ⓥ	Ⓥ	Ⓥ	Ⓥ	Ⓥ	Ⓥ	Ⓥ	Ⓥ
W	Ⓦ	Ⓦ	Ⓦ	Ⓦ	Ⓦ	Ⓦ	Ⓦ	Ⓦ	Ⓦ	Ⓦ	Ⓦ	Ⓦ	Ⓦ	Ⓦ	Ⓦ	Ⓦ	Ⓦ	Ⓦ	Ⓦ	Ⓦ	Ⓦ	Ⓦ	Ⓦ	Ⓦ	Ⓦ
X	Ⓧ	Ⓧ	Ⓧ	Ⓧ	Ⓧ	Ⓧ	Ⓧ	Ⓧ	Ⓧ	Ⓧ	Ⓧ	Ⓧ	Ⓧ	Ⓧ	Ⓧ	Ⓧ	Ⓧ	Ⓧ	Ⓧ	Ⓧ	Ⓧ	Ⓧ	Ⓧ	Ⓧ	Ⓧ
Y	Ⓨ	Ⓨ	Ⓨ	Ⓨ	Ⓨ	Ⓨ	Ⓨ	Ⓨ	Ⓨ	Ⓨ	Ⓨ	Ⓨ	Ⓨ	Ⓨ	Ⓨ	Ⓨ	Ⓨ	Ⓨ	Ⓨ	Ⓨ	Ⓨ	Ⓨ	Ⓨ	Ⓨ	Ⓨ
Z	Ⓩ	Ⓩ	Ⓩ	Ⓩ	Ⓩ	Ⓩ	Ⓩ	Ⓩ	Ⓩ	Ⓩ	Ⓩ	Ⓩ	Ⓩ	Ⓩ	Ⓩ	Ⓩ	Ⓩ	Ⓩ	Ⓩ	Ⓩ	Ⓩ	Ⓩ	Ⓩ	Ⓩ	Ⓩ

フリガナ	
NAME 氏　名	

（注意事項）

※マークに誤りがあると公式認定証を送付できない可能性があるため正確にマークしてください。

マークをするときの注意

1. 解答用紙はすべて機械で読み取ります。正しくマークしてください。
   良い例 ●　悪い例 ⦶ ⊗ ◉ Ⓐ
2. HBの**黒鉛筆**（シャープペン）を使ってしっかりぬりつぶしてください。ボールペンやサインペンで記入された場合は読み取れません。
3. 答えを直す場合は消しゴムできれいに消し、消しくずはきれいに取り除いてください。

※ これは本書のための解答用紙です。*TOEIC Bridge®* Listening & Reading Testsの本番の解答用紙と全く同じではありません。

TOEIC Bridge® Listening & Reading

解 答 用 紙 B 面

REGISTRATION No.
受 験 番 号

フリガナ
NAME
氏 名

LISTENING TEST

Part 1		No	Part 2		No	Part 3		No	Part 4	
ANSWER	A B C D	No	ANSWER	A B C D	No	ANSWER	A B C D	No	ANSWER	A B C D
1	Ⓐ Ⓑ Ⓒ Ⓓ	11	Ⓐ Ⓑ Ⓒ Ⓓ	21	Ⓐ Ⓑ Ⓒ Ⓓ	31	Ⓐ Ⓑ Ⓒ Ⓓ	41	Ⓐ Ⓑ Ⓒ Ⓓ
2	Ⓐ Ⓑ Ⓒ Ⓓ	12	Ⓐ Ⓑ Ⓒ Ⓓ	22	Ⓐ Ⓑ Ⓒ Ⓓ	32	Ⓐ Ⓑ Ⓒ Ⓓ	42	Ⓐ Ⓑ Ⓒ Ⓓ
3	Ⓐ Ⓑ Ⓒ Ⓓ	13	Ⓐ Ⓑ Ⓒ Ⓓ	23	Ⓐ Ⓑ Ⓒ Ⓓ	33	Ⓐ Ⓑ Ⓒ Ⓓ	43	Ⓐ Ⓑ Ⓒ Ⓓ
4	Ⓐ Ⓑ Ⓒ Ⓓ	14	Ⓐ Ⓑ Ⓒ Ⓓ	24	Ⓐ Ⓑ Ⓒ Ⓓ	34	Ⓐ Ⓑ Ⓒ Ⓓ	44	Ⓐ Ⓑ Ⓒ Ⓓ
5	Ⓐ Ⓑ Ⓒ Ⓓ	15	Ⓐ Ⓑ Ⓒ Ⓓ	25	Ⓐ Ⓑ Ⓒ Ⓓ	35	Ⓐ Ⓑ Ⓒ Ⓓ	45	Ⓐ Ⓑ Ⓒ Ⓓ
6	Ⓐ Ⓑ Ⓒ Ⓓ	16	Ⓐ Ⓑ Ⓒ Ⓓ	26	Ⓐ Ⓑ Ⓒ Ⓓ	36	Ⓐ Ⓑ Ⓒ Ⓓ	46	Ⓐ Ⓑ Ⓒ Ⓓ
7	Ⓐ Ⓑ Ⓒ Ⓓ	17	Ⓐ Ⓑ Ⓒ Ⓓ	27	Ⓐ Ⓑ Ⓒ Ⓓ	37	Ⓐ Ⓑ Ⓒ Ⓓ	47	Ⓐ Ⓑ Ⓒ Ⓓ
8	Ⓐ Ⓑ Ⓒ Ⓓ	18	Ⓐ Ⓑ Ⓒ Ⓓ	28	Ⓐ Ⓑ Ⓒ Ⓓ	38	Ⓐ Ⓑ Ⓒ Ⓓ	48	Ⓐ Ⓑ Ⓒ Ⓓ
9	Ⓐ Ⓑ Ⓒ Ⓓ	19	Ⓐ Ⓑ Ⓒ Ⓓ	29	Ⓐ Ⓑ Ⓒ Ⓓ	39	Ⓐ Ⓑ Ⓒ Ⓓ	49	Ⓐ Ⓑ Ⓒ Ⓓ
10	Ⓐ Ⓑ Ⓒ Ⓓ	20	Ⓐ Ⓑ Ⓒ Ⓓ	30	Ⓐ Ⓑ Ⓒ Ⓓ	40	Ⓐ Ⓑ Ⓒ Ⓓ	50	Ⓐ Ⓑ Ⓒ Ⓓ

READING TEST

Part 1		No	Part 2		No	Part 3		No		
ANSWER	A B C D	No	ANSWER	A B C D	No	ANSWER	A B C D	No	ANSWER	A B C D
51	Ⓐ Ⓑ Ⓒ Ⓓ	61	Ⓐ Ⓑ Ⓒ Ⓓ	71	Ⓐ Ⓑ Ⓒ Ⓓ	81	Ⓐ Ⓑ Ⓒ Ⓓ	91	Ⓐ Ⓑ Ⓒ Ⓓ
52	Ⓐ Ⓑ Ⓒ Ⓓ	62	Ⓐ Ⓑ Ⓒ Ⓓ	72	Ⓐ Ⓑ Ⓒ Ⓓ	82	Ⓐ Ⓑ Ⓒ Ⓓ	92	Ⓐ Ⓑ Ⓒ Ⓓ
53	Ⓐ Ⓑ Ⓒ Ⓓ	63	Ⓐ Ⓑ Ⓒ Ⓓ	73	Ⓐ Ⓑ Ⓒ Ⓓ	83	Ⓐ Ⓑ Ⓒ Ⓓ	93	Ⓐ Ⓑ Ⓒ Ⓓ
54	Ⓐ Ⓑ Ⓒ Ⓓ	64	Ⓐ Ⓑ Ⓒ Ⓓ	74	Ⓐ Ⓑ Ⓒ Ⓓ	84	Ⓐ Ⓑ Ⓒ Ⓓ	94	Ⓐ Ⓑ Ⓒ Ⓓ
55	Ⓐ Ⓑ Ⓒ Ⓓ	65	Ⓐ Ⓑ Ⓒ Ⓓ	75	Ⓐ Ⓑ Ⓒ Ⓓ	85	Ⓐ Ⓑ Ⓒ Ⓓ	95	Ⓐ Ⓑ Ⓒ Ⓓ
56	Ⓐ Ⓑ Ⓒ Ⓓ	66	Ⓐ Ⓑ Ⓒ Ⓓ	76	Ⓐ Ⓑ Ⓒ Ⓓ	86	Ⓐ Ⓑ Ⓒ Ⓓ	96	Ⓐ Ⓑ Ⓒ Ⓓ
57	Ⓐ Ⓑ Ⓒ Ⓓ	67	Ⓐ Ⓑ Ⓒ Ⓓ	77	Ⓐ Ⓑ Ⓒ Ⓓ	87	Ⓐ Ⓑ Ⓒ Ⓓ	97	Ⓐ Ⓑ Ⓒ Ⓓ
58	Ⓐ Ⓑ Ⓒ Ⓓ	68	Ⓐ Ⓑ Ⓒ Ⓓ	78	Ⓐ Ⓑ Ⓒ Ⓓ	88	Ⓐ Ⓑ Ⓒ Ⓓ	98	Ⓐ Ⓑ Ⓒ Ⓓ
59	Ⓐ Ⓑ Ⓒ Ⓓ	69	Ⓐ Ⓑ Ⓒ Ⓓ	79	Ⓐ Ⓑ Ⓒ Ⓓ	89	Ⓐ Ⓑ Ⓒ Ⓓ	99	Ⓐ Ⓑ Ⓒ Ⓓ
60	Ⓐ Ⓑ Ⓒ Ⓓ	70	Ⓐ Ⓑ Ⓒ Ⓓ	80	Ⓐ Ⓑ Ⓒ Ⓓ	90	Ⓐ Ⓑ Ⓒ Ⓓ	100	Ⓐ Ⓑ Ⓒ Ⓓ

TOEIC Bridge® Listening & Reading
公式ワークブック

（CD-ROM 1 枚付）

2021年 7 月31日　第 1 版　第 1 刷発行
2024年 3 月20日　第 1 版　第 5 刷発行

著　　者	ETS
編集協力	株式会社 WIT HOUSE
アートディレクション	直井 忠英（ナオイデザイン室）
デザイン	相原 アツシ（ナオイデザイン室）

発 行 元　一般財団法人 国際ビジネスコミュニケーション協会

〒 100-0014
東京都千代田区永田町 2-14-2
山王グランドビル
電話｜(03) 5521-5935

印　　刷　シナノ印刷株式会社

Printed in Japan
ISBN 978-4-906033-62-1

TOEIC Bridge®

Listening & Reading 公式ワークブック

ミニテストと実践テストの
解答・解説

The Institute for International Business Communication

ETS TOEIC®
OFFICIAL TEST
PREPARATION
AND LEARNING

ミニテスト 1

Q 1

009

◀)) Look at set number 1 in your test book. ┆ 問題用紙の1番のセットを見てください。

🇺🇸 W　Counting money. ┆ お金を数えている。

正解　D　countは「~を数える」という動詞です。レジスターの中のお金を数えている(D)が正解です。

☹ (A)　時間を確認しているところであって、お金を数えてはいません。
☹ (B)　支払いをしている様子ですが、お金を数えてはいません。
☹ (C)　ショーウインドーの中の商品を見ているところであって、お金を数えてはいません。

Q 2

◀)) Look at set number 2 in your test book. ┆ 問題用紙の2番のセットを見てください。

🇦🇺 M　She's watering some flowers. ┆ 彼女は花に水をやっています。

正解　B　wateringは動詞water「~に水をやる」のing形です。ホースで花に水をやっている(B)が正解です。She'sはShe isの短縮形です。

☹ (A)　女性は水を飲んでいるところであり、花に水をやってはいません。
☹ (C)　女性はボウルに液体を入れているところですが、花に水をやってはいません。
☹ (D)　女性は植物の世話をしていますが、水はやっていません。

Q 3

011

◀)) Look at set number 3 in your test book. ┆ 問題用紙の3番のセットを見てください。

🇨🇦 M　Entering a building. ┆ 建物に入るところである。

正解　D　enterは「~に入る」という動詞であり、buildingは「建物」という意味です。よって、2人の人物が建物に入るところを表した(D)が正解です。

☹ (A)　建物はたくさんありますが、どれかに入る人や物は描かれていません。
☹ (B)　女性は室内から出てくるところであり、入るところではありません。
☹ (C)　建物は建設中であり、入る人や物は描かれていません。

Q 1

🔊 025

🇺🇸 W Who will announce the award winners? | 誰が受賞者を発表しますか？

🇦🇺 M (A) John will do it. | （A）ジョンがそれをします。
(B) In the auditorium. | （B）講堂で。
(C) It's a popular event. | （C）それは人気のあるイベントです。
(D) After dinner. | （D）夕食後に。

| 正解 | A |

Who ～?で「誰」が受賞者を発表するかを尋ねています。それに対し、「ジョンがそれをします」と、発表する人物を具体的に答えている(A)が正解です。(A)のdo itは、announce the award winnersを指します。announce「～を発表する」。award winner「受賞者」。
☹ (B) 場所は尋ねられていません。auditorium「講堂」。
☹ (C) イベントの評判について述べているだけで、発表者を尋ねる質問への応答になっていません。
☹ (D) 時は尋ねられていません。

Q 2

🔊 026

🇦🇺 M Which team do you want to win? | あなたはどちらのチームに勝ってほしいですか？

🇺🇸 W (A) The one from Spain. | （A）スペインのチームです。
(B) Yes, they probably will. | （B）はい、彼らはおそらくそうでしょう。
(C) Those are new uniforms. | （C）それらは新しいユニホームです。
(D) A good game. | （D）いい試合です。

| 正解 | A |

Which team ～?でどちらのチームに勝ってほしいかと尋ねています。それに対し、「スペインのチームです」とチームを具体的に答えている(A)が正解です。oneはteamを指しています。want ～ to doは「～に…してほしい」という意味であり、質問の文では～(目的語)に当たる部分をWhich teamと尋ねています。
☹ (B) Whichを用いた疑問文に対して、通常Yes/Noでは答えません。
☹ (C) ユニホームについては尋ねられていません。
☹ (D) 試合の良し悪しや感想については尋ねられていません。

Q 3

🔊 027

🇺🇸 W When do you usually leave work? | あなたは普段、いつ退勤しますか？

🇨🇦 M (A) Yes, I am. | （A）はい、そうです。
(B) By six o'clock P.M. | （B）午後6時までには。
(C) On the train. | （C）電車の中で。
(D) Only on Fridays. | （D）毎週金曜日だけです。

| 正解 | B |

When ～?で退勤する「時」を尋ねています。それに対し、「午後6時までには」と退勤時刻を答えている(B)が正解です。leave work「退勤する」。by ～「～までに」。
☹ (A) Whenを用いた疑問文に対して、通常Yes/Noでは答えません。
☹ (C) 場所は尋ねられていません。on the train「電車の中で」。
☹ (D) Whenに対して曜日を答えていますが、退勤時刻を尋ねる質問の答えになっていません。

Q 4

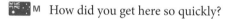 M How did you get here so quickly?

W (A) Look, it's right there.
(B) I'm excited, too.
(C) Let's play it slowly.
(D) There was no traffic.

あなたはどうやってそんなに早くここに着いたのですか？

(A) ほら、それはすぐそこです。
(B) 私もわくわくしています。
(C) それをゆっくり弾きましょう。
(D) 交通量が全然ありませんでした。

正解	D	How ～?で、早く着いた「方法」を尋ねています。それに対し、「交通量が全然ありませんでした」と答えて道が混んでいなかったという理由を伝えている(D)が正解です。traffic「交通量」。

☹ (A) 場所は尋ねられていません。

☹ (B) 自分の気持ちは尋ねられていません。excited「わくわくして」。

☹ (C) 質問にあるquicklyの反意語のslowlyが含まれていますが、応答になっていません。

Q 5

 W Why is Halsey Road closed?

M (A) No, not too far.
(B) At the next exit.
(C) For about a mile.
(D) It's being repaired.

ホールジー通りはなぜ閉鎖されているのですか？

(A) いいえ、そんなに遠くではありません。
(B) 次の出口で。
(C) 約1マイルです。
(D) 補修中です。

正解	D	Why ～?でホールジー通りが閉鎖されている「理由」を尋ねています。それに対し、「補修中です」と閉鎖の理由となる内容を伝えている(D)が正解です。closed「閉鎖して」。

☹ (A) 距離感覚については尋ねられていません。not too ～「あまり～でない」。

☹ (B) 場所は尋ねられていません。exit「(高速道路などの)出口」。

☹ (C) 距離は尋ねられていません。mile「マイル（1マイル＝約1.6キロメートル）」。

Q 1

043

M Is there a gift shop in the airport?

空港の中に土産物店はありますか？

W
(A) No, it's open.
(B) I don't have a key.
(C) Yes, near the elevator.
(D) It goes to Westville.

(A) いいえ、それは営業しています。
(B) 私は鍵を持っていません。
(C) はい、エレベーターの近くに。
(D) それはウェストビルに行きます。

正解	C

Is there ～?で空港の中に土産物店があるかと尋ねています。それに対しYesと答え、「エレベーターの近くに」と場所を教えている(C)が正解です。

☹ (A) Noと答えていますが、itが土産物店を指すとするとopen「営業している」という内容がNoと合わなくなります。よって、応答として不適切です。

☹ (B) 鍵に関連する質問ではありません。

☹ (D) Itは乗り物を指していると考えられますが、乗り物の行き先は尋ねられていません。

Q 2

044

M Should I plant these seeds now?

私はこの種を今まいた方がよいですか？

W
(A) We've seen it several times.
(B) A large garden.
(C) No, it's still too cold.
(D) I didn't know that.

(A) 私たちは何度かそれを見たことがあります。
(B) 大きな庭園です。
(C) いいえ、まだ寒過ぎます。
(D) 私はそれを知りませんでした。

正解	C

Should I ～?で種を今まいた方がよいかと尋ねています。それに対してNoと答え、「まだ寒過ぎます」と理由を伝えている(C)が正解です。plant「～(種)をまく、～を植える」。seed「種」。

☹ (A) 質問にあるseedsと似た音のseenが含まれている点に注意。several「幾つかの」。

☹ (B) 場所は尋ねられていません。

☹ (D) thatが種をまく適切な時期を指すとしても、過去のことを述べているので応答になっていません。

Q 3

045

W You've known Suzanne for a long time, haven't you?

あなたはスザンヌと、長い間お知り合いなのですよね？

M
(A) No, I don't have any.
(B) Yes, we went to school together.
(C) At three o'clock tomorrow.
(D) That's a great plan.

(A) いいえ、私は一つも持っていません。
(B) ええ、私たちは同じ学校に通っていました。
(C) 明日の3時に。
(D) それは素晴らしい計画です。

正解	B

文末に～, haven't you?の付いた付加疑問文で、相手がスザンヌと長い間知り合いであることを確認しています。それに対して、Yesと肯定した後、「同じ学校に通っていた」と付け加えている(B)が正解です。know「～と知り合いである」。for a long time「長い間」。go to school together「同じ学校に通う」。

☹ (A) Noと答えていますが、anyが指しているものが不明で、応答になっていません。any「(否定文で)一つも」。

☹ (C) 時は尋ねられていません。

☹ (D) Thatが指すものが不明で、応答になっていません。

Q 4

 ⚡ 046

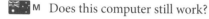 M Didn't you go to the concert last weekend?	あなたは先週末、コンサートに行かなかったのですか?
W (A) Under the piano. (B) A lot of practice. **(C) I didn't have time to go.** (D) Not very many people.	(A) ピアノの下です。 (B) 多くの練習です。 **(C) 行く時間がありませんでした。** (D) あまり多くの人ではありません。

正解 **C**　Didn't you ~?「~しなかったのですか」という否定疑問文で、コンサートに行かなかったのかと尋ねています。それに対し、「行く時間がありませんでした」と行かなかったことを伝えている(C)が正解です。have time to *do*「~する時間がある」。

☹ (A) コンサートに関連のあるpianoが含まれていますが、応答になっていません。

☹ (B) 練習量については尋ねられていません。practice「練習」。

☹ (D) 人数は尋ねられていません。

Q 5

⚡ 047

M Does this computer still work?	このコンピューターはまだ作動しますか?
W (A) I've worked there for years. **(B) Yes, it was just repaired.** (C) No, it's at my home. (D) She retired last year.	(A) 私は長い間、そこで働いています。 **(B) はい、ちょうど修理されました。** (C) いいえ、それは自宅にあります。 (D) 彼女は昨年退職しました。

正解 **B**　Does ~?でコンピューターがまだ動くかどうかと尋ねています。それに対しYesと答え、「ちょうど修理されました」と情報を付け加えている(B)が正解です。work「作動する、機能する」。repair「~を修理する」。

☹ (A) 質問文中と同じworkがありますが、(A)のworkは人を主語としていて「働く、仕事をする」という意味です。for years「長い間、何年もの間」。

☹ (C) Noと答えていますが、続く部分で場所を答えており、応答になっていません。

☹ (D) Sheが誰を指すのか不明であり、コンピューターに関する質問に答えていません。

Q1

061

🇦🇺 M You should put the fruit in the refrigerator.　　その果物を冷蔵庫に入れた方がいいですよ。

🇬🇧 W (A) Over a year old.
(B) My favorite food.
(C) From the farmers market.
(D) Good idea.

(A) 1年以上経過しています。
(B) 私の大好きな食べ物です。
(C) 農産物直売所からです。
(D) いい考えですね。

正解	**D**

「果物を冷蔵庫に入れた方がいい」というアドバイスに対し、「いい考えですね」と言ってアドバイスを受け入れている(D)が正解です。should「〜した方がよい」。refrigerator「冷蔵庫」。

☹ (A) 経過している期間は尋ねられていません。〜 old「〜の年月が経った」。
☹ (B) 好きな食べ物かどうかは尋ねられていません。
☹ (C) その果物を買った場所は尋ねられていません。

Q2

062

🇨🇦 M Did you talk to Mr. Hedley or his wife?　　あなたはヘドリーさんと話しましたか、それとも彼の奥さんとでしたか?

🇺🇸 W **(A) Both of them.**
(B) When I see them.
(C) A radio program.
(D) No, I walked there.

(A) 彼らの両方です。
(B) 私が彼らに会うときに。
(C) あるラジオ番組です。
(D) いいえ、私はそこへ歩いて行きました。

正解	**A**

選択疑問文で、ヘドリーさんと彼の奥さんのどちらと話をしたかと尋ねています。それに対してどちらかではなく、both of 〜「〜の両方」という表現を用いて両者と話をしたことを伝えている(A)が正解です。talk to 〜「〜と話す」。

☹ (B) 時やタイミングは尋ねられていません。
☹ (C) 「どちらと話したか」という質問の応答として不適切です。
☹ (D) 移動手段は尋ねられていません。質問にあるtalkと似た音のwalkedが含まれている点に注意。

Q3

063

🇬🇧 W Can I help you carry your bags?　　かばんを持つのを手伝いましょうか?

🇨🇦 M (A) All of us agree.
(B) Four hours ago.
(C) I understand now.
(D) That's very nice of you.

(A) 私たち全員が賛成です。
(B) 4時間前に。
(C) 今、分かりました。
(D) ご親切にありがとう。

正解	**D**

Can I 〜?で「かばんを持つのを手伝いましょうか」と手助けを申し出ています。それに対し、That's very nice of you.という相手の親切に礼を述べる定型表現で応答している(D)が正解です。help 〜 doは「〜が…するのを手伝う」という意味です。

☹ (A) 何に賛成しているのかが不明であり、応答になっていません。
☹ (B) 時は尋ねられていません。
☹ (C) 何を理解したのかが不明であり、応答になっていません。

Q 4

064

M Would you like to join us for dinner tonight?

W (A) I shop at the new supermarket.
(B) That would be nice.
(C) Yes, she already joined.
(D) One hour ago.

今夜私たちと夕食をご一緒しませんか？

(A) 私は新しいスーパーマーケットで買い物をします。
(B) それはいいですね。
(C) はい、彼女はもう参加しました。
(D) 1時間前に。

正解 B Would you like to *do* ～？「～しませんか、～したいですか」と相手の意向を尋ねる表現を用いて、一緒に夕食をとらないかと提案しています。それに対し、「それはいいですね」とwouldを用いて丁寧に述べ、誘いを受けている(B)が正解です。join「～と一緒になる、～に加わる」。
😞(A) 買い物をどこでするかは尋ねられていません。shop「買い物をする」。
😞(C) Yesと答えていますが、sheが誰を指すかが不明であり、応答になっていません。
😞(D) 時は尋ねられていません。

Q 5

065

W This painting on your living room wall is beautiful, Robert.

M (A) They painted the ceiling, too.
(B) A few of them.
(C) At the City Museum.
(D) Thanks, I just bought it.

ロバート、あなたの居間の壁にかかっているこの絵は美しいですね。

(A) 彼らは天井も塗装しました。
(B) それらのうちの数点です。
(C) 市立美術館で。
(D) ありがとう、それは買ったばかりなのです。

正解 D 「壁にかかっている絵が美しい」と感想を述べているのに対し、Thanksとお礼を言い、「それは買ったばかりなのです」と説明を加えている(D)が正解です。
😞(A) ここでのpaintは動詞で「～を塗装する」という意味です。塗装については述べられていません。ceiling「天井」。
😞(B) themが何を指すのか不明であり、応答になっていません。
😞(C) 居間の絵が美しいという話をしているのであり、場所は尋ねられていません。

ミニテスト 5

070

🔊 Questions 1 and 2 refer to the following conversation.

🇺🇸 W	Hello, I'd like to schedule an appointment with Dr. Blair for the first week of June.
🇦🇺 M	OK. She's available on Tuesday, June 4, at 3:00 P.M.
🇺🇸 W	That's good. I'm free after 2:30.

問題1と2は次の会話に関するものです。

こんにちは、6月の1週目にブレア先生の診察予約を入れたいのですが。

分かりました。先生は6月4日火曜日の午後3時が都合がつきます。

よかったです。私は2時30分以降、空いています。

語注 I'd (=I would) like to *do* 私は～したい／schedule ～の予定を入れる／appointment 予約、約束／available 都合がつく／free 手が空いている、暇な

071

Q 1

What is the woman trying to do?

(A) **Make an appointment.**
(B) Visit a friend.
(C) Finish some paperwork.
(D) Cancel a meeting.

女性は何をしようとしていますか?

(A) **予約を取る。**
(B) 友人を訪ねる。
(C) 事務処理を終わらせる。
(D) 会議を中止する。

正解 A 女性は最初の発言で、I'd like to schedule an appointment with Dr. Blair「ブレア先生の診察予約を入れたいのですが」と伝えています。よって正解は、Make an appointment.「予約を取る」と表現した(A)です。
☹ (B) 友人の話題は出ていません。
☹ (C) paperwork「事務処理、文書業務」の話題は出ていません。
☹ (D) 会議の話題は出ていません。

Q 2

Who most likely is the man?

(A) A nurse.
(B) An accountant.
(C) A doctor.
(D) **A receptionist.**

男性は誰だと考えられますか?

(A) 看護師。
(B) 会計係。
(C) 医師。
(D) **受付係。**

正解 D 医師との予約を入れたいという女性からの依頼に対し、男性は「分かりました」と答え、She's available on Tuesday, June 4, at 3:00 P.M.「先生は6月4日火曜日の午後3時が都合がつきます」と予約できる日時を伝えています。よって男性は診療所の受付係だと考えられるので、(D)が正解です。
☹ (A)(B)(C) 患者に対し診察の予約を調整する人物としては不適切です。

🔊 Questions 3 and 4 refer to the following conversation.

問題3と4は次の会話に関するものです。

🇬🇧 W　I don't like to read news on the Internet. There are so many advertisements.

私はインターネットでニュースを読むのが好きではないの。とてもたくさん広告があるわ。

🇦🇺 M　I agree. But there are some Web sites without any advertisements. I can show you some.

同感だね。でも、広告が一切ないウェブサイトがあるよ。幾つか君に教えられるよ。

🇬🇧 W　I'd like that a lot. Please e-mail me a list.

ぜひそうしてほしいわ。私にEメールでリストを送ってください。

語注　on the Internet　インターネットで／ advertisement　広告／ agree　同意する／ e-mail ～ …　～に…をEメールで送る

Q 3

🔊 073

What does the woman not like about reading news online?

女性はオンラインでニュースを読むことについて、何が好きではないですか?

(A) The advertisements.
(B) The Internet speed.
(C) The bright screen.
(D) The high price.

（A）広告。
（B）インターネットの速度。
（C）明るい画面。
（D）高額な値段。

正解　A　女性は最初の発言で、I don't like to read news on the Internet.「私はインターネットでニュースを読むのが好きではないの」と述べ、続けて There are so many advertisements.「とてもたくさん広告があるわ」と理由を伝えています。よって(A)が正解です。女性の発言にある on the Internet を、設問では online「オンラインで」と言い換えています。
☹ (B)(C)(D) いずれも話題に出ていません。

Q 4

What does the woman ask the man to do?

女性は男性に何をするよう依頼していますか?

(A) Download a video.
(B) Fix her computer.
(C) Send her an e-mail.
(D) Write down a name.

（A）動画をダウンロードする。
（B）彼女のコンピューターを修理する。
（C）彼女にEメールを送る。
（D）名前を書き留める。

正解　C　男性は広告のないニュースのウェブサイトを教えることを申し出ています。それに対して女性は「ぜひそうしてほしい」と答え、Please e-mail me a list.「私にEメールでリストを送ってください」と男性に伝えているので(C)が正解です。a list は、広告のないニュースのウェブサイトの情報を幾つかまとめたものを指します。
☹ (A) 話題はウェブサイトに関してですが、動画については述べられていません。download「～をダウンロードする」。video「動画」。
☹ (B) コンピューターの修理については述べられていません。fix「～を修理する」。
☹ (D) write down ～「～を書き留める」。

🔊 Questions 1 and 2 refer to the following conversation and price list.

🇦🇺 M I'm going to start creating the flower garden now. Did we agree to put it by the fence?

🇬🇧 W That sounds good to me. I'll go and get the plant food you wanted. Do we need anything else? A watering can or more seeds?

🇦🇺 M No. We have everything else we need.

問題1と2は次の会話と価格表に関するものです。

今から花壇を造り始めるよ。塀のそばに設置することで、僕たちは合意したっけ?

私はそれでいいと思うわ。あなたが欲しいと言った肥料を買いに行ってくるわね。他に何か要るかな? じょうろとか、追加の種とかは?

いや。他に必要なものは全部あるよ。

Bright Nature Garden Shop	
Garden Soil	$12.50
Plant Food	$13.50
Watering Can	$14.00
Seed Kit	$15.00

ブライトネイチャー園芸用品店	
花壇の土	12 ドル 50 セント
肥料	13 ドル 50 セント
じょうろ	14 ドル
種子キット	15 ドル

語注 create 〜を造る／agree to do 〜することに合意する／plant food 肥料／watering can じょうろ／seed 種

🔌 079

Q 1

What did the speakers agree on?

(A) What kind of flowers to plant.
(B) Where to put a fence.
(C) When to water some plants.
(D) **Where to make a flower garden.**

話し手たちは何について合意しましたか?

(A) どんな種類の花を植えるか。
(B) どこに塀を設置するか。
(C) いつ植物に水をやるか。
(D) **どこに花壇を造るか。**

正解 D 男性は最初の発言で、造ろうとしている花壇についてDid we agree to put it by the fence?「塀のそばに設置することで、僕たちは合意したっけ?」と女性に尋ねています。それに対して女性は、That sounds good to me.「私はそれでいいと思うわ」と同意しています。つまり、話し手たちは花壇を造る場所について合意したと分かるので、正解は(D)です。agree on 〜「〜について合意する」。
😟 (B) 設置場所について話題にされているのは花壇であり、塀は花壇の場所を確認するために言及されているだけです。

Q 2

Look at the price list. How much will the woman pay?

(A) $12.50.
(B) **$13.50.**
(C) $14.00.
(D) $15.00.

価格表を見てください。女性は幾ら支払いますか?

(A) 12ドル50セント。
(B) **13ドル50セント。**
(C) 14ドル。
(D) 15ドル。

正解 B 女性は男性にI'll go and get the plant food you wanted.「あなたが欲しいと言った肥料を買いに行ってくるわね」と伝えています。他にも買うべき物があるかと尋ねられた男性は、No. と答えてWe have everything else we need.「他に必要なものは全部あるよ」と伝えているので、女性は肥料だけを買うと分かります。価格表にPlant Foodは$13.50とあるので、正解は(B)です。
😟 (C)(D) じょうろと種子キットの価格。女性がじょうろや種に言及していますが、男性は必要なものはあると述べています。

<table>
<tr><td>◀)) Questions 3 and 4 refer to the following conversation and price list.</td><td>問題3と4は次の会話と価格表に関するものです。</td></tr>
<tr><td>🇦🇺 M I'm going to the grocery store now. Should I pick up anything for dessert tonight?</td><td>今から食料品店に行ってくるよ。今夜のデザートに何か買った方がいいかな?</td></tr>
<tr><td>🇺🇸 W Sure. Here's a store flyer with this week's dessert specials. We could have chocolate cake, or maybe ice cream bars.</td><td>ええ。今週のデザートのお薦め品が載っている店のチラシがここにあるの。チョコレートケーキを食べるのはどう? もしくは棒アイスかな。</td></tr>
<tr><td>🇦🇺 M I'd prefer the cake. I'll get that.</td><td>僕はケーキの方がいいな。それを買うよ。</td></tr>
<tr><td>🇺🇸 W OK. And don't forget the shopping list. I want to make sure we have everything we need to make dinner tonight.</td><td>分かった。それと、買い物リストを忘れないようにね。今夜の食事を作るのに必要なものが、確実に全部あるようにしたいの。</td></tr>
</table>

DESSERT SPECIALS

Assorted cookies $2.50
Ice cream bars....... $3.00
Cream Pie $3.50
Chocolate cake $5.00

デザートのお薦め品

クッキーの詰め合わせ	2ドル50セント
棒アイス	3ドル
クリームパイ	3ドル50セント
チョコレートケーキ	5ドル

語注 grocery store　食料品店／pick up ～　～を買う／flyer　チラシ／special　お薦め品／We could *do* ～.　～するのはどうでしょう。／make sure ～　確実に～であるようにする　図表 assorted　詰め合わせの

Q 3

081

Look at the price list. How much will the man probably spend on dessert?

(A) $2.50.
(B) $3.00.
(C) $3.50.
(D) $5.00.

価格表を見てください。男性はおそらく、デザートに幾ら使いますか?

(A) 2ドル50セント。
(B) 3ドル。
(C) 3ドル50セント。
(D) 5ドル。

正解 **D** 女性は最初の発言で、デザートのお薦め品のチラシを示して、We could have chocolate cake, or maybe ice cream bars.「チョコレートケーキを食べるのはどう? もしくは棒アイスかな」と男性に提案しています。それに対し男性が I'd prefer the cake. I'll get that.「僕はケーキの方がいいな。それを買うよ」と答え、女性も承諾しています。価格表に Chocolate cake は $5.00 とあるので、(D)が正解です。
☺(B) 棒アイスの価格。女性の提案には含まれていますが、男性は別の物を買うと言っています。

Q 4

What does the woman remind the man to take?

(A) A list of items.
(B) A shopping basket.
(C) A membership card.
(D) A store flyer.

女性は男性に、何を持って行くよう念押ししていますか?

(A) 品物のリスト。
(B) 買い物かご。
(C) 会員カード。
(D) 店のチラシ。

正解 **A** 女性は最後の発言で、don't forget the shopping list「買い物リストを忘れないようにね」と言って、男性に念を押しています。よって、そのリストを A list of items.「品物のリスト」と表現した(A)が正解です。remind ～ to *do*「～に…するよう念押しする」。
☺(D) 女性は店のチラシを示して話していますが、男性にそれを持って行くようには伝えていません。

086

◀)) Questions 1 and 2 refer to the following announcement.

問題1と2は次のアナウンスに関するものです。

M Attention, passengers. The next train to Melvin City will be train 3425. The train will arrive at four o'clock. Please have your tickets out. The inspector must look at your ticket before allowing you to get on the train.

ご乗車の皆さまにお知らせします。次のメルビン市行きの列車は、3425列車になります。列車は4時に到着予定です。切符をお出しください。皆さまにご乗車いただく前に、検札係が切符を拝見しなければなりません。

語注 Attention, ~. ～の皆さまにお知らせします。★アナウンスなどで注意を引く際の表現／ passenger 乗客／ inspector 検札係／ allow ~ to *do* ～に…することを許可する／ get on ~ ～に乗り込む

Q 1

When will the train arrive?

(A) At 2:00.
(B) At 3:00.
(C) At 4:00.
(D) At 5:00.

列車はいつ到着しますか?

(A) 2時。
(B) 3時。
(C) 4時。
(D) 5時。

正解 C 駅で列車を待つ乗客に向けたアナウンスです。話し手は1～2行目で次のメルビン市行きの列車番号を伝え、続けてThe train will arrive at four o'clock.「列車は4時に到着予定です」とアナウンスしています。よって(C)が正解です。
☹ (A) (B) (D) いずれもアナウンスには出てきません。

Q 2

What does the speaker ask the listeners to do?

(A) Form a line.
(B) Remember their luggage.
(C) Go to a station.
(D) Take out their tickets.

話し手は聞き手に何をするよう頼んでいますか?

(A) 列を作る。
(B) 荷物を忘れないようにする。
(C) 駅へ行く。
(D) 切符を取り出す。

正解 D 話し手は3～4行目でPlease have your tickets out.「切符をお出しください」と依頼しています。それをTake out their tickets.「切符を取り出す」と言い換えた(D)が正解です。ask ~ to *do*「～に…するよう頼む」。
☹ (A) 列には言及されていません。form a line「列を作る」。
☹ (B) luggage「荷物」には言及されていません。remember「～を忘れないようにする」。
☹ (C) 聞き手はすでに駅にいると考えられるので、不適切です。

🔊 Questions 3 and 4 refer to the following talk.

問題3と4は次の話に関するものです。

🇬🇧 w　Good morning, students. In today's class, we're going to discuss birds that fly long distances to avoid winter weather. We'll talk about how the birds survive the long trip. For our next class, we'll meet at Shoreline Park. Many birds are stopping there this month to rest. So remember to go to the park on Thursday.

学生の皆さん、おはよう。今日の授業で私たちは、冬の気候を避けるために長い距離を飛ぶ鳥たちについて考察します。鳥たちがどのようにして長い旅路を生き抜くのかについて話し合う予定です。次の授業では、私たちはショアライン公園に集合します。今月は多くの鳥たちが休息を得るためにそこに立ち寄っています。ですので、木曜日は忘れずに公園に行ってください。

語注 discuss　～を考察する、～を論議する／distance　距離／avoid　～を避ける／survive　～を生き抜く、～を切り抜けて生き残る／meet　集まる／stop　立ち寄る／rest　休息を得る／remember to *do*　忘れずに～する

Q 3

089

What is the class about?

授業は何についてですか?

(A) Birds.
(B) Airplanes.
(C) A new park.
(D) A weather forecast.

(A) 鳥。
(B) 飛行機。
(C) 新しい公園。
(D) 天気予報。

正解　A　トークの冒頭から、話し手は授業で学生に対して話していると分かります。話し手は1～3行目で、In today's class, we're going to discuss birds that fly long distances to avoid winter weather. 「今日の授業で私たちは、冬の気候を避けるために長い距離を飛ぶ鳥たちについて考察します」と伝えています。その後も、鳥について話し合うことや、次の授業では鳥が集まる公園に行くことを述べています。よって(A)が正解です。
☹ (B)　flyという語が出てきますが、言及されているのは飛行機ではなく鳥です。
☹ (C)　公園は、次の授業で集まる場所として述べられているのであり、授業のテーマではありません。
☹ (D)　winter weather「冬の気候」という語句は出てきますが、天気予報は授業のテーマではありません。

Q 4

What does the speaker remind the listeners to do?

話し手は聞き手に何をするよう念押ししていますか?

(A) Buy a new textbook.
(B) Meet in a different location.
(C) Prepare an assignment.
(D) Bring some lab equipment.

(A) 新しい教科書を買う。
(B) 別の場所で集まる。
(C) 課題を準備する。
(D) 実験用の器具を持ってくる。

正解　B　話し手は5～6行目で、次の授業についてwe'll meet at Shoreline Park「私たちはショアライン公園に集合します」と伝えています。さらに最後にremember to go to the park on Thursday「木曜日は忘れずに公園に行ってください」と再度述べて念押ししています。よって、この内容をMeet in a different location. 「別の場所で集まる」と言い換えた(B)が正解です。different「別の、違う」。location「場所」。
☹ (A)　教科書の購入は話題に出ていません。
☹ (C)　assignment「課題」については述べられていません。prepare「～を準備する」。
☹ (D)　実験用の器具については述べられていません。lab「実験用の」。equipment「器具、装備」。

Listening | Part 4

ミニテスト7

094

◀)) Questions 1 and 2 refer to the following talk and directory.

問題1と2は次の話と案内板に関するものです。

🏴 W If everyone has completed the new-employee paperwork, I'll collect those forms now. We'll take a short break, and then at ten o'clock, Ms. Wilson will take you on a tour of the hotel. You'll be working at the reception desk in the lobby, but we want you to see the whole building, so you'll be starting the tour with the fitness center.

全員が新入社員用の事務書類に記入したら、私がすぐにその書類を回収します。短い休憩を取り、その後10時にウィルソンさんが皆さんをホテルの見学ツアーにお連れします。皆さんはロビーにあるフロントで働くことになっていますが、私たちは皆さんに建物全体を見てもらいたいので、フィットネスセンターから見学ツアーを始めることになります。

Hotel Directory	
Ground floor	Fitness Center
First floor	Lobby
Second floor	Restaurant
Third floor	Guest Rooms

ホテルのご案内	
1 階	フィットネスセンター
2 階	ロビー
3 階	レストラン
4 階	客室

語注 directory 案内板／paperwork 事務書類／collect ～を回収する／now すぐに／take a break 休憩する／tour 見学ツアー／reception desk （ホテルの）フロント、受付 図表 ground floor 〈英〉1階 ★米国式での1階は first floor

Q 1

What does the speaker say she is going to do?

話し手は、自分は何をするつもりだと言っていますか?

(A) Update contact information.
(B) Change a schedule.
(C) Contact a supervisor.
(D) Collect some papers.

(A) 連絡先を更新する。
(B) 予定を変更する。
(C) 監督者に連絡する。
(D) 書類を回収する。

正解 D 話し手は冒頭で、If everyone has completed the new-employee paperwork, I'll collect those forms now.「全員が新入社員用の事務書類に記入したら、私がすぐにその書類を回収します」と述べています。よって、それを Collect some papers.「書類を回収する」と表現した(D)が正解です。papers「書類」。
☹ (A) contact information「連絡先」。 ☹ (C) contact「～に連絡する」。supervisor「監督者」。

Q 2

Look at the directory. Where will the listeners go at ten o'clock?

案内板を見てください。聞き手は10時にどこへ行きますか?

(A) To the ground floor.
(B) To the first floor.
(C) To the second floor.
(D) To the third floor.

(A) 1階へ。
(B) 2階へ。
(C) 3階へ。
(D) 4階へ。

正解 A 話し手は聞き手に3～5行目で、at ten o'clock, Ms. Wilson will take you on a tour of the hotel「10時にウィルソンさんが皆さんをホテルの見学ツアーにお連れします」と伝え、さらに7～8行目で、you'll be starting the tour with the fitness center「フィットネスセンターから見学ツアーを始めることになります」と述べているので、聞き手は10時にフィットネスセンターに行くと分かります。案内板を見ると、Fitness Center は Ground floor とあるので、正解は(A)です。案内板の表記は英国式で、ground floor が「1階」となり、first floor はその上の「2階」となります。
☹ (B) 聞き手の働く場所として2階にあるロビーに言及があるだけです。

🔊 Questions 3 and 4 refer to the following talk and list.

問題3と4は次の話と一覧表に関するものです。

🏴 W Thanks for coming to this session about activities here at the university. Each of our speakers will give you an overview of the group they're representing. We were scheduled to hear about the dance team first, but Meg has been delayed in getting here. So we'll start by hearing about the rowing club instead.

当大学における諸活動についてのこの会合に来ていただき、ありがとうございます。スピーチをする人はそれぞれ、自分が代表しているグループの概要を皆さんにお話しします。最初にダンスチームの話を聞く予定でしたが、メグがここに到着するのが遅れています。ですので、代わりにボート部の話を聞くことから始めましょう。

Activity	Speaker
Dance Team	Meg Partlow
Rowing Club	Dave Winwood
Debate Team	Uma Traley
Drama Club	Hiro Fukuda

活動	話者
ダンスチーム	メグ・パートロー
ボート部	デイブ・ウィンウッド
ディベートチーム	ユーマ・トレイリー
演劇部	ヒロ・フクダ

語注 session 会合／overview 概要／represent ～を代表する／be delayed in *doing* ～するのが遅れる／rowing club ボート部

Q 3

🔊 097

Where is the talk being given?

(A) At an awards ceremony.
(B) At an athletic event.
(C) At a teaching workshop.
(D) At an information session.

話はどこでされていますか?

(A) 授賞式で。
(B) スポーツのイベントで。
(C) 教職の研修会で。
(D) 説明会で。

正解 D 話し手は冒頭で、Thanks for coming to this session about activities here at the university.「当大学における諸活動についてのこの会合に来ていただき、ありがとうございます」とあいさつをしています。続けて、代表者が各グループの概要を話すと述べているので、この会合は大学の部やチームを紹介する説明会だと分かります。よって、それを an information sessionと表現した(D)が正解です。give a talk「話をする、講演を行う」。
☹(A) awards ceremony「授賞式」は話題に出ていません。
☹(B) ダンスやボートといったスポーツへの言及はありますが、この会合自体がスポーツのイベントではありません。athletic「スポーツの」。
☹(C) teaching「教職」。workshop「研修会」。

Q 4

Look at the list. Who will be speaking first?

(A) Meg Partlow.
(B) Dave Winwood.
(C) Uma Traley.
(D) Hiro Fukuda.

一覧表を見てください。誰が最初に話すことになりますか?

(A) メグ・パートロー。
(B) デイブ・ウィンウッド。
(C) ユーマ・トレイリー。
(D) ヒロ・フクダ。

正解 B 話し手は4~5行目で、We were scheduled to hear about the dance team first「最初にダンスチームの話を聞く予定でした」と述べた後、メグという人物の到着が遅れていることを伝え、最後にwe'll start by hearing about the rowing club instead「代わりにボート部の話を聞くことから始めましょう」と言っています。一覧表を見ると、Rowing Clubの話者の欄にはDave Winwoodとあるので、(B)が正解です。

Listening | Part 4

ミニテスト8

Q 1

The festival committee _____ a meeting tonight at 6:00 P.M.

(A) will hold
(B) to hold
(C) holding
(D) hold

フェスティバルの委員会は今夜午後6時に会合を開く予定です。

(A) 開く予定だ
(B) 開くこと
(C) 開いて
(D) 開く

正解 A 動詞hold「〜（会など）を開く」の適切な形を選ぶ問題です。この文には述語動詞がないため、空所に必要です。tonight at 6:00 P.M.「今夜午後6時に」とあるので、未来形の(A) will holdが適切です。

☹ (B) 不定詞。単独で述語動詞になりません。

☹ (C) 現在分詞または動名詞。単独で述語動詞になりません。

☹ (D) 動詞の原形。主語のThe festival committeeが単数形なので、現在形はholdsとする必要があるため不適切です。

Q 2

Northside Park has many _____ birds and plants.

(A) color
(B) colors
(C) colorful
(D) coloring

ノースサイド公園は多くの色鮮やかな鳥と植物を有しています。

(A) 色
(B) 色
(C) 色鮮やかな
(D) 着色料

正解 C 空所の前に形容詞のmany、空所の後ろにbirds and plantsという名詞句があるので、その名詞句を修飾する形容詞が入ります。よって(C) colorful「色鮮やかな」が適切です。

☹ (A) 名詞の単数形で「色」を意味するほか、動詞で「〜に色を付ける」という意味もありますが、いずれの場合でも、名詞句birds and plantsを修飾しません。

☹ (B) 名詞の複数形のほか、動詞の三人称・単数・現在形の可能性もありますが、いずれの場合でも、名詞句birds and plantsを修飾しません。

☹ (D) 名詞の「着色料」、または動詞の現在分詞もしくは動名詞。いずれの場合でも、名詞句birds and plantsを修飾する語として文意に合いません。

Q 3

The article about how horses sleep was _____ written.

(A) clear
(B) clears
(C) clearly
(D) clearness

馬がどのように眠るかに関するその記事は、分かりやすく書かれていました。

(A) 〜をきれいにする
(B) 〜をきれいにする
(C) 分かりやすく
(D) 明瞭さ

正解	C

文頭からsleepまでが主語に当たり、about how horses sleepの部分は「馬がどのように眠るかについて」という意味で、articleを説明しています。述語動詞はwas writtenという過去形の受動態で、空所には動詞を修飾することができる副詞の(C) clearly「分かりやすく」が適切です。

☹ (A) 動詞で「〜をきれいにする」、または形容詞で「澄んだ」。副詞の用法もありますが、主にspeak loud and clear「大きな声ではっきりと話す」のような慣用表現で用いるため、不適切です。
☹ (B) 動詞の三人称・単数・現在形。be動詞には続きません。
☹ (D) 名詞。動詞を修飾しません。

Q 4

Please join us for the _____ of Percy's Toy Shop on May 14.

(A) opens
(B) opened
(C) opening
(D) open

5月14日のパーシーズ玩具店の開店イベントにどうぞお越しください。

(A) 開店する
(B) 開店した
(C) 開店イベント
(D) 開店する

正解	C

空所の前に定冠詞のtheがあり、後ろはof Percy's Toy Shopという前置詞句が続いているので、空所には名詞が入ります。(C) openingは名詞で「開店」の意味の他、「開店祝いのイベント」の意味もあり、開店イベントへの参加を促す文になるので適切です。

☹ (A) 動詞の三人称・単数・現在形。
☹ (B) 動詞の過去形・過去分詞。名詞の働きを持たないので不適切です。
☹ (D) 動詞の原形、または形容詞で「開いた」。名詞で「戸外」という意味もありますが、意味がつながりません。

ミニテスト 10

Q 1

Shahnaz _____ her son about the new comedy movie.

(A) said
(B) told
(C) talked
(D) discussed

シャーナーズは彼女の息子に、その新しいコメディー映画について話しました。

(A) 〜を言った
(B) 〜に話した
(C) 話した
(D) 〜を話し合った

正解	B

選択肢はいずれも「話す」「言う」などの動作に関する動詞の過去形です。空所の後ろにher son「自分の息子」という目的語があるので、空所には人物を目的語とする他動詞が入ります。よって(B) toldが適切です。
☹ (A) say「〜を言う」の過去形。目的語は実際に話される言葉などであり、「〜（人）に言う」はsay to 〜で表します。
☹ (C) talk「話す」の過去形。通例、自動詞として用いられることが多く、「〜（人）と話す」はtalk to/with 〜で表します。
☹ (D) discuss「〜について話し合う」の過去形。目的語は話し合いのテーマとなる事柄などであり、「…について〜（人）と話し合う」はdiscuss … with 〜で表します。

Q 2

The dining room table comes with _____ directions on how to put it together.

(A) patient
(B) detailed
(C) frequent
(D) immediate

そのダイニングテーブルには、組み立て方についての詳しい説明書が付いています。

(A) 忍耐強い
(B) 詳しい
(C) たびたびの
(D) 即座の

正解	B

選択肢はいずれも形容詞です。空所に続くdirections「説明書」を修飾する形容詞として適切なのは(B) detailed「詳しい」です。come with 〜「〜が付いている」。put 〜 together「〜を組み立てる」。
☹ (A)(C)(D) いずれも、ダイニングテーブルに付属する説明書であるdirectionsを修飾する形容詞として不適切です。

Q 3

Makozo Kasandwe is a _____ writer who takes pride in his work.

(A) permitted
(B) checked
(C) talented
(D) greeted

マコゾ・カサンドゥエは自分の仕事に誇りを持つ、才能ある作家です。

(A) 許可された
(B) 確認された
(C) 才能ある
(D) 出迎えられた

正解	C

選択肢はいずれも過去分詞や形容詞であり、名詞を修飾する働きを持ちます。空所には、続く名詞writer「作家」を適切に修飾する語が入ります。関係代名詞who以降は「自分の仕事に誇りを持つ」という意味であり、先行詞writer「作家」を説明しています。よって、「自分の仕事に誇りを持つ作家」という内容を修飾して意味が通る、(C) talented「才能のある、有能な」が適切です。take pride in 〜「〜に誇りを持つ」。
☹ (A) 動詞permit「〜を許可する」の過去形・過去分詞。
☹ (B) 動詞check「〜を確認する」の過去形・過去分詞。
☹ (D) 動詞greet「〜を出迎える」の過去形・過去分詞。

Q 4

The *Chartville Daily News* includes articles on a wide _____ of topics.

(A) popularity
(B) support
(C) length
(D) variety

『チャートビル日刊新聞』には、多種多様な話題に関する記事が載っています。

(A) 人気
(B) 支持
(C) 長さ
(D) 多様性

正解	D

選択肢は全て名詞の働きを持つ語です。空所を含むa wide _____ of は名詞topics「話題」を説明しています。a wide variety of 〜で「多種多様な〜」という意味になるので、(D) variety「多様性」を入れると「多種多様な話題」となり、意味が通ります。include「〜を含む」。article「記事」。topic「話題」。
☹ (A) wide popularityで「幅広い人気」となりますが、意味が通りません。
☹ (B) wide supportで「幅広い支持」となりますが、意味が通りません。

ミニテスト 11

Q 1

_____ need to buy some books for school.

(A) We
(B) Us
(C) Our
(D) Ours

私たちは学校用の本を買う必要があります。

(A) 私たちは
(B) 私たちに
(C) 私たちの
(D) 私たちのもの

| 正解 | A |

この文には主語が必要です。空所には主語になる主格の代名詞の(A) We「私たちは」が適切です。

☹ (B) 目的格。
☹ (C) 所有格。
☹ (D) 所有代名詞。主語の役割を果たすことはありますが、何を指すか不明であり、不適切です。

Q 2

This bread must bake for _____ an hour.

(A) rather
(B) almost
(C) far
(D) more

このパンは1時間近く焼かなければいけません。

(A) むしろ
(B) ほぼ
(C) 遠く
(D) それ以上に

| 正解 | B |

空所に続くan hour「1時間」を修飾する語が入ります。数字に関連する表現を前から修飾できる、(B) almost「ほぼ、ほとんど」が適切です。almost an hourは1時間未満だが1時間に近い時間を表します。bake「(パンなどが) 焼かれる」。

☹ (A) 比較対象がなく、意味が通りません。
☹ (C) 具体的な時間の修飾語として、意味が通りません。
☹ (D) 「1時間を超えて」を表現する場合は、more than an hourとなります。

Q 3

All small luggage should be stored _____ your seat.

(A) through
(B) among
(C) of
(D) under

小さな荷物は全て、座席の下に収納してください。

(A) ～を通って
(B) ～の間に
(C) ～の
(D) ～の下に

正解	**D**

選択肢は全て前置詞の働きを持つ語です。主語はAll small luggage「全ての小さな荷物」であり、述語動詞はshould be storedです。動詞store「～を保管する」の受動態が用いられており、空所の後ろにはyour seatと続いているので、荷物が保管されるべき場所を示していると考えられます。(D) under「～の下に」を入れると「座席の下に」となり、意味が通ります。shouldは義務を表す助動詞です。

☺ (A) 経路や通過を表す前置詞であり、意味が通りません。
☺ (B) 意味が通りません。また通例、amongの後ろには名詞の複数形が続きます。
☺ (C) ofは所有・所属などを表す前置詞です。意味が通りません。

Q 4

The new library will be located _____ the Guyana Music Academy.

(A) into
(B) next to
(C) part of
(D) once

新しい図書館はガイアナ音楽学院の隣に開設されます。

(A) ～の中へ
(B) ～の隣に
(C) ～の一部
(D) 一度

正解	**B**

主語はThe new library、述語動詞はwill be locatedです。be locatedはlocate「～（建物など）を設置する」の受動態です。空所の後ろにはthe Guyana Music Academy「ガイアナ音楽学院」という場所の名称が続いています。よって、図書館の位置をガイアナ音楽学院という場所を使って説明しているので、(B) next to「～の隣に」が適切です。academy「学院、専門学校」。

☺ (A) inであれば、「ガイアナ音楽学院の中に図書館が開設される」となりますが、intoは「～の中の方へ」という動きを示すので、locateの後ろに続けることはできません。
☺ (C) part of the Guyana Music Academyは「ガイアナ音楽学院の一部」という意味になりますが、場所を示す語句にはならないので、文全体として意味がつながりません。
☺ (D) 前置詞の働きはないので、後ろのthe Guyana Music Academyとつながりません。

Questions 1-3 refer to the following e-mail.

	E-Mail Message
To:	kellyjenkins@welsmail.com
From:	hyesookahn@efficientsend.com
Date:	October 4
Subject:	Saturday

Hi Kelly,

I'm writing to ask you if you have ___ (**1**) ___ for Saturday evening. A new Japanese ___ (**2**) ___ just opened downtown. Maybe we could have dinner there. The food has been receiving great reviews, ___ (**3**) ___ I'd love to try it.

Hye Sook

- -

問題1-3は次のEメールに関するものです。

Eメール・メッセージ

宛　先： kellyjenkins@welsmail.com
送信元： hyesookahn@efficientsend.com
日　付： 10月4日
件　名： 土曜日

───────────────────────────

こんにちは、ケリー

あなたは土曜日の夜に予定があるかどうかを尋ねるために書いています。新しい日本食のレストランが中心街に開店したばかりです。そこで夕食をとるのはどうでしょう。そこの料理は素晴らしいレビューを得ているので、私はぜひ試してみたいのです。

へ・スク

語注 downtown　中心街で／Maybe we could do ～.　～するのはどうでしょう。／review　レビュー、批評／
I'd(=I would) love to do　私はぜひ～したい

Q 1

(A) are planning
(B) will plan
(C) planner
(D) plans

(A) 予定している
(B) 予定する
(C) 計画者
(D) 予定

正解	**D**	空所の前に他動詞haveがあり、後ろには前置詞句が続いているので、空所には目的語になる名詞が入ります。文意から、plan「予定、計画」の複数形の(D)が適切です。

☹ (A) 現在進行形。if節には述語動詞のhaveがすでにあるので不適切です。
☹ (B) 助動詞willと動詞の原形。if節には述語動詞のhaveがすでにあるので不適切です。
☹ (C) 名詞ですが、文意に合いません。

Q 2

(A) bookstore
(B) restaurant
(C) play
(D) film

(A) 書店
(B) レストラン
(C) 演劇
(D) 映画

正解	**B**	空所を含む文の主語は文頭から空所までで、opened「開店した」が述語動詞になります。続く文にMaybe we could have dinner there.「そこで夕食をとるのはどうでしょう」とあり、thereは空所の語を示すと考えられるので、(B) restaurant「レストラン」が適切です。

☹ (A) 夕食をとる場所として不適切です。
☹ (C)(D) 場所を示す内容にならないので不適切です。

Q 3

(A) since
(B) once
(C) so
(D) while

(A) ～以来
(B) ～するとすぐに
(C) だから～
(D) ～している間に

正解	**C**	空所の前後に〈主語＋動詞〉の形があるので、意味の通る接続詞を選びます。空所の前ではThe food has been receiving great reviews「その料理は素晴らしいレビューを得ている」、空所の後ろではI'd love to try it「私はぜひ試してみたい」と述べています。よって、これらを自然につなぐ(C) so「だから～」が適切です。

☹ (A)(B)(D) いずれも接続詞の働きを持ちますが、意味が通りません。

Questions 1-3 refer to the following letter.

March 5

Dear Mr. Renaldo,

Thank you for reserving a room at the Bayside Hotel for ___ (**1**) ___ Thursday and Friday, March 12–13. ___ (**2**) ___. If you need to make any changes to your reservation, please contact ___ (**3**) ___ this week.

Sincerely,

Maria Robison
Manager, Bayside Hotel

問題1- 3は次の手紙に関するものです。

3月5日

レナルド様

今度の木曜日と金曜日、3月12日〜13日にベイサイドホテルにてお部屋をご予約いただき、ありがとうございます。＊お客様のお部屋にはクイーンサイズのベッドとデスクがございます。ご予約に変更を加える必要がありましたら、今週、当方までご連絡をお願いいたします。

敬具

マリア・ロビソン
ベイサイドホテル　支配人

＊問題2の挿入文の訳。

語注　reserve　〜を予約する／ make a change to 〜　〜に変更を加える／ reservation　予約／
contact　〜に連絡する／ Sincerely,　敬具 ★ビジネスレターなどで使われる結句／ manager　支配人、責任者

Q1

(A) such
(B) some
(C) whichever
(D) next

（A）このような
（B）幾つかの
（C）どちらでも
（D）今度の

| 正解 | **D** | 手紙の宛名と末尾の署名から、これはレナルドさん宛にベイサイドホテルの支配人が出した手紙だと分かります。また、本文冒頭のThank you for reserving a room「お部屋をご予約いただき、ありがとうございます」から、レナルドさんは部屋を予約していると分かります。手紙の日付は3月5日ですが、2行目を見ると、予約している日程はMarch 12-13「3月12日～13日」とあり、1週間ほど先のことなので、空所には「今度の」という意味の(D)が適切です。 |

😞 (A)(B)(C) いずれも名詞の前に置けますが、意味が通りません。

Q2

(A) The pool is closed in the winter.
(B) Your room has a queen bed and a desk.

(C) More items are available on our Web site.
(D) Unfortunately, the hotel is full on that date.

（A）プールは冬には閉まっています。
（B）お客様のお部屋にはクイーンサイズのベッドとデスクがあります。

（C）当館のウェブサイトでもっと多くの品物を入手できます。
（D）あいにく、ホテルはその日満室です。

| 正解 | **B** | 空所に入る1文を選ぶ問題です。空所の前の文では予約のお礼を述べており、空所の後の文では予約に変更がある場合に連絡を促す内容を述べているので、空所には予約内容に関する文が入ると考えられます。よって、予約した部屋について説明する(B)が適切です。queen bed「クイーンサイズのベッド」。 |

😞 (A) 宿泊予約に関する文と文の間にプールについての情報を挿入するのは唐突であり、流れとして自然ではありません。
😞 (C) 空所の前で品物の入手などについては触れられていないので、More items「もっと多くの品物」を入手することについて述べるのは不適切です。available「入手できる、利用できる」。
😞 (D) 空所の前文ですでに予約していることが述べられているため、不適切です。unfortunately「あいにく、残念ながら」。

Q3

(A) us
(B) its
(C) your
(D) which

（A）私たちに
（B）それの
（C）あなたの
（D）どちら

| 正解 | **A** | 空所の直前のcontactは「～に連絡する」という他動詞で、後ろに目的語が必要です。よって、人称代名詞の目的格である(A)が適切です。 |

😊 (B) Itの所有格。後ろに名詞が必要です。
😊 (C) youの所有格。後ろに名詞が必要です。
😊 (D) 疑問詞または関係代名詞。文や節の始めに置かれるので、動詞に続いて目的語を表しません。

Questions 1-2 refer to the following text-message chain.

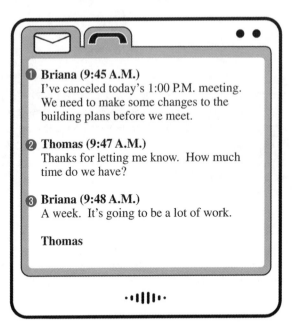

①
Briana (9:45 A.M.)
I've canceled today's 1:00 P.M. meeting.
We need to make some changes to the
building plans before we meet.

②
Thomas (9:47 A.M.)
Thanks for letting me know. How much
time do we have?

③
Briana (9:48 A.M.)
A week. It's going to be a lot of work.

Thomas

問題1-2は次のテキストメッセージのやりとりに関するものです。

ブリアナ (午前9時45分)
今日の午後1時の打ち合わせをキャンセルしたわ。会合をする前に、
私たちは建築設計図に幾つか変更を加える必要があるの。

トーマス (午前9時47分)
知らせてくれてありがとう。僕たちにはどのくらい時間があるのかな？

ブリアナ (午前9時48分)
1週間よ。大変な作業になるわ。

トーマス

語注 cancel ～をキャンセルする／plan 設計図／meet 会合をする／let me know 私に知らせる

Q 1

Why was a meeting time changed?

(A) A computer is broken.
(B) A building will be closed.
(C) An employee is sick.
(D) A design must be updated.

なぜ会合の日時が変更されましたか？

（A）コンピューターが故障している。
（B）建物が閉鎖される予定である。
（C）従業員が病気である。
（D）設計図が更新されなければならない。

| 正解 | D |

ブリアナは❶の冒頭で打ち合わせをキャンセルしたことを伝え、We need to make some changes to the building plans before we meet.「会合をする前に、私たちは建築設計図に幾つか変更を加える必要がある」と続けています。つまり、先に設計図を修正するために打ち合わせのタイミングを変更したと分かるので、A design must be updated.「設計図が更新されなければならない」と表した(D)が正解です。design「設計図」。update「〜を更新する」。

☹ (A) コンピューターは話題に出ていません。broken「故障して」。
☹ (B) building plans「建築設計図」には言及されていますが、建物が閉鎖されるとは述べられていません。
☹ (C) employee「従業員」については述べられていません。

Q 2

Select the best response to Briana's message.

(A) "They just left my office."
(B) "I went there last week."
(C) "We can start today."
(D) "I'll introduce you to him."

ブリアナのメッセージに対する最も適切な返答を選んでください。

（A）「彼らはたった今、僕の事務所を出たよ。」
（B）「僕は先週そこへ行ったよ。」
（C）「今日始めればいいよ。」
（D）「僕はあなたを彼に紹介するよ。」

| 正解 | C |

❷でトーマスは作業に充てられる時間を尋ね、❸でブリアナはA week. It's going to be a lot of work.「1週間よ。大変な作業になるわ」と答えています。この状況を踏まえ、"We can start today."「今日始めればいいよ」と伝えている(C)が正解です。

☹ (A) Theyが誰を指すのか不明です。
☹ (B) thereがどこを指すのか不明です。
☹ (D) himが誰を指すのか不明です。

Questions 1-3 refer to the following Web page.

Attention, Northwood Neighbors!

❶ The Northwood Community Center will be hosting a bus trip to the city to visit the Zelitzer Museum on Sunday, April 15. The museum contains paintings, sculptures, and photographs from many artistic periods throughout human history.

The bus will leave from the community center at 8:00 A.M. and return at 4:00 P.M. To reserve your place on the bus, please call 555–0164 by April 1.

Comments

❷ Ling (March 22): *Should I pack a lunch?*
   Coordinator (March 22): You can, or you can buy lunch at the museum.

❸ Jane (March 25): *What special exhibits are showing at the museum right now?*
   Coordinator (March 25): There is a collection of Chinese sculptures.

問題1-3は次のウェブページに関するものです。

ノースウッド近隣の皆さまにお知らせします！

ノースウッド地域センターでは、4月15日の日曜日、ゼリッツァー美術館を訪れるためにその市へのバス旅行を主催する予定です。同美術館は、人類の歴史を通じた多数の芸術上の時代区分における、絵画や彫刻、そして写真を所蔵しています。

バスは午前8時に地域センターから出発し、午後4時に戻ります。バスの席を予約するには、4月1日までに555-0164へお電話ください。

コメント

リン（3月22日）：お弁当を用意した方がいいですか？
   コーディネーター（3月22日）：用意してもいいですし、美術館で昼食を買うこともできます。
ジェイン（3月25日）：今、その美術館ではどんな特別展示物が公開されていますか？
   コーディネーター（3月25日）：中国の彫刻のコレクションがあります。

語注 Attention, 〜．〜にお知らせします。／ neighbor　近隣の人／ host　〜を主催する／ contain　〜を含む／ sculpture　彫刻／ artistic　芸術の、美術の／ period　時代、時期／ throughout　〜を通してずっと／ human history　人類の歴史／ reserve　〜を予約する／ pack a lunch　お弁当を用意する／ exhibit　展示物／ show　公開される／ collection　コレクション

Q 1

Where will the bus trip go? | バス旅行はどこへ行きますか？

(A) To city hall
(B) **To an art museum**
(C) To a science laboratory
(D) To a theater

(A) 市庁舎へ
(B) **美術館へ**
(C) 科学研究所へ
(D) 劇場へ

> | 正解 | **B** | このウェブページでは、地域センター主催のバス旅行を近隣の人たちに知らせています。❶の冒頭にThe Northwood Community Center will be hosting a bus trip to the city to visit the Zelitzer Museum「ノースウッド地域センターでは、ゼリッツァー美術館を訪れるためにその市へのバス旅行を主催する予定です」とあるので、(B)が正解です。
> 😣 (A)(C)(D) いずれも話題に出ていません。

Q 2

When is the bus trip? | バス旅行はいつですか？

(A) On March 22
(B) On March 28
(C) On April 1
(D) **On April 15**

(A) 3月22日
(B) 3月28日
(C) 4月1日
(D) **4月15日**

> | 正解 | **D** | バス旅行を知らせる❶の2行目に、on Sunday, April 15「4月15日の日曜日」とあるので、(D)が正解です。
> 😣 (A) コメント欄で、リンとコーディネーターがやりとりをした日。
> 😣 (B) 言及されていません。
> 😣 (C) バス旅行の予約の期限。

Q 3

What does Ling want to know? | リンは何を知りたいと思っていますか？

(A) How much the trip will cost
(B) When the trip will take place
(C) **Whether he should bring food**
(D) Whether there are special exhibits

(A) 旅行は幾らかかるのか
(B) 旅行はいつ行われるのか
(C) **自分が食べ物を持って行くべきかどうか**
(D) 特別展示物があるかどうか

> | 正解 | **C** | リンはコメント欄の❷で質問をした人物です。彼の質問内容は、Should I pack a lunch?「お弁当を用意した方がいいですか」なので、それをWhether he should bring food「自分が食べ物を持って行くべきかどうか」と表現した(C)が正解です。whether「〜かどうか」。
> 😣 (A) 費用については尋ねていません。
> 😣 (B) 日程は❶の2行目で示されています。
> 😣 (D) 特別展示物については、❸でジェインが質問しています。

Questions 1-2 refer to the following letter.

December 3

Alice Brewster
239 Clover Way
Burtonsville, MD 20866

Dear Ms. Brewster,

❶ Thank you for renewing your subscription to *Happy Cook* magazine! Your next issue will arrive soon.

❷ We think you will like some new features we are adding to the magazine. Each issue of *Happy Cook* will include a one-month family meal plan and a sample menu for a dinner party. These will help you make the most of your time in the kitchen.

We hope you continue to enjoy *Happy Cook*!

Sincerely,

Customer Service Team

問題1- 2は次の手紙に関するものです。

12月3日

アリス・ブルースター様
クローバー通り239番地
バートンズビル　メリーランド州　20866

ブルースター様

『ハッピークック』誌の定期購読を更新していただき、ありがとうございます！ 次号は間もなく到着します。

貴殿には、私どもが当誌に加える新しい連載記事を気に入っていただけると思います。『ハッピークック』の各号では、1カ月間の家族の献立とディナーパーティー用のサンプルメニューを掲載する予定です。これらは、貴殿がキッチンでの時間を最大限に活用する助けとなるでしょう。

引き続き『ハッピークック』をご愛読くださるよう願っております！

敬具

カスタマーサービスチーム

語注 MD ★米国のメリーランド州を示す略称／ renew　～を更新する／ subscription　定期購読／ issue　号／ feature　連載記事、特集記事／ add to ～　～に加える／ meal plan　献立、食事のプラン／ help ～ *do*　～が…するのに役立つ／ make the most of ～　～を最大限に活用する／ continue to *do*　～し続ける／ customer service　カスタマーサービス

Q 1

Why was the letter sent to Ms. Brewster?

(A) To offer her a special discount
(B) To thank her for subscribing
(C) To apologize for a delay
(D) To ask for a payment

この手紙はなぜブルースターさんに送られましたか？

(A) 彼女に特別な割引を提供するため
(B) 定期購読について彼女に謝意を表すため
(C) 遅れについておわびをするため
(D) 支払いを求めるため

正解 B　宛名と差出人名から、これは、アリス・ブルースターさん宛てにカスタマーサービスチームが送った手紙だと分かります。❶に、Thank you for renewing your subscription to *Happy Cook* magazine!「『ハッピークック』誌の定期購読を更新していただき、ありがとうございます」とあります。これを To thank her for subscribing「定期購読について彼女に謝意を表すため」と表現した(B)が正解です。thank「〜に謝意を表す、〜に礼を言う」。subscribe「定期購読する」。
☹ (A) 割引については述べられていません。offer「〜を提供する」。
☹ (C) 遅れについては述べられていません。apologize for 〜「〜についてわびる」。
☹ (D) 支払いの請求については述べられていません。ask for 〜「〜を求める」。payment「支払い」。

Q 2

What will appear in every issue of *Happy Cook*?

(A) An interview with a famous chef
(B) A review of new cooking equipment
(C) A menu for a special event
(D) An article by a guest writer

『ハッピークック』の各号には何が掲載される予定ですか？

(A) 有名なシェフへのインタビュー
(B) 新しい調理器具のレビュー
(C) 特別な行事のためのメニュー
(D) 外部のライターによる記事

正解 C　❷の2〜3行目に、Each issue of *Happy Cook* will include …… a sample menu for a dinner party.「『ハッピークック』の各号では、ディナーパーティー用のサンプルメニューを掲載する予定です」とあります。a sample menu for a dinner party を A menu for a special event「特別な行事のためのメニュー」と表現した(C)が正解です。
☹ (A) 有名なシェフについては述べられていません。chef「シェフ」。
☹ (B) 調理器具のレビューについては述べられていません。equipment「器具」。
☹ (D) 外部のライターによる記事については述べられていません。article「記事」。

Practice Test

実践テスト 1

解 答 と 解 説

実践テスト1　正解一覧

100問の解答を終えたら、正解かどうか確認してみましょう。おおよそのスコアを確認したい場合は、p.147 の「実践テスト1・2 参考スコア範囲の換算表と算出方法」を参照してください。

Listening Test

問題番号	正解	問題番号	正解
PART 1		**PART 3**	
1	B	27	C
2	C	28	A
3	A	29	C
4	D	30	C
5	B	31	B
6	C	32	C
PART 2		33	D
7	C	34	C
8	B	35	B
9	D	36	A
10	B	**PART 4**	
11	A	37	B
12	D	38	C
13	A	39	B
14	C	40	A
15	A	41	D
16	B	42	C
17	C	43	C
18	A	44	B
19	B	45	C
20	C	46	A
21	A	47	D
22	D	48	A
23	D	49	A
24	C	50	C
25	B		
26	C		

Reading Test

問題番号	正解	問題番号	正解
PART 1		**PART 3**	
51	B	81	B
52	C	82	D
53	C	83	B
54	D	84	C
55	A	85	B
56	A	86	C
57	B	87	B
58	D	88	C
59	B	89	A
60	A	90	D
61	C	91	A
62	D	92	D
63	B	93	C
64	A	94	D
65	D	95	B
PART 2		96	A
66	D	97	D
67	A	98	A
68	C	99	B
69	B	100	C
70	C		
71	A		
72	D		
73	C		
74	B		
75	B		
76	D		
77	A		
78	B		
79	C		
80	A		

PART | 1

Q 1

 100

 Look at set number 1 in your test book. ┊ 問題用紙の1番のセットを見てください。

W One round table. ┊ 1つの丸いテーブル。

(A)  (B)  (C)  (D)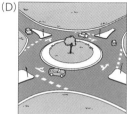

正解 **B** 円形のテーブルが1つ描かれた(B)が正解です。round「丸い」。

☹(A) 人々の間にテーブルが1つありますが、形が丸くありません。

☹(C) テーブルは1つですが、丸くないので不適切です。

☹(D) 交差点の中央に丸い部分が見えますが、テーブルではありません。

Q 2

101

 Look at set number 2 in your test book. ┊ 問題用紙の2番のセットを見てください。

M She's making copies. ┊ 彼女はコピーを取っています。

(A)  (B)  (C)  (D)

正解 **C** 主語は1人の女性を表すSheで、動作はis making copies「コピーを取っている」です。女性がコピー機の前に立ってコピーを取っている(C)が正解です。She'sはShe isの短縮形です。

☹(A) 女性が1人いますが、電話をかけているところであり、コピーを取ってはいません。

☹(B) 女性が1人いますが、オーブンで何かを作っているところであり、コピーを取ってはいません。

☹(D) 女性が1人いますが、コーヒーを入れようとしているところです。copiesをcoffee「コーヒー」と聞き間違えないようにしましょう。

Q 3 / ⊘ 102

🔊) Look at set number 3 in your test book. | 問題用紙の3番のセットを見てください。

🇺🇸 w A plane flying over a lake. | 湖の上を飛んでいる飛行機。

(A)  (B)  (C)  (D)

正解	A

この句は、a plane「(1機の)飛行機」を動詞fly「飛ぶ」の現在分詞であるflying以下の部分が修飾しています。岸辺に森やロッジが見える湖の上を飛行機が飛んでいる(A)が正解です。over「〜の上方に」。

☹ (B)　3人の人物が水辺にいますが、上空に飛行機は見当たりません。

☹ (C)　絵には湖も飛行機も見えないので不適切です。

☹ (D)　女性が空に飛ばしているのはkite「凧」で、飛行機ではありません。また、湖も見えないので不適切です。

Q 4 / ⊘ 103

🔊) Look at set number 4 in your test book. | 問題用紙の4番のセットを見てください。

🇦🇺 м He's fixing a bicycle. | 彼は自転車を修理しています。

(A) 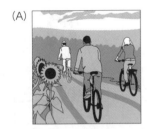 (B) 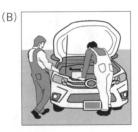 (C)  (D)

正解	D

主語は1人の男性を表すHeで、動作はis fixing a bicycle「自転車を修理している」です。bicycle「自転車」は(A)(C)(D)の絵に登場しますが、男性が自転車を修理している(D)が正解です。fix「〜を修理する」。

☹ (A)　自転車が3台見えますが、男性がそれを修理している姿は見えません。

☹ (B)　自動車の整備工と思われる男性2人が自動車のエンジンを見ているところであり、自転車は描かれていません。

☹ (C)　男性の乗った自転車が2台見えますが、どちらの男性も修理はしていません。

Q5

104

🔊 Look at set number 5 in your test book.   問題用紙の5番のセットを見てください。

🏴 w   Unlocking a door.   ドアの鍵を開けている。

(A)    (B)    (C)    (D)

| 正解 | B | unlockは「～（戸など）の鍵を開ける」という動詞です。ドアのノブに手を添えながら鍵を開けている（B）が正解です。 |

☹ (A) ドアはいくつか見えますが、誰もそれらの鍵を開けてはいません。

☹ (C) 絵の人物は窓を手で開けようとしているところなので、不適切です。

☹ (D) 絵にはドアやその鍵を開ける様子は描かれていません。

Q6

🔊 Look at set number 6 in your test book.   問題用紙の6番のセットを見てください。

🇦🇺 m   She's drying some clothes outside.   彼女は屋外で衣類を干しています。

(A)    (B)    (C)    (D)

| 正解 | C | 文の主語はSheで、動作はis drying some clothes「衣類を干している」、状況としてoutside「屋外で」とあります。1人の女性が屋外で衣類を干しているところを描いた（C）が正解です。dry「～を干す、～を乾かす」。clothes「衣類、衣服」。 |

☹ (A) 女性2人が洋服を手に取っていますが、屋外で干しているところではありません。

☹ (B) 女性2人が屋外にいますが、衣類を干してはいません。

☹ (D) 女性が室内で衣類を箱から取り出しているところなので、不適切です。

Listening | Part 1

実践テスト1

Q 7
107

When will Sarah visit us?

(A) No, I haven't.
(B) We can go later.
(C) Next week.
(D) I thought so.

サラはいつ私たちを訪ねてきますか？

(A) いいえ、私はしていません。
(B) 私たちは後で行くことができます。
(C) 来週です。
(D) 私はそう思いました。

正解 C When ～?でサラが訪ねてくる「時」を尋ねています。それに対し、「来週です」と答えている(C)が正解です。

☹(A) 完了したかどうかや経験の有無などは尋ねられていません。

☹(B) 質問にあるvisitやusに関連のある語 (go、We)が含まれていますが、応答になっていません。later「後で」。

☹(D) soが何を指しているかが不明であり、また時を述べる応答になっていません。

Q 8
108

Who is that person in the photograph?

(A) At the art museum.
(B) It's my grandmother.
(C) Yes, I just saw it.
(D) My uncle is a photographer.

写真の中のあの人は誰ですか？

(A) 美術館で。
(B) 私の祖母です。
(C) はい、私はちょうどそれを見ました。
(D) 私のおじは写真家です。

正解 B Who ～?で写真に写っている人物は「誰か」を尋ねています。それに対し、「私の祖母です」と具体的な人物を答えている(B)が正解です。photograph「写真」。

☹(A) 場所は尋ねられていません。

☹(C) itがthe photographを指すとしても、人物が誰かを答えていません。

☹(D) My uncle「私のおじ」という人物について述べていますが、彼の職業を述べているだけで、写真の人物を答える表現にはなっていません。photographer「写真家」。

Q 9
109

Where is your new office?

(A) I knew him.
(B) Usually a suit and tie.
(C) Yes, I turned it off.
(D) On the second floor.

あなたの新しいオフィスはどこですか？

(A) 私は彼を知っていました。
(B) 普段はスーツとネクタイです。
(C) はい、私がそれを消しました。
(D) 2階です。

正解 D Where ～?で新しいオフィスの「場所」を尋ねています。それに対し、「2階です」と場所を答えている(D)が正解です。

☹(A) 場所を答えておらず、himが誰を指すのかも不明で、応答になっていません。

☹(B) 服装は尋ねられていません。suit「スーツ」。tie「ネクタイ」。

☹(C) turn it offは「それ (電気、テレビなど)を消す」という意味ですが、itが何を指すのか不明で、応答になっていません。

Q 10

110

🇨🇦 M　What would you like on your pizza?

🇬🇧 W　(A) That new restaurant in town.
　　　(B) Only cheese, please.
　　　(C) No, we had pasta.
　　　(D) Yes, I would.

ピザに何をお載せしますか？

　(A) 町にある、その新しいレストランです。
　(B) チーズだけお願いします。
　(C) いいえ、私たちはパスタを食べました。
　(D) はい、それでお願いします。

正解	B

What would you like ～?でピザに何をトッピングしたいかを尋ねています。それに対し、「チーズだけお願いします」と載せる具材を答えている(B)が正解です。

☹ (A)　レストランについては尋ねられていません。restaurant「レストラン」。
☹ (C)　What ～?に対して、通常Yes/Noでは答えません。また、食べたものについては尋ねられていません。
☹ (D)　What ～?に対して、通常Yes/Noでは答えません。また、質問にあるwouldが含まれていますが、何を載せるかを答えていません。

Q 11

111

🇦🇺 M　When are you moving to the city?

🇺🇸 W　**(A) Sometime in January.**
　　　(B) The bus is best.
　　　(C) I'll have two roommates.
　　　(D) My new job.

あなたはいつその市へ引っ越すのですか？

　(A) 1月のいつかです。
　(B) バスが一番いいです。
　(C) 私は2人のルームメイトを持つ予定です。
　(D) 私の新しい仕事です。

正解	A

When ～?でその市へ引っ越す「時」を尋ねています。それに対し、「1月のいつかです」と時期を答えている(A)が正解です。move「引っ越す」。sometime「いつか」。

☹ (B)　交通手段は尋ねられていません。
☹ (C)　生活の形態については尋ねられていません。
☹ (D)　引っ越す理由を述べているとしても、時を答える応答になっていません。

Q 12

112

🇺🇸 W　Why did you call my brother?

🇨🇦 M　(A) Do you have his phone number?
　　　(B) I don't know about those.
　　　(C) It's on the desk.
　　　(D) I wanted to ask him a question.

あなたはなぜ私の兄に電話をしたのですか？

　(A) あなたは彼の電話番号を知っていますか？
　(B) それらについては分かりません。
　(C) それは机の上にあります。
　(D) 私は彼に質問をしたかったのです。

正解	D

Why ～?で自分の兄に電話をした「理由」を尋ねています。それに対し、「私は彼に質問をしたかったのです」と理由を答えている(D)が正解です。ask ～ a question「～に質問をする」。

☹ (A)　質問にあるcall「～に電話する」に関連するphone number「電話番号」に注意。
☹ (B)　「分からない」という答えですが、thoseが何を指すのか不明であり、応答になっていません。
☹ (C)　Itが何を指すのか不明であり、また場所は尋ねられていません。

Q 13

/ 🔊 113

| 🍁 M | This house has lots of windows, doesn't it? | この家にはたくさんの窓がありますよね？ |

🇬🇧 W	(A) Yes, and a beautiful view.	（A）はい、そして美しい眺めも。
	(B) Please close the windows.	（B）窓を閉めてください。
	(C) At Noriko's house.	（C）ノリコの家で。
	(D) No, it's near the door.	（D）いいえ、それはドアの近くです。

正解　A　文末に～, doesn't it?の付いた付加疑問文で、家にたくさんの窓があることを確認しています。それをYesで肯定した後、「そして美しい眺めも（あります）」とその家の特徴を付け加えている(A)が正解です。

☹ (B)　質問にあるwindowsが含まれていますが、応答になっていません。

☹ (C)　質問にあるhouseが含まれていますが、場所については尋ねられていません。

☹ (D)　Noと答えていますが、続くitが何を指すのか不明であり、応答になっていません。

Q 14

/ 🔊 114

| 🍁 M | Would you be able to pick up my mail tomorrow? | 明日、私の郵便物を取ってきていただくことはできますか？ |

🇺🇸 W	(A) Thanks, I appreciate it.	（A）ありがとう、感謝します。
	(B) We'll be there soon.	（B）私たちは間もなくそこに着きます。
	(C) Sure, I'll be happy to.	（C）もちろん、喜んで。
	(D) Up to 40 pounds.	（D）40 ポンドまでです。

正解　C　Would you be able to ～?で、郵便物を取ってくることは可能かと丁寧に尋ねる形で依頼しています。それに対し、「もちろん、喜んで」と快諾している(C)が正解です。(C)のtoの後にはpick it upなどが省略されています。

☹ (A)　お礼の表現であり、依頼に対する応答になっていません。

☹ (B)　いつ着くのかは尋ねられていません。

☹ (D)　pound「ポンド」は重さや通貨の単位です。重量や料金は尋ねられていません。up to ～「～まで」。

Q 15

/ 🔊 115

| 🇬🇧 W | Has the movie started yet? | 映画はもう始まりましたか？ |

🇦🇺 M	(A) Yes, just now.	（A）はい、たった今。
	(B) About two hours long.	（B）約2時間です。
	(C) He's a good actor.	（C）彼は良い俳優です。
	(D) I haven't seen it.	（D）私はそれを見ていません。

正解　A　Has ～ yet?「もう～しましたか」という現在完了形の疑問文で、映画が始まったかどうかを尋ねています。それに対し、「はい、たった今」と、ちょうど始まったことを伝えている(A)が正解です。yet「〈疑問文で〉もう」。

☹ (B)　上映時間の長さは尋ねられていません。

☹ (C)　俳優に対する評価は尋ねられていません。actor「俳優」。

☹ (D)　質問と同じ現在完了形を含んでいますが、見たかどうかは尋ねられていません。

Q 16

🔊 116

🇨🇦 M Who is selling tickets for the tour?

🇦🇺 M (A) Sure, no problem.
(B) That tall man over there.
(C) Very quickly.
(D) That's a good idea.

誰がそのツアーのチケットを売っているのですか?

(A) いいですよ、問題ありません。
(B) あそこにいる、あの背の高い男性です。
(C) とても速くです。
(D) それはいい考えです。

| 正解 | B |

Who 〜?でチケットを売っているのは「誰か」と尋ねています。それに対し、「あそこにいる、あの背の高い男性です」と人物を示して答えている(B)が正解です。

☹ (A) 依頼などを引き受けるときの慣用表現であり、応答になっていません。
☹ (C) 速さは尋ねられていません。quickly「速く、急いで」。
☹ (D) 相手の提案などに賛同するときの慣用表現であり、応答になっていません。

Q 17

🔊 117

🇺🇸 W How far from the station is the hotel?

🇦🇺 M (A) As soon as I can.
(B) I'd like a single room.
(C) Just a short walk.
(D) It's an express train.

そのホテルは駅からどれくらいの距離ですか?

(A) できるだけ早くします。
(B) シングルの部屋をお願いします。
(C) 歩いてすぐです。
(D) 急行列車です。

| 正解 | C |

How far from〜?は「〜からどのくらい離れて」という意味であり、ホテルから駅までの「距離」を尋ねています。それに対し、「歩いてすぐです」と答えておおよその距離を伝えている(C)が正解です。

☹ (A) どのくらいの時間かは尋ねられていません。
☹ (B) ホテルの部屋を予約するときの表現であり、応答になっていません。I'dはI wouldの短縮形です。
☹ (D) 質問にあるstationと関連するtrainが含まれていますが、電車の種類は尋ねられていません。

Q 18

🔊 118

🇬🇧 W Why did you leave the party early?

🇺🇸 W **(A) Because I was tired.**
(B) At the post office.
(C) I don't mind.
(D) No, not until late.

あなたはなぜパーティーから早く帰ったのですか?

(A) 疲れていたからです。
(B) 郵便局で。
(C) 構いません。
(D) いいえ、遅くまでではありません。

| 正解 | A |

Why 〜?でパーティーから早く帰った「理由」を尋ねています。それに対し、Because「なぜならば〜だから」を用いて「疲れていたからです」と理由を述べている(A)が正解です。leave「〜を出る、〜を去る」。

☹ (B) 場所は尋ねられていません。
☹ (C) 許可を求められた際などに承諾をするときの慣用句であり、応答になっていません。
☹ (D) 質問にあるearlyの反意語であるlateを含んでいますが、応答になっていません。

Listening｜Part 2

実践テスト1

Q 19

119

M Did you find someone to take care of your garden?

あなたの庭の手入れをする人を見つけましたか？

M (A) A lot of flowers.
(B) Paulina will do it.
(C) I've already been there.
(D) Please watch them carefully.

(A) たくさんの花です。
(B) ポーリナがしてくれます。
(C) 私はすでにそこへ行ったことがあります。
(D) 注意してそれらを見ていてください。

正解	B

Did you 〜?で庭の手入れをする人を見つけたかと尋ねています。それに対し、Yes/Noではなく手入れをしてくれる人物を答えている(B)が正解です。take care of 〜「〜の手入れをする」。

☹ (A) 何を手入れするかは尋ねられていません。
☹ (C) thereが質問にあるgardenを指すとしても、人を見つけたかという質問への応答にはなっていません。
☹ (D) themが何を指すか不明で、応答になっていません。carefully「注意深く」。

Q 20

120

W We need to hire another truck driver.

私たちは、トラックの運転手をもう1人雇う必要があります。

W (A) It wasn't expensive.
(B) In the newspaper.
(C) Yes, we have a lot of orders to deliver.
(D) Was it at the garage?

(A) それは高価ではありませんでした。
(B) 新聞に。
(C) ええ、配達すべき注文品がたくさんあります。
(D) それはガレージの所でしたか？

正解	C

「運転手をもう1人雇う必要がある」という状況説明に対し、Yesで相手に同意して「配達すべき注文品がたくさんあります」と理由を述べている(C)が正解です。hire「〜を雇う」。deliver「〜を配達する」。

☹ (A) 費用などは尋ねられていません。
☹ (B) 媒体などは尋ねられていません。
☹ (D) itが質問にあるtruckを指すとしても、応答になっていません。

Q 21

121

M What is today's meeting about?

今日の会議は何についてですか？

W **(A) Using the new printer.**
(B) In 30 minutes.
(C) Everyone was there.
(D) We haven't met.

(A) 新しいプリンターを使うことです。
(B) 30分後に。
(C) 全員がそこにいました。
(D) 私たちは会ったことがありません。

正解	A

What 〜?で今日の会議の議題を尋ねています。それに対し、「新しいプリンターを使うことです」と議題を答えている(A)が正解です。

☹ (B) 会議がいつ始まるかは尋ねられていません。
☹ (C) thereが質問のmeetingを指しているとしても、応答になっていません。
☹ (D) 経験などについては尋ねられていません。

Q 22

122

🇺🇸 W Should we make food here or go out to eat?	私たちは食べ物をここで作るのがいいですか、それとも食事に出かけるのがいいですか？
🇨🇦 M (A) I'll take two, please. (B) Sure, I'll get the server. (C) Just a little cream. **(D) We could try a French restaurant.**	(A) 2つください。 (B) はい、私が給仕係を呼びます。 (C) クリームを少しだけ。 **(D) フランス料理のレストランへ行ってみるのはどうでしょう。**

正解　D　Should we ~ A or B? で、食べ物を作るのがいいか外食がいいかを尋ねています。それに対し、We could~「~するのはどうでしょう」という表現を用いて外食することを提案している(D)が正解です。

😕 (A) 注文や購入の際の表現であり、応答になっていません。

😕 (B) 誰が給仕係を呼ぶかは尋ねられていません。server「給仕係」。

😕 (C) コーヒーなどにクリームを入れてもらうときの表現であり、応答になっていません。

Q 23

123

🇦🇺 M Where can I get my computer repaired?	どこで私のコンピューターを修理してもらえますか？
🇺🇸 W (A) Some new software. (B) No, not that one. (C) Yes, and it looks good. **(D) Have you tried an electronics shop?**	(A) いくつかの新しいソフトウエアです。 (B) いいえ、それではありません。 (C) はい、そしてそれは良さそうに見えます。 **(D) 電子機器店に当たってみましたか？**

正解　D　Where ~? でコンピューターの修理をしてもらえる「場所」を尋ねています。それに対し、電子機器店という場所を挙げて、「当たってみましたか」と疑問文の形で提案している(D)が正解です。get ~ repaired は「~を修理してもらう」という意味です。electronics「電子機器」。

😕 (A) 質問にあるcomputerに関連したsoftwareという語が含まれますが、応答になっていません。

😕 (B) that oneが何を指しているか不明であり、応答になっていません。

😕 (C) 何に対してYesと答えているのか不明です。itがmy computerを指すとしても、応答になっていません。

Q 24

124

🇬🇧 W Tom signed up for the history class, didn't he?	トムは歴史の授業の受講登録をしましたよね？
🇨🇦 M (A) A very old sign. (B) My class starts at eight o'clock. **(C) Yes, a couple of hours ago.** (D) Twenty students.	(A) とても古い標識です。 (B) 私の授業は8時に始まります。 **(C) はい、2、3 時間前に。** (D) 20 人の学生です。

正解　C　文末に~, didn't he? の付いた付加疑問文で、トムが受講登録をしたことを確認しています。それに対し、Yesと答え、いつ登録したのかを補足している(C)が正解です。sign up for ~「~の受講登録をする」。

😕 (A) 質問にあるsignが含まれていますが、(A)のsignは名詞で「標識」という意味です。

😕 (B) My classが質問にあるhistory classを指すとしても、授業が始まる時間は尋ねられていません。

😕 (D) 受講生の数は尋ねられていません。

Q 25

/ 🔊 125

🇨🇦 M	Why don't we work on our sales presentation after lunch?	昼食後に、売上高のプレゼンテーションに取り組みましょう。
🇬🇧 W	(A) It's not on sale.	(A) それはセール品ではありません。
	(B) OK, I have some free time then.	**(B) いいですよ、そのとき空き時間がいくらかあります。**
	(C) Vegetable soup, please.	(C) 野菜スープをお願いします。
	(D) Thanks for the present.	(D) プレゼントをありがとうございます。

正解 B Why don't we ～?で、昼食後にプレゼンテーションの作業に取り組むことを提案しています。それに対し、OKと承諾し、「そのとき空き時間がいくらかあります」と述べている(B)が正解です。work on ～「～に取り組む」。

☹ (A) 質問にあるsaleが含まれていますが、on saleは「特価の、売りに出ている」という意味です。
☹ (C) 質問にあるlunchに関連する内容ですが、応答になっていません。
☹ (D) お礼を伝える表現であり、応答になっていません。

Q 26

/ 🔊 126

🇦🇺 M	Haven't you had your car fixed yet?	あなたはまだ自動車を修理してもらっていないのですか?
🇬🇧 W	(A) To the auto repair shop.	(A) 自動車修理店へ。
	(B) I like that car.	(B) 私はあの車が好きです。
	(C) A mechanic is working on it now.	**(C) 今、整備士がそれに取り組んでいます。**
	(D) Only fifteen minutes.	(D) たった15分です。

正解 C have ～ fixedは「～を修理してもらう」という意味であり、Haven't you ～ yet?「まだ～していないのですか」と、現在完了形の否定疑問文でまだ修理をしてもらっていないのかを確認しています。それに対し、Yesは省略されていますが、今やってもらっていることを伝えている(C)が正解です。(C)のworking on itは自動車の修理に取り組むことを表します。mechanic「整備士」。

☹ (A) 行き先は尋ねられていません。auto「自動車」。
☹ (B) 質問にあるcarが含まれていますが、応答になっていません。
☹ (D) 所要時間は尋ねられていません。

PART | 3

🔊 Questions 27 and 28 refer to the following conversation.

問題 27 と 28 は次の会話に関するものです。

🇺🇸 W Hi. I'm Angie Parker. I have a room reserved for tonight.

こんにちは。アンジー・パーカーです。今晩ひと部屋、予約してあります。

🇦🇺 M You're in room 322. The stairs are right over there. Our elevator is out of service.

お客さまは322号室です。階段はすぐそこです。当館のエレベーターは使用停止中です。

🇺🇸 W But my bags are quite heavy.

でも、私のかばんはとても重いのです。

🇦🇺 M I'll ask a staff member to take them up to your room for you.

お客さまのお部屋までかばんを持って上がるよう、私がスタッフに依頼しますね。

語注 refer to ~ 〜に関連する／reserve 〜を予約する／stairs 階段／out of service 使用停止中で／quite とても／staff member スタッフ、職員

🌀 129

Q 27

What does the man say about the elevator?

男性はエレベーターについて何を言っていますか？

(A) It is being cleaned.
(B) It is difficult to find.
(C) It is not working.
(D) It is very large.

(A) それは清掃中である。
(B) それは見つけにくい。
(C) それは作動していない。
(D) それはとても大きい。

正解 C 男性の発言から、この男性はホテルのスタッフであると分かります。男性は最初の発言でOur elevator is out of service.「当館のエレベーターは使用停止中です」と伝えているので、それをIt is not working.「作動していない」と言い換えた(C)が正解です。work「作動する、機能する」。
☹(A) 清掃については述べていません。〈be動詞＋being＋過去分詞〉は進行形の受動態で「〜されているところだ」という意味です。
☹(B) 階段の場所は示していますが、エレベーターの場所については述べていません。

Q 28

What will the man have a staff member do?

男性はスタッフに何をしてもらうつもりですか？

(A) Carry some luggage.
(B) Store some equipment.
(C) Change a reservation date.
(D) Move a vehicle.

(A) 荷物を運ぶ。
(B) 器材を保管する。
(C) 予約日を変更する。
(D) 乗り物を移動する。

正解 A 設問にあるhave ~ doは「〜に…してもらう」という意味です。エレベーターが使用停止中だと伝えられた女性が「かばんが重い」と述べているのに対し、男性は2回目の発言で、I'll ask a staff member to take them up to your room for you.「お客さまのお部屋までそれらを持って上がるよう、私がスタッフに依頼しますね」と答えています。themは女性の発言にあるbagsを指しているので、その内容をCarry some luggage.「荷物を運ぶ」と表現した(A)が正解です。luggage「（旅行時の）荷物」。
☹(B) store「〜を保管する」。equipment「器材、備品」。☹(C) reservation「予約」。☹(D) vehicle「乗り物」。

130

🔊) Questions 29 and 30 refer to the following conversation.

問題 29 と 30 は次の会話に関するものです。

🇨🇦 M There's a jazz band playing at Midland Hall on Saturday. Do you want to go?

土曜日にミッドランドホールでジャズのバンドが演奏するんだ。行きたい?

🇬🇧 W Yes! Jazz is my favorite kind of music.

ええ! ジャズは大好きな音楽よ。

🇨🇦 M OK. I'll buy the tickets.

分かった。チケットを買っておくよ。

🇬🇧 W Great. Let's try to get seats near the stage. I'd like to see the band close up.

いいわね。ステージ近くの席を取るようにしましょうよ。バンドを近くで見たいわ。

語注 close up　すぐ近くで

Q 29

What kind of music will be played at the concert?

コンサートではどんな種類の音楽が演奏されますか?

(A) Rock.
(B) Folk.
(C) Jazz.
(D) Country.

(A) ロック。
(B) フォーク。
(C) ジャズ。
(D) カントリー。

正解 C 男性は最初の発言で、There's a jazz band playing at Midland Hall on Saturday. 「土曜日にミッドランドホールでジャズのバンドが演奏するんだ」と言い、女性に行きたいかと尋ねています。それに対して女性はYesと答え、Jazz is my favorite kind of music. 「ジャズは大好きな音楽よ」と続けているので、正解は(C)です。
☹ (A)(B)(D) いずれの種類の音楽も話題に出ていません。

Q 30

What does the woman suggest?

女性は何を提案していますか?

(A) Arriving early.
(B) Taking snacks.
(C) Sitting close to the stage.
(D) Inviting some coworkers.

(A) 早く到着すること。
(B) 軽食を持っていくこと。
(C) ステージの近くに座ること。
(D) 同僚を何人か誘うこと。

正解 C 男性が2回目の発言でチケットを買っておくと言うと、女性は、Let's try to get seats near the stage. 「ステージ近くの席を取るようにしましょうよ」と提案し、「バンドを近くで見たいわ」とその理由を添えています。よって、to get seats near the stageをSitting close to the stage.と言い換えた(C)が正解です。
☹ (B) snack「軽食、おやつ」。
☹ (D) coworker「同僚」。

◀ Questions 31 and 32 refer to the following conversation.

問題 31 と 32 は次の会話に関するものです。

W Hello, I'm here to deliver a package. Are you Christopher Wilson?

こんにちは、小包をお届けに来ています。クリストファー・ウィルソンさんですか?

M Yes, that's me. Do I need to sign something?

はい、私です。何かにサインが必要ですか?

W Yes, please sign this receipt. Here's a pen you can use.

はい、この受領書にサインをお願いします。このペンをお使いいただけますよ。

語注 deliver ～を配達する／package 小包／sign ～にサインをする／receipt 受領書／Here's(＝Here is) ～. こちらは～です。★人に物を手渡すときの表現

133

Q 31

What does the woman ask the man about?

女性は何について男性に尋ねていますか?

(A) His address.
(B) His name.
(C) The date.
(D) The time.

(A) 彼の住所。
(B) 彼の名前。
(C) 日付。
(D) 時刻。

正解 **B** 女性は最初の発言で、男性にAre you Christopher Wilson?「クリストファー・ウィルソンさんですか」と尋ねています。よって正解は(B)です。

Q 32

What will the man do next?

男性は次に何をしますか?

(A) Call a company.
(B) Go to a store.
(C) Sign a paper.
(D) Mail a letter.

(A) 会社に電話をする。
(B) 店へ行く。
(C) 書類にサインする。
(D) 手紙を郵送する。

正解 **C** 自分宛ての小包を受け取る男性がDo I need to sign something?「何かにサインが必要ですか」と尋ねると、女性はYes, please sign this receipt.「はい、この受領書にサインをお願いします」と答えて、ペンを手渡しています。よって、男性は次に受領書にサインすると分かるので、receipt「受領書」をpaper「書類」と言い換えた(C)が正解です。
☹ (A) call「～に電話をする」。
☹ (D) mail「～を郵送する、～を投函する」。

🔊 Questions 33 and 34 refer to the following conversation and schedule.

問題 33 と 34 は次の会話と予定表に関するものです。

🇨🇦 M Hi, Ella. A few of us are going to Calligan's Restaurant after work. Would you like to join us?

やあ、エラ。仕事の後、何人かでカリガンズ・レストランへ行くんだ。一緒に行きたい？

🇺🇸 W Oh, I've heard they have some good dinner specials. But there's a television program on at eight o'clock that I want to watch.

まあ、その店にはおいしいディナーのお薦め品があるって聞いたわ。でも、8 時に見たいテレビ番組の放送があるの。

🇨🇦 M Well, we're meeting at six, so you'll be home by eight o'clock.

ああ、僕たちは 6 時に集まるから、君は 8 時までには家に着くよ。

Program Schedule	
6:00	*News and More*
7:00	*The Home Show*
8:00	*Ted's Music Show*
9:00	*Comedy Hour*

番組表	
6:00	「ニュースなど」
7:00	「ホーム・ショー」
8:00	「テッドのミュージック・ショー」
9:00	「コメディー・アワー」

語注 special お薦め品、サービスメニュー／ on 放送されて／ be home 家にいる

Q 33

135

What are the speakers discussing?

話し手たちは何について話していますか？

(A) Sharing a ride.
(B) Working extra hours.
(C) Buying some tickets.
(D) Going out to eat.

(A) 車の相乗り。
(B) 残業。
(C) チケットの購入。
(D) 外食。

正解 **D** 男性は最初の発言で、A few of us are going to Calligan's Restaurant after work.「仕事の後、何人かでカリガンズ・レストランへ行くんだ」と伝え、一緒に行くかと尋ねています。それに対して女性がその店の料理の話をしながらも、夜の予定などを述べると、男性は集まる時刻を述べて、店に行っても女性は予定に間に合うことを伝えています。よって、正解は(D)です。go out to eat「外食をする」。
😞 (A) share a ride は「相乗りをする」という意味で、同じ目的地まで車に一緒に乗って行くことを表します。
😞 (B) 仕事の後でレストランに行くと言っているだけで、残業については述べていません。extra「追加の」。

Q 34

Look at the schedule. Which program does the woman want to watch?

予定表を見てください。女性はどの番組を見たいのですか？

(A) *News and More.*
(B) *The Home Show.*
(C) *Ted's Music Show.*
(D) *Comedy Hour.*

(A) 「ニュースなど」。
(B) 「ホーム・ショー」。
(C) 「テッドのミュージック・ショー」。
(D) 「コメディー・アワー」。

正解 **C** 女性は there's a television program on at eight o'clock that I want to watch「8 時に見たいテレビ番組の放送がある」と言っています。番組表の8:00の欄には *Ted's Music Show* とあるので、正解は(C)です。
😞 (A) 「ニュースなど」の放送時刻である6:00は、男性たちが集まる時刻として述べられているだけです。

🔊 Questions 35 and 36 refer to the following conversation and directory.

🇬🇧 W Hello. Can you tell me where I can find hiking boots?

🇨🇦 M Sure, they're in the aisle with footwear. It's past the aisle with the tents.

🇬🇧 W OK, I'll look there. And I have this coupon for a twenty percent discount. Can I use it when I pay for the boots?

🇨🇦 M I'm afraid there's a problem. This coupon won't work. It expired last week.

問題 35 と 36 は次の会話と案内板に関するものです。

こんにちは。ハイキング用のブーツをどこで見つけられるか教えてもらえますか？

はい、履物のある通路にございます。テントのある通路を通り過ぎた所です。

分かりました、そこで見てみます。それから、私はこの20％割引券を持っています。ブーツの支払いをする際に使えますか？

あいにく、問題がございます。この割引券は有効ではありません。先週で期限が切れてしまいました。

Len's Camping Store	
Aisle 1	Tents
Aisle 2	Footwear
Aisle 3	Sleeping Bags
Aisle 4	Camp Stoves

Len のキャンプ用品店	
1番通路	テント
2番通路	履物
3番通路	寝袋
4番通路	キャンプ用こんろ

語注 directory 案内板／aisle 通路／footwear 履物、靴／past ～を通り過ぎて／pay for ～ ～の支払いをする／I'm afraid ～. あいにく～だ。／work 有効である／expire 期限が切れる　**図表** stove こんろ

Q 35

🔊 137

Look at the directory. Which aisle will the woman go to?

(A) Aisle 1.
(B) Aisle 2.
(C) Aisle 3.
(D) Aisle 4.

案内板を見てください。女性はどの通路へ行きますか？

(A) 1番通路。
(B) 2番通路。
(C) 3番通路。
(D) 4番通路。

正解 B 女性が最初の発言でハイキング用のブーツの場所を尋ねているのに対し、男性は、they're in the aisle with footwear「履物のある通路にございます」と答えています。案内板から、FootwearはAisle 2にあると分かるので、正解は(B)です。
☹ (A) テントのある通路は、履物の売り場の場所を伝えるために言及されただけです。

Q 36

What problem does the man mention?

(A) A coupon is not valid.
(B) A product is out of stock.
(C) Credit cards are not accepted.
(D) Delivery service is not available.

男性はどんな問題を述べていますか？

(A) 割引券が有効ではない。
(B) 製品が在庫切れである。
(C) クレジットカードが使えない。
(D) 配送サービスが利用できない。

正解 A 女性は2回目の発言で、自分が持っている20％割引券をブーツの支払いに使えるかと尋ねています。男性はこれに対して「問題がございます」と前置きし、This coupon won't work. It expired last week.「この割引券は有効ではありません。先週で期限が切れてしまいました」と述べているので、(A)が正解です。valid「有効な」。
☹ (B) 製品の在庫切れの話題は出ていません。out of stock「在庫切れで」。
☹ (C) クレジットカードの話題は出ていません。accept「～を受け付ける、～を受諾する」。
☹ (D) 配送サービスの話題は出ていません。available「利用できる、対応できる」。

◀)) Questions 37 and 38 refer to the following announcement.

🏴 W This Sunday is Fulver City's annual parade, starting at the usual time of nine A.M. The parade will follow a different route, though. This year, it will begin at City Hall and end at Ambrose Park. Afterward, there will be a concert at the park. Visit the Web site to see the lineup of musicians who will be playing.

問題 37 と 38 は次のアナウンスに関するものです。

今度の日曜日はフルバー市の年に1度のパレードで、通例通りの時刻の午前9時にスタートします。ですが、パレードは違う経路を取ります。今年は市役所から始まり、アンブローズ公園で終わります。その後、その公園でコンサートがあります。演奏するミュージシャンの顔ぶれを見るにはウェブサイトにアクセスしてください。

語注 annual 年1回の／usual 通例の／follow a route 経路を取る／though だが、しかし／City Hall 市役所、市庁舎／afterward その後／visit 〜（ウェブサイト）にアクセスする／lineup 顔ぶれ

140

Q 37
What will be different about this year's parade?

(A) The registration form.
(B) The route.
(C) The starting time.
(D) The name.

今年のパレードでは何が異なりますか？

(A) 登録用紙。
(B) 経路。
(C) スタート時刻。
(D) 名称。

正解 B 女性は1〜2行目で、毎年恒例のパレードが通例通りの時刻に始まることを伝えていますが、その後、The parade will follow a different route, though.「ですが、パレードは違う経路を取ります」と言い、続けて今年予定されている経路を説明しています。よって(B)が正解です。
☹ (A) 登録用紙については述べていません。
☹ (C) 2行目にパレードについて、starting at the usual time of nine A.M.「通例通りの時刻の午前9時にスタートします」とあります。
☹ (D) パレードの名称は述べていません。

Q 38
What can the listeners do on a Web site?

(A) Watch some videos.
(B) Read some instructions.
(C) See a list of musicians.
(D) View photographs of a park.

聞き手はウェブサイトで何をすることができますか？

(A) 動画を見る。
(B) 指示を読む。
(C) ミュージシャンの一覧を見る。
(D) 公園の写真を見る。

正解 C 女性は5〜6行目で、パレードの後にコンサートがあることを伝え、続けてVisit the Web site to see the lineup of musicians who will be playing.「演奏するミュージシャンの顔ぶれを見るにはウェブサイトにアクセスしてください」と述べているので、正解は(C)です。
☹ (A)(B) 動画や指示については述べていません。
☹ (D) 公園はコンサートが行われる場所として言及されていますが、公園の写真については述べていません。

🔊 Questions 39 and 40 refer to the following talk.

問題 39 と 40 は次の話に関するものです。

🇺🇸w OK, painting students. It's time for our lunch break. There's a cafeteria on the first floor of the community center. I can show you how to get there if you're not familiar with this building. After lunch, we'll go outside to paint trees and flowers. Don't worry about bringing supplies. I'll have everything you need.

では絵画制作の生徒の皆さん。お昼休みの時間です。このコミュニティー・センターの1階にカフェテリアがあります。この建物をよくご存じでなければ、私がそこへの行き方をお教えできます。昼食後、私たちは外に出て木や花の絵を描きます。用品の持参についてはご心配なく。皆さんが必要とするものは全て私が持ちます。

語注 It's time for ～. ～の時間です。／ lunch break 昼休み／ be familiar with ～ ～をよく知っている／ supplies〈複数形で〉用品、必需品

Q 39

Where is the speaker?

(A) In an art supply store.
(B) In a community center.
(C) In a museum.
(D) In a café.

話し手はどこにいますか？

(A) 美術用品店。
(B) コミュニティー・センター。
(C) 美術館。
(D) カフェ。

正解 B 話し手は1～2行目で昼休みになったことを告げ、昼食を取る場所について There's a cafeteria on the first floor of the community center.「このコミュニティー・センターの1階にカフェテリアがあります」と伝えています。続けて「この建物をよくご存じでなければ、私がそこへの行き方をお教えできます」と述べており、「この建物」はコミュニティー・センターを指すと分かるので、(B)が正解です。
☹(A) 絵を描くための用品には言及していますが、店にいるわけではありません。
☹(C) 美術館については述べていません。
☹(D) 場所を伝えるために言及している cafeteria は「カフェテリア（セルフサービスの食堂）」であり、café「カフェ」については話していません。

Q 40

What will the listeners do after lunch?

(A) Paint pictures.
(B) Purchase supplies.
(C) Go on a hike.
(D) Take a tour.

聞き手は昼食後に何をしますか？

(A) 絵を描く。
(B) 用品を購入する。
(C) ハイキングに行く。
(D) ツアーに参加する。

正解 A 話し手は5～6行目で、After lunch, we'll go outside to paint trees and flowers.「昼食後、私たちは外に出て木や花の絵を描きます」と言い、皆で一緒に写生に出掛けることを伝えています。よって(A)が正解です。
☹(B) 用品については、必要とするものは話し手が全て持つと述べています。
☹(C)(D)「外に出る」とは言っていますが、ハイキングやツアーの話はしていません。

143

🔊 Questions 41 and 42 refer to the following talk.

🇦🇺 M OK—we're almost ready to open the book fair. The displays look great. Let's put these signs on the tables to help shoppers find the books they're looking for.

問題 41 と 42 は次の話に関するものです。

さて、ブックフェア開催の準備はほぼ整いました。陳列はとても見栄えがいいですね。これらの表示をテーブルの上に置いて、買いに来る人たちが探している本を見つけやすくしましょう。

語注 almost　ほとんど／display　陳列、展示／sign　表示、看板／help ~ do　~が…するのを助ける／shopper　買物客／look for ~　~を探す

🔊 144

Q 41

What event are the listeners preparing for?

(A) A restaurant opening.
(B) A sports match.
(C) A theater performance.
(D) A book sale.

聞き手は何のイベントの準備をしていますか?

(A) レストランの開店祝い。
(B) スポーツの試合。
(C) 劇場公演。
(D) 本の販売。

正解 D 話し手は冒頭で we're almost ready to open the book fair「ブックフェア開催の準備はほぼ整いました」と述べています。さらに 2～4 行目では Let's put these signs on the tables to help shoppers find the books they're looking for.「これらの表示をテーブルの上に置いて、買いに来る人たちが探している本を見つけやすくしましょう」と言っているので、本の販売イベントの準備をしていると分かります。よって、それを A book sale.「本の販売」と表した(D)が正解です。
😕 (A) opening「開店祝い」。
😕 (B) match「試合」。
😕 (C) theater「劇場」。performance「公演」。

Q 42

What will the listeners most likely do next?

(A) Play some music.
(B) Move some tables.
(C) Put up some signs.
(D) Open some doors.

聞き手は次に何をすると考えられますか?

(A) 音楽を演奏する。
(B) テーブルを移動する。
(C) 表示を立てる。
(D) ドアを開ける。

正解 C 2 行目以降で話し手は聞き手に向かって、Let's put these signs on the tables「これらの表示をテーブルの上に置こう」と言っています。put these signs on the tables を Put up some signs.「表示を立てる」と言い換えた(C)が正解です。put up ~「~を立てる、~を掲げる」。
😕 (B) 表示をテーブルに置くことに言及していますが、テーブルの移動については述べていません。
😕 (D) open the book fair「ブックフェアを開催する」と述べているだけで、ドアを開ける話はしていません。

◀)) Questions 43 and 44 refer to the following announcement.

🇬🇧 w My name's Theresa Cutler, and I'm one of the rangers here at the state park. This storytelling event is held every Saturday night, and it always attracts a big crowd. Please turn off all electronic devices, including mobile phones. Thank you!

問題 43 と 44 は次のアナウンスに関するものです。

私はテレサ・カトラーと申しまして、こちらの州立公園の森林監視員の1人です。物語を話すこのイベントは毎週土曜の夜に開催され、いつもたいへん多くの方にお集まりいただいています。携帯電話を含む、全ての電子端末の電源をお切りください。よろしくお願いします!

語注 ranger 森林監視員／ state 州の、国の／ storytelling 物語を話すという／ attract ～を引き寄せる、～を引き付ける／ crowd 多数の人、群衆／ turn off ～ ～(電源など)を切る／ electronic 電子の／ device 端末／ including ～を含めて

Q 43

Who most likely are the listeners?

(A) Authors.
(B) Performers.
(C) Park visitors.
(D) Research assistants.

聞き手は誰だと考えられますか?

(A) 作家。
(B) 演奏家。
(C) 公園の来場者。
(D) 研究助手。

正解 C 話し手は1～2行目で、I'm one of the rangers here at the state park「こちらの州立公園の森林監視員の1人です」と自己紹介をし、公園でのイベントの内容と注意点を説明しています。よって正解は(C)です。
☹ (A)(B)(D) いずれについても触れていません。

Q 44

What are the listeners asked to do?

(A) Submit story ideas.
(B) Turn off mobile phones.
(C) Carry some equipment.
(D) Invite friends to an event.

聞き手は何をするよう頼まれていますか?

(A) 物語の案を提出する。
(B) 携帯電話の電源を切る。
(C) 器材を運ぶ。
(D) イベントに友人を誘う。

正解 B 話し手は5～6行目で、Please turn off all electronic devices, including mobile phones.「携帯電話を含む、全ての電子端末の電源をお切りください」と聞き手に頼んでいるので、(B)が正解です。
☹ (A) 物語を話すイベントですが、物語の案の提出については述べていません。submit「～を提出する、～を投稿する」。
☹ (D) イベントの説明はしていますが、友人の招待については述べていません。invite ～ to …「～を…へ誘う」。

Listening | Part 4

実践テスト1

🔊) Questions 45 and 46 refer to the following talk.

🍁 M Before we end today, I want to remind you about the final project for this course. The assignment is to build a robot that can perform a task. You can work on this project in small groups. I'm going to hand out these information sheets with more details.

問題 45 と 46 は次の話に関するものです。

本日終了する前に、私はこの課程の最後の研究課題を皆さんに思い出させたいと思います。課題は、作業を遂行できるロボットを組み立てることです。皆さんは、少人数のグループでこの研究課題に取り組むといいでしょう。さらなる詳細が書かれたこの情報シートを配布します。

語注 | remind ~ about … ~に…を思い出させる／project 研究課題／assignment 課題、割り当てられた仕事／perform ~を遂行する／work on ~ ~に取り組む／hand out ~ ~を配布する／details 〈複数形で〉詳細

Q 45

148

What is the speaker discussing?

(A) A celebration.
(B) A job opportunity.
(C) A class project.
(D) A conference presentation.

話し手は何を話題にしていますか?

(A) 祝賀会。
(B) 就職の機会。
(C) 授業の研究課題。
(D) 協議会のプレゼンテーション。

正解 C 話し手は最初に、I want to remind you about the final project for this course「私はこの課程の最後の研究課題を皆さんに思い出させたい」と述べています。続けて、課題の概要と取り組み方などを説明しています。よってthe final project for this courseをA class project.と言い換えた(C)が正解です。
😞 (A)(B)(D) celebration「祝賀会」、job opportunity「就職の機会」、presentation「プレゼンテーション」については述べていません。

Q 46

What is the speaker going to do?

(A) Hand out some papers.
(B) Demonstrate a product.
(C) Introduce a guest speaker.
(D) Join a group.

話し手は何をしようとしていますか?

(A) 書類を配布する。
(B) 製品を実演する。
(C) ゲスト講演者を紹介する。
(D) グループに参加する。

正解 A 話し手は最後に、I'm going to hand out these information sheets with more details.「さらなる詳細が書かれたこの情報シートを配布します」と述べています。よって、information sheetsをsome papersと言い換えた(A)が正解です。
😞 (B) demonstrate「~(製品の使い方など)を実演してみせる」。
😞 (D) 「少人数のグループでこの研究課題に取り組むとよい」とは述べていますが、話し手自身がグループに参加するとは言っていません。

◀)) Questions 47 and 48 refer to the following telephone message and schedule.

🇺🇸 w Hi, Joe. This is Erica. I know you're interested in taking a workshop at the garden center. You can see the schedule on their Web site. I'm planning to go to the one about vegetable gardens. If you want to go to that one, I'd be happy to drive you there.

問題 47 と 48 は次の電話のメッセージと日程表に関するものです。

こんにちは、ジョー。エリカよ。あなたは園芸用品店での研修会を受講することに興味があるわよね。日程表はウェブサイトで見られるわ。私は菜園についてのものへ行くつもり。もし、あなたがその研修会に行きたければ、喜んであなたをそこまで車に乗せていくわ。

Workshop Schedule	
June 1	Garden basics
June 8	Growing fruit trees
June 15	Caring for roses
June 22	Planting vegetable gardens

研修会の日程表	
6月1日	ガーデニングの基礎
6月8日	果樹を育てる
6月15日	バラを手入れする
6月22日	菜園を作る

語注 be interested in *doing* ～することに興味がある／ workshop 研修会／ plan to *do* ～するつもりだ／ be happy to *do* 喜んで～する 図表 care for ～ ～の世話をする／ plant a vegetable garden 菜園を作る

Q 47

⚡ 150

Look at the schedule. When will the speaker attend a workshop?

(A) On June 1.
(B) On June 8.
(C) On June 15.
(D) On June 22.

日程表を見てください。話し手はいつ研修会に参加しますか?

(A) 6月1日。
(B) 6月8日。
(C) 6月15日。
(D) 6月22日。

正解 D 話し手は園芸用品店での研修会について、4～5行目でI'm planning to go to the one about vegetable gardens.「私は菜園についてのものへ行くつもり」と述べています。日程表を見るとPlanting vegetable gardensという項目の日付はJune 22とあるので、(D)が正解だと分かります。
☹ (A) 研修会が行われる場所をthe garden centerと言っているだけで、Garden basicsについては述べていません。

Q 48

What does the speaker offer to give the listener?

(A) A ride.
(B) An address.
(C) Some vegetables.
(D) Some instructions.

話し手は、聞き手に何を提供すると申し出ていますか?

(A) 車に乗せていくこと。
(B) 住所。
(C) 野菜。
(D) 説明。

正解 A 話し手は菜園についての研修会に行くことを伝えた後、5～6行目でIf you want to go to that one, I'd be happy to drive you there.「もし、あなたがその研修会に行きたければ、喜んであなたをそこまで車に乗せていく」と申し出ています。よって正解は(A)です。ride「車に乗せていくこと」。
☹ (C) 話し手はvegetable gardens「菜園」についての研修会に行くと言っているだけで、野菜をあげるとは述べていません。

🔊 Questions 49 and 50 refer to the following announcement and program.

🍁 M I'm Timothy Martin, and I've enjoyed teaching your children this year. They're excited to show you their dances! There's just one change. Jessica Marley is unable to perform tonight, so Carolyn Klein will be the featured dancer for the third dance.

問題 49 と 50 は次のお知らせとプログラムに関するものです。

ティモシー・マーティンです。今年、皆さんのお子さまを楽しく指導しました。彼らは、皆さんにダンスを披露することにわくわくしています! 1つだけ変更があります。ジェシカ・マーリーは今夜演じることができないため、キャロリン・クラインが3番目のダンスの主演ダンサーとなります。

McFarland Dance School
Special Performances
May 21

Featured Dancers
1. "Flower Song"
   Jan Ryland

2. "Rain Catcher"
   Charles Hill and Inara Patel

3. "Power"
   Hayato Kubo and Jessica Marley

4. "Moving"
   Kiara Wells

マクファーランド・ダンススクール
特別公演
5月21日

主演ダンサー
1.「フラワー・ソング」
   ジャン・ライランド
2.「レイン・キャッチャー」
   チャールズ・ヒルとイナラ・パテル
3.「パワー」
   ハヤト・クボとジェシカ・マーリー
4.「ムービング」
   キアラ・ウェルズ

語注　change　変更／be unable to *do*　〜することができない／perform　演じる／featured　主演の、主役の

Q 49
152

Who is the speaker most likely talking to?

話し手は誰に話していると考えられますか?

(A) A group of parents.
(B) A class of students.
(C) Former teachers.
(D) New employees.

（A）親たちの集まり。
（B）ひとクラスの生徒たち。
（C）前任の先生たち。
（D）新しい従業員たち。

正解　**A**　話し手は1〜2行目で、I've enjoyed teaching your children this year「今年、皆さんのお子さまを楽しく指導しました」と言っているので、正解は(A)です。
☹(B)　話し手は「皆さんのお子さまを楽しく指導しました」と述べており、生徒たち自身に話しているのではありません。
☹(C)　former「前任の、元の」。

Q 50

Look at the program. Which performance will feature Carolyn Klein?

プログラムを見てください。どの演技でキャロリン・クラインは主演しますか?

(A) "Flower Song."
(B) "Rain Catcher."
(C) "Power."
(D) "Moving."

（A）「フラワー・ソング」。
（B）「レイン・キャッチャー」。
（C）「パワー」。
（D）「ムービング」。

正解　**C**　話し手は3行目以降でプログラムの変更としてジェシカ・マーリーが出演できないことを伝え、5〜6行目でso Carolyn Klein will be the featured dancer for the third dance「そのためキャロリン・クラインが3番目のダンスの主演ダンサーとなります」と述べています。プログラムを見ると、3番目のダンスは"Power"と分かるので、(C)が正解です。また、プログラムに"Power"の主演の1人としてJessica Marleyの名があることも確認できます。

PART | 1

Q 51

Mr. Garcia helped Samuel prepare for _____ interview.

(A) him
(B) his
(C) he
(D) himself

ガルシアさんは、サミュエルが彼の面接の準備をするのを手伝いました。

(A) 彼を
(B) 彼の
(C) 彼は
(D) 彼自身

正解	**B**

空所の前には前置詞forがあり、前置詞には名詞もしくは名詞句が続きます。空所の後ろのinterviewは名詞の「面接」と考えられ、それを修飾する人称代名詞の所有格の(B)が適切です。hisはSamuel'sを表します。help ~ do「~が…するのを手伝う」。prepare for ~「~の準備をする」。
☹ (A) 人称代名詞の目的格。 ☹ (C) 人称代名詞の主格。 ☹ (D) 再帰代名詞。

Q 52

Davis Computers _____ the new laptops to our office on Tuesday.

(A) worked
(B) listened
(C) sent
(D) put

デイビス・コンピューターズ社は、火曜日に私たちのオフィスへ新しいノートパソコンを発送しました。

(A) ~を動かした
(B) 聞いた
(C) ~を送った
(D) ~を置いた

正解	**C**

選択肢は全て動詞の過去形と考えられ、主語のDavis Computersを受ける述語動詞を選びます。空所の後ろに目的語となる名詞句のthe new laptops「新しいノートパソコン」があり、さらにto our office「私たちのオフィスへ」と到着点を示す語句が続いているので、send ~ to …で「~を…に送る」となる(C)が適切です。
☹ (A) workに目的語を続けると「~を動かす」を意味します。文の意味が通りません。
☹ (B) 動詞listen「聞く」の過去形・過去分詞。
☹ (D) 動詞put「~を置く」の現在形・過去形・過去分詞。

Q 53

Fernando is practicing for the _____ he will be giving in class next week.

(A) presented
(B) presenting
(C) presentation
(D) presenter

フェルナンドは、来週の授業で行うことになっている発表の練習をしています。

(A) ~を発表した
(B) 発表している
(C) 発表
(D) 講演者

正解	**C**

practice for ~は「~のために練習する」。前置詞forには名詞もしくは名詞句が続きます。空所の前後に〈主語＋動詞〉の形があり、接続詞はありません。よって、後半のhe以降は空所に入る名詞を説明しており、関係代名詞が省略されていると判断できます。後半の動詞giveの目的語に相当し、give a presentationで「発表を行う」という意味になる(C)が適切です。
☹ (A) 動詞present「~を発表する」の過去形・過去分詞。過去分詞はtheに続くことがありますが、後ろに修飾される名詞が必要です。
☹ (B) 動詞の現在分詞または動名詞。現在分詞はtheに続くことがありますが、後ろに修飾される名詞が必要です。
☹ (D) 名詞ですが、文の意味が通りません。

Q 54

The dancers wore _____ costumes during the show.

(A) careful
(B) kind
(C) nervous
(D) colorful

ダンサーたちはショーの間、色鮮やかな衣装を着ていました。

(A) 注意深い
(B) 親切な
(C) 緊張した
(D) **色鮮やかな**

> | 正解 **D** | 選択肢は全て形容詞なので、空所に入れて文の意味が通る語が入ります。wear「〜を着ている」の過去形であるwore の目的語のcostumes「衣装」を修飾して意味の通る(D)が適切です。

Q 55

Tomorrow, the mayor _____ plans for a new bicycle path in Bridgetown.

(A) will announce
(B) announced
(C) announcing
(D) announce

明日、市長はブリッジタウンの新しい自転車専用道路の計画を発表する予定です。

(A) **〜を発表する予定だ**
(B) 〜を発表した
(C) 〜を発表している
(D) 〜を発表する

> | 正解 **A** | 選択肢は全て動詞announce「〜を発表する」の変化形です。主語はthe mayorであり、空所には述語動詞が必要です。文頭にあるTomorrowは未来を表す副詞なので、文の述語動詞には未来を表す助動詞willを含む(A)が適切です。mayor「市長」。path「道」。
> ☹ (B) 動詞の過去形・過去分詞。
> ☹ (C) 動詞の現在分詞または動名詞。単独で文の述語動詞にはなりません。
> ☹ (D) 動詞の原形。変更のない予定は現在形で表せますが、主語が三人称・単数なので現在形はannouncesとなります。

Q 56

The _____ of the contest winners are Stephanie Reynolds and Misaki Kato.

(A) names
(B) lists
(C) decisions
(D) lessons

コンテストの勝者の名前は、ステファニー・レノルズとミサキ・カトウです。

(A) **名前**
(B) 一覧表
(C) 決定
(D) レッスン

> | 正解 **A** | 主語は文頭からwinnersまで、述語動詞はare、続く2つの人名は補語という役割です。補語は主語とイコールの関係になるので、Stephanie Reynolds and Misaki Katoとイコールの関係を作る(A)が適切です。
> ☹ (B)(C)(D) いずれも補語とイコールの関係にはなりません。

Q 57

The Lawrence Hotel is _____ located in the city center.

(A) convenient
(B) conveniently
(C) convenience
(D) conveniences

ローレンス・ホテルは、町の中心に利便性よく位置しています。

（A）便利な
（B）利便性よく
（C）利便性
（D）便利な設備

| 正解 | **B** | 主語はThe Lawrence Hotelで、述語動詞は受動態のis locatedです。空所には、動詞を修飾できる副詞が入るので、(B)が適切です。 |

☹ (A) 形容詞。動詞を修飾できません。
☹ (C)(D) いずれも名詞です。be動詞には続きますが、動詞を修飾できません。

Q 58

_____ it rains tomorrow, the party will be held inside.

(A) Then
(B) Also
(C) So
(D) If

もし明日雨が降ったら、パーティーは屋内で開催されます。

（A）それから
（B）同様に
（C）なので
（D）もし

| 正解 | **D** | カンマの前後ともに〈主語＋動詞〉の形があるので、空所には接続詞の働きをする語が入ります。カンマの前は「明日雨が降る」、後ろは「パーティーは屋内で開催される」なので、仮定を表す接続詞の(D)が適切です。 |

☹ (A)(B) 主に副詞として使われます。
☹ (C) so (that) ～で「～するように」という意味を表す接続詞となりますが、文頭では用いられません。

Q 59

Tom's sister is two years _____ than he is.

(A) young
(B) younger
(C) as young
(D) youngest

トムの妹は彼より2歳年下です。

（A）若い
（B）より若い
（C）同様に若い
（D）最も若い

| 正解 | **B** | 空所の直後にあるthanは比較級とともに使われ、「～より」という意味を表します。よって、形容詞young「若い」の比較級である(B)が適切です。two years younger than ～「～より2歳若い」。 |

☹ (A) 形容詞の原級。
☹ (C) 〈as＋原級＋as ～〉で「～と同じぐらい…だ」を表します。
☹ (D) 最上級は通常〈the＋最上級＋of/in/among ～〉の形を取り、「～の中で最も…」という意味になります。

Q 60

Contact Ron Daly with any questions _____ the Web design course.

(A) about
(B) up
(C) beside
(D) below

ウェブデザイン課程についての質問は何でも、ロン・ダリーに連絡してください。

（A）〜についての
（B）〜の上へ
（C）〜のそばに
（D）〜より下に

| 正解 | A |
空所の後ろにはthe Web design courseという名詞句が続いているので、前置詞の働きを持つ語が入ります。questionsとthe Web design courseをつなげて「ウェブデザイン課程についての質問」となる(A)が適切です。contact「〜に連絡する」。with「〜に関して」。
☹ (B)(C)(D) いずれも前置詞の働きを持つ語ですが、文の意味が通りません。

Q 61

After playing their last song, the members of The Emojos _____ left the stage.

(A) hurry
(B) hurries
(C) hurriedly
(D) hurried

最後の曲を演奏した後、エモジョスのメンバーたちは急いでステージを去りました。

（A）急ぐ
（B）急ぐ
（C）急いで
（D）急いだ

| 正解 | C |
主語はthe members of The Emojos、述語動詞はleave「〜を去る」の過去形leftです。動詞の前に置いてそれを修飾できるのは副詞なので、(C)が適切です。
☹ (A) 動詞hurry「急ぐ」の原形。空所の後ろに述語動詞leftがあるので、動詞は不適切です。
☹ (B) 動詞の三人称・単数・現在形。
☹ (D) 動詞の過去形・過去分詞。

Q 62

_____ meeting in the conference room, the leadership team will meet in the cafeteria.

(A) Completely
(B) Some
(C) So that
(D) Instead of

会議室で会合をする代わりに、経営陣はカフェテリアで会合をする予定です。

（A）完全に
（B）幾つかの
（C）〜するように
（D）〜の代わりに

| 正解 | D |
空所を含むカンマの前は「会議室で会合をする」、カンマの後ろは「カフェテリアで会合をする予定だ」と異なることを述べているので、instead of 〜「〜する代わりに」を空所に入れると意味が通ります。よって、(D)が適切です。meet「会合する」。
☹ (A) 副詞。意味が通りません。
☹ (B) 形容詞、代名詞、副詞の働きを持ちます。形容詞は名詞meetingの前に置けますが、接続表現がないので不適切です。
☹ (C) 接続詞の働きをするso thatには〈主語＋動詞〉の形が続きますが、カンマの前はその形になっていません。

Q 63

Seaside Market sells _____ prepared sandwiches and salads.

(A) hardly
(B) freshly
(C) deeply
(D) brightly

シーサイド・マーケットは、作りたてのサンドイッチとサラダを売っています。

(A) ほとんど〜ない
(B) 新たに
(C) 深く
(D) 明るく

正解	B

主語は Seaside Market、述語動詞は sells です。空所から文末までの _____ prepared sandwiches and salads は目的語であり、シーサイド・マーケットが売っているものを表します。この prepared は形容詞で「調理済みの」。この形容詞を修飾する副詞として意味が通る(B)が適切です。freshly prepared 〜 は「作りたての〜、作ったばかりの〜」という意味になります。

Q 64

The teacher _____ Naomi to answer a question.

(A) called on
(B) found out
(C) handed in
(D) added up

先生はナオミに、問題に答えるように求めました。

（A）〜に求めた
（B）〜を見つけた
（C）〜を渡した
（D）〜を合計した

正解	A

主語の The teacher を受ける述語動詞として適切なものが入ります。to answer a question は「問題に答えるように」なので、文意に合う(A)が適切です。call on 〜「〜に求める」。
😕 (B)(C)(D) いずれも文の意味が通りません。

Q 65

Exercise can be an _____ way to reduce stress.

(A) effect
(B) effectively
(C) effects
(D) effective

運動はストレスを減らす効果的な方法になり得ます。

（A）効果
（B）効果的に
（C）効果
（D）効果的な

正解	D

選択肢は全て effect の派生語です。空所の前に冠詞の an、空所の後ろに名詞の way「方法」があるので、way を修飾できる語が空所に入ります。よって形容詞の(D)が適切です。reduce「〜を減らす」。
😕 (A) 名詞で「効果」、または動詞で「〜（結果など）をもたらす」。名詞の way を修飾できません。
😕 (B) 副詞。名詞の way を修飾できません。
😕 (C) 名詞の複数形、もしくは動詞の三人称・単数・現在形。名詞の way を修飾できません。

Questions 66-68 refer to the following text message.

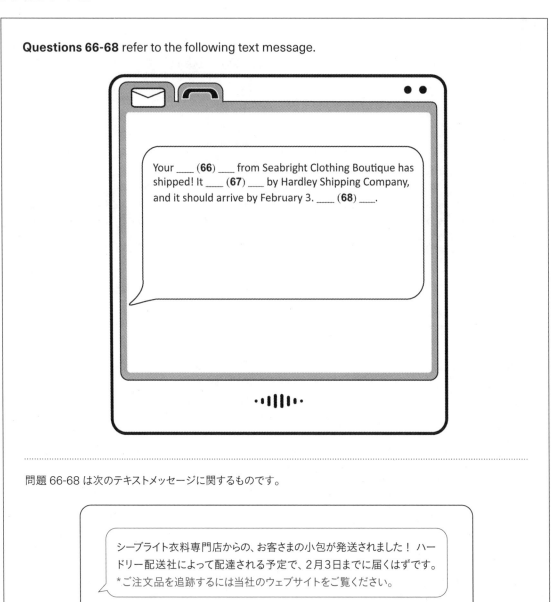

Your ____ (66) ____ from Seabright Clothing Boutique has shipped! It ____ (67) ____ by Hardley Shipping Company, and it should arrive by February 3. ____ (68) ____.

- -

問題 66-68 は次のテキストメッセージに関するものです。

シーブライト衣料専門店からの、お客さまの小包が発送されました！ ハードリー配送社によって配達される予定で、2月3日までに届くはずです。
*ご注文品を追跡するには当社のウェブサイトをご覧ください。

* 問題 68 の挿入文の訳。

語注 clothing 衣料／boutique 専門店／ship 発送される／should ～するはずだ／by ～ ～までに

Q 66

(A) store
(B) question
(C) number
(D) package

（A）店
（B）質問
（C）数
（D）小包

正解	**D**

空所を含む文の主語はYour _____ であり、fromからBoutiqueまでは主語を修飾しています。述語動詞はhas shippedです。shipの後ろに目的語がないので、このshipは「（品物が）発送される」という意味であり、空所にはその主語として意味が通る(D)が適切です。

☹ (A)(B)(C) いずれも名詞ですが、述語動詞has shippedの主語として意味が通りません。

Q 67

(A) will be delivered
(B) was delivered
(C) delivers
(D) delivering

（A）**配達される予定だ**
（B）配達された
（C）～を配達する
（D）～を配達している

正解	**A**

空所を含む文では2つの節を接続詞andがつないでおり、空所には、カンマまでの部分の述語動詞が入ります。主語のItは小包を指し、空所の後ろのby Hardley Shipping Company「ハードリー配送社によって」は、小包を配達する動作主を述べています。よって、受動態を使って未来のことを表した(A)が適切です。

☹ (B) 受動態が使われていますが、空所を含む文の後半から小包はまだ届いていないことが分かるので、過去形は不適切です。

☹ (C) 動詞deliver「～を配達する」の三人称・単数・現在形。能動態では意味が通りません。

☹ (D) 現在分詞もしくは動名詞。単独で述語動詞にはなりません。

Q 68

(A) That will probably happen in March.
(B) The sale ends on Monday.
(C) Visit our Web site to track your order.
(D) Call 555-0152 for a reservation.

（A）それはおそらく3月に起こるでしょう。
（B）セールは月曜日に終わります。
（C）ご注文品を追跡するには当社のウェブサイトをご覧ください。
（D）ご予約は 555-0152 にお電話ください。

正解	**C**

このメッセージでは、小包は発送済みであることや、配送会社の名前、到着期日など、一貫して小包の配送に関する情報を伝えています。そのメッセージの最終文として適切なのは、package「小包」をyour order「お客さまの注文品」と言い換えて配送品の追跡方法を伝えている(C)です。track「～を追跡する」。

☹ (A) Thatがpackageを指すとしても、happen in March「3月に起こる」の内容が不明です。

☹ (B) sale「セール、特売」は話題に出ていません。

☹ (D) 電話番号が発送元または配送会社の番号だとしても、予約を求める内容はそれまでの流れとかみ合いません。

Questions 69-71 refer to the following notice.

★ ★ ★ ★ ★ ★ ★ ★ ★ ★ ★ ★ ★ ★ ★

From May 1 to May 5, track maintenance work will be performed ___ (**69**) ___ the red line. Trains will be running less frequently. ___ (**70**) ___ will not be made at the Brook Street or Thompson Road stations. Your patience is ___ (**71**) ___ appreciated.

★ ★ ★ ★ ★ ★ ★ ★ ★ ★ ★ ★ ★ ★ ★

問題 69-71 は次のお知らせに関するものです。

5月1日から5月5日まで、レッド線で保線工事が行われる予定です。列車は本数を減らして運行されます。ブルック・ストリート駅とトンプソン・ロード駅には停車しません。ご辛抱に心より感謝いたします。

語注 track maintenance work 保線工事／line 路線／less より少なく／frequently 頻繁に／not 〜A or B AもBも〜でない／patience 辛抱／appreciate 〜に感謝する

Q 69

(A) during
(B) on
(C) above
(D) at

(A) 〜の間
(B) 〜で
(C) 〜の上方に
(D) 〜で

> 正解 **B** この文書は保線工事のお知らせです。空所を含む文の主語はtrack maintenance work「保線工事」で、述語動詞はwill be performed「行われる予定だ」です。空所に続くthe red lineは工事が行われる路線を示していると判断できます。よって、「レッド線で」と線上の場所を表す(B)が適切です。
> ☹ (A)　「特定の期間」を指す前置詞なので不適切です。
> ☹ (C)　垂直方向に高い位置にあることを示す前置詞なので不適切です。
> ☹ (D)　ある1点を指す前置詞なので、line「路線」の前置詞として不適切です。

Q 70

(A) Meals
(B) Names
(C) Stops
(D) Meetings

(A) 食事
(B) 名称
(C) 停車
(D) 会合

> 正解 **C** 空所には、述語動詞のwill not be madeに対応する主語が入ります。空所を含む文では、madeの後ろに場所を表す前置詞atと2つの駅名が続いているので、お知らせの内容から、この文はmake stops「(複数駅に)停車する」を受動態の否定文にしたものだと判断できます。よって(C)が適切です。
> ☹ (A)(B)(D)　お知らせは保線工事に関するものなので、食事や名称、会合の話題は流れに合いません。

Q 71

(A) greatly
(B) great
(C) greatest
(D) greatness

(A) 大いに
(B) 偉大な
(C) 最も偉大な
(D) 偉大さ

> 正解 **A** 選択肢は全てgreatの派生語です。空所を含む文の主語はYour patienceで、述語動詞はis appreciated「感謝される」です。動詞の前に置いてそれを修飾できるのは副詞なので、(A)が適切です。〜 is greatly appreciatedは「〜に心より感謝する」という意味の慣用的な表現です。
> ☹ (B)　形容詞の原級。
> ☹ (C)　形容詞の最上級。
> ☹ (D)　名詞。

Questions 72-74 refer to the following e-mail.

To:	Mayda Flores
From:	Antonia Roebling
Date:	15 June
Subject:	Conference

Dear Mayda,

I would like to ___ (72) ___ you to the upcoming Women's Leadership Conference. The conference will include many wonderful ___ (73) ___. I have tickets available for you and a guest. ___ (74) ___.

Best regards,
Antonia

問題 72-74 は次の E メールに関するものです。

宛　先:	メイダ・フローレス
送信元:	アントニア・ローブリング
日　付:	6月15日
件　名:	会議

メイダへ

来る「女性リーダーシップ会議」にあなたをお招きしたいと思います。会議には大勢の素晴らしい講演者がいらっしゃいます。あなたとゲストお1人分のチケットをご用意しています。*あなたが出席できるかどうかをお知らせください。

敬具
アントニア

* 問題 74 の挿入文の訳。

語注　conference　（大規模な）会議、協議会／ upcoming　来る、次回の／ include　〜を含む／ available　利用できる／ Best regards,　敬具

Q 72

(A) cancel
(B) hire
(C) discuss
(D) invite

（A）～を取り消す
（B）～を雇う
（C）～について話し合う
（D）～を招く

| 正解 | D |

would like to *do* は「～したい」を表し、この形に続く動詞の原形を選びます。空所の後ろにはyouと、さらに前置詞toと催しを示す語句が続いているので、invite you to ～で「あなたを～に招く」という意味になる(D)が適切です。

😞 (A)(B)(C) いずれも目的語のyouやto以降の前置詞句と意味がつながりません。

Q 73

(A) speaks
(B) speak
(C) speakers
(D) speaking

（A）話す
（B）話す
（C）講演者
（D）演説

| 正解 | C |

空所には、形容詞のmanyとwonderfulに修飾され、動詞includeの目的語となる名詞が入ります。manyに修飾されるので複数形の名詞であり、意味も通る(C)が適切です。

😞 (A) 動詞speakの三人称・単数・現在形。
😞 (B) 動詞の原形。
😞 (D) 名詞で「演説」、または形容詞で「会話の」。名詞と考えても、manyの後ろに単数形は不適切です。

Q 74

(A) Our conversation was very interesting.
(B) Please let me know if you are able to attend.
(C) The restaurant is closed for a private event.
(D) We will announce the winners next week.

（A）私たちの会話はとても興味深かったです。
（B）あなたが出席できるかどうかをお知らせください。
（C）そのレストランは私的な行事のために閉まっています。
（D）私たちは来週、勝者を発表します。

| 正解 | B |

メイダさんを会議へ招いている送信者は、空所の前文で、I have tickets available for you and a guest.「あなたとゲストお1人分のチケットをご用意しています」と述べています。招待のEメールにおいてこの文に続く内容としては、(B)が適切です。

😞 (A) Our conversation が何を指すのか不明です。
😞 (C) レストランについての話題は出ていません。
😞 (D) 勝者に関する話題は出ていません。

Questions 75-77 refer to the following notice.

Eagleville Art Museum

Please join us this Friday at the Eagleville Art Museum for
___ (75) ___ annual "Art After Dark" event. ___ (76) ___ .
Snacks and beverages will be available free of charge in
the ___ (77) ___ gallery.

問題 75-77 は次のお知らせに関するものです。

イーグルビル美術館

今週の金曜日にイーグルビル美術館にて、当館の年に1度の「夕暮れ後のアート」イベントにぜひご参加ください。＊美術館は午後11時まで開館いたします。軽食と飲み物が、メインギャラリー内で無料でご利用いただけます。

＊問題 76 の挿入文の訳。

語注 art museum　美術館／annual　年1回の／snack　軽食／beverage　飲み物／available　利用できる／free of charge　無料で

Q 75

(A) her
(B) our
(C) which
(D) whose

(A) 彼女の
(B) 私たちの
(C) 〜するところの
(D) その人の

正解 **B**　空所の後ろにはannual "Art After Dark" event「年に1度の『夕暮れ後のアート』イベント」という名詞句が続いているので、空所にはそれを修飾できる語が入ります。「私たちの」あるいは「当館の」という意味になる(B)が適切です。
😞(A) 誰を指しているのかが不明です。
😞(C)(D) 空所以降が〈主語＋動詞〉の形ではないので、関係代名詞または疑問詞は不適切です。

Q 76

(A) On Monday, a visiting artist gave a talk.
(B) There are some art classes in the morning.
(C) Several beautiful paintings were on display.
(D) The museum will be open until 11:00 P.M.

(A) 月曜日にゲストの芸術家が講演をしました。
(B) 午前中に美術の講座が幾つかあります。
(C) 何点かの美しい絵画が展示されていました。
(D) 美術館は午後11時まで開館いたします。

正解 **D**　このお知らせでは、1文目でイベントの開催日(this Friday)、場所(at the Eagleville Art Museum)、名称(Art After Dark)が述べられています。また、空所の次の文ではイベントの際の飲食物の提供について述べられています。従って、ここにイベントに関する追加の情報が入れば流れに合います。この日に何時まで開館しているかを述べている (D)が適切です。until「〜まで」。
😞(A)(C) これから行われるイベントの告知に過去形の文は不適切です。
😞(B) 夜に行われるイベントの告知において午前の講義について述べるのは不自然なので不適切です。

Q 77

(A) main
(B) fair
(C) average
(D) different

(A) メインの
(B) 公平な
(C) 平均の
(D) 別の

正解 **A**　選択肢は全て形容詞です。軽食や飲み物を利用できる場所であるgallery「ギャラリー」を適切に修飾する(A)が正解です。
😞(D) この文より前にgalleryのことは述べられていないので、different gallery「別のギャラリー」とするのは不適切です。

Questions 78-80 refer to the following memo.

To: Lab staff
Date: January 22

This information is for all staff who work in the chemistry laboratory ____ **(78)** ____ Felston Hall. To enter the lab, you ____ **(79)** ____ to wear safety glasses and gloves. ____ **(80)** ____ who is not wearing these items will not be allowed in the lab.

問題 78-80 は次の連絡メモに関するものです。

研究室スタッフ各位
1月22日

このお知らせは、フェルストン・ホール内の化学研究室で働く全てのスタッフを対象としています。研究室に入るには、安全眼鏡および安全手袋を着用する必要があります。これらの物を身に着けていない人はどなたも、研究室への立ち入りを許可されません。

語注 lab　研究室　★laboratoryの略式表現／chemistry　化学／safety glasses　安全眼鏡／safety gloves　安全手袋／allow ～ in …　～が…に入ることを許す

Q 78

(A) for
(B) in
(C) among
(D) onto

（A）〜のための
（B）〜の中の
（C）〜の間の
（D）〜の上へ

| 正解 | B |

hallは「会館、大学などの校舎」を表す語です。Felston Hallという建物の名称の前に置かれる前置詞で、空所の前のchemistry laboratory「化学研究室」とつなげて意味が通るのは(B)です。
☹ (C) amongは通例「〜(3つ以上のもの)の間の」を表すので不適切です。

Q 79

(A) to require
(B) requiring
(C) are required
(D) will require

（A）〜を必要とするために
（B）〜を必要としている
（C）〜が必要とされる
（D）〜を必要とするだろう

| 正解 | C |

カンマの前でTo enter the lab「研究室に入るには」と目的が示され、空所の直後にはto wear safety glasses and gloves「安全眼鏡および安全手袋を着用すること」と続きます。主語はyouなので、be required to doで「〜することが必要とされる」となる受動態の(C)が適切です。
☹ (A)(B) どちらも述語動詞にはなりません。
☹ (D) メモの内容から、読み手であるyouは安全眼鏡などの着用を要求しているのではなく、されていると判断できるので能動態は不適切です。

Q 80

(A) Anyone
(B) This
(C) All
(D) Several

（A）誰でも
（B）これ
（C）全員
（D）数人

| 正解 | A |

この文の述語動詞はwill not be allowed「(立ち入りを)許可されません」という否定形で、関係代名詞節であるwho is not wearing these items「これらの物を身に着けていない〜」が、空所に入る主語を説明しています。よって、否定文で「誰も(〜ない)」となる(A)を入れると文の意味が通ります。
☹ (C)(D) All「全員」、Several「数人」といった複数扱いとなる先行詞では、関係代名詞whoに続くisと一致しないため不適切です。

Questions 81-82 refer to the following text-message chain.

❶ **Moore Family Medical Practice [12:43 P.M.]**
You are scheduled for an appointment with Dr. Moore on Tuesday, August 2, at 9:00 A.M. To cancel or reschedule your appointment, please reply to this message.

❷ **Cynthia [1:34 P.M.]**
I need to reschedule my appointment because I will be out of town. Is Dr. Moore available next week?

Moore Family Medical Practice

問題 81-82 は次のテキストメッセージのやりとりに関するものです。

ムーア・ファミリー診療所 [午後12時43分]
あなたは 8 月 2 日火曜日午前 9 時に、ムーア先生との予約が入っています。予約をキャンセルまたは変更するには、このメッセージに返信してください。

シンシア [午後1時34分]
町を離れている予定なので、私は予約を変更する必要があります。ムーア先生は、来週ご都合がつきますか？

ムーア・ファミリー診療所

語注 medical practice　診療所、医院／ be scheduled for ～　～の予定である／ reschedule　～の予定を変更する／ reply to ～　～に返信する／ out of town　町から離れて／ available　都合がつく

Q 81

Why does Cynthia need to change her appointment?

(A) She wants to see another doctor.
(B) She will be traveling.
(C) She has no transportation.
(D) The office will be closed.

なぜシンシアは予約を変更する必要がありますか?

（A） 彼女は別の医師に診てもらいたい。
（B） 彼女は遠出することになっている。
（C） 彼女には交通手段がない。
（D） その診療所が閉まる。

正解	B

❷でシンシアは、I need to reschedule my appointment「私は予約を変更する必要があります」と伝え、その理由をbecause I will be out of town「町を離れている予定なので」と書いています。will be out of townをwill be traveling「遠出することになっている」と言い換えた(B)が正解です。

☹ (A)(C) 別の医師やtransportation「交通手段」については述べられていません。

☹ (D) 診療所からのメッセージでは予約のキャンセルや変更の必要があるかを尋ねているだけで、診療所が閉まるとは述べられていません。

Q 82

Select the best response to Cynthia's message.

(A) "We are open until 5:00 P.M."
(B) "Please call the office to request a prescription refill."
(C) "We are not accepting new patients at this time."
(D) "Yes, Dr. Moore could see you on Thursday or Friday."

シンシアのメッセージに対する最も適切な返答を選んでください。

（A）「当診療所は午後5時まで開院しています。」
（B）「診療所に電話して、薬の再処方を頼んでください。」
（C）「当診療所は現在、新しい患者を受け入れていません。」
（D）「はい、ムーア先生は木曜日か金曜日でしたら診察することができます。」

正解	D

❷でシンシアは、Is Dr. Moore available next week?「ムーア先生は、来週ご都合がつきますか」と尋ねているので、ムーア先生の来週の都合を伝えている(D)が正解です。

☹ (A) 診療時間は尋ねられていません。

☹ (B) prescription「処方薬」に関しては話題に出ていません。refill「(薬の)再処方」。

☹ (C) 診療所は❶で、シンシアが8月2日に予約していることを伝えているので不適切です。accept「〜を受け入れる」。

Questions 83-84 refer to the following notice.

Attention, Students

❶ The Creative Writing Skills Workshop has been moved to the auditorium. Over 30 students have already signed up for the workshop, and we needed to use a larger space. The date and time are the same.

❷ If you have any questions about participation, you can see Farah Hart at her desk in the library during normal school hours.

問題 83-84 は次のお知らせに関するものです。

学生の皆さんへ

「創作技能ワークショップ」は、講堂に場所が移っています。すでに30名を超える学生がワークショップへの受講登録をしており、より広い場所を使う必要がありました。日時は同じです。

参加について何か質問があれば、通常の授業時間中に、ファラー・ハートと図書館内の彼女のデスクで会ってご相談ください。

語注 creative writing　創作　★フィクション作品を執筆すること／ skill　技能／ workshop　ワークショップ、研修会／ auditorium　講堂／ sign up for ～　～への受講登録をする／ participation　参加／ normal　通常の／ school hours　授業時間

Q 83

What is the purpose of the notice?

(A) To ask for someone to lead an event
(B) **To announce a change to an event**
(C) To request assistance
(D) To ask for feedback

このお知らせの目的は何ですか？

（A）イベントを主導する人を求めること
（B）**イベントに対する変更点を告知すること**
（C）手伝いを頼むこと
（D）感想を求めること

正解	B

❶の冒頭で、The Creative Writing Skills Workshop has been moved to the auditorium.「『創作技能ワークショップ』は、講堂に場所が移っています」と述べています。これをa change to an event「イベントに対する変更点」と表現した(B)が正解です。announce「～を告知する」。

☹(A) lead「～を主導する」。
☹(C) assistance「手伝い」は求められていません。
☹(D) イベントはまだ行われておらず、feedback「感想、意見」は求められていません。

Q 84

What is suggested about Farah Hart?

(A) She is selling tickets.
(B) She is leaving the school.
(C) **She works in the library.**
(D) She will give a speech.

ファラー・ハートについて何が分かりますか？

（A）彼女はチケットを売っている。
（B）彼女は学校を退職することになっている。
（C）**彼女は図書館で仕事をしている。**
（D）彼女はスピーチをする予定だ。

正解	C

❷では、ワークショップへの参加に関する質問がある場合の対処法が述べられています。1～2行目に、you can see Farah Hart at her desk in the library「ファラー・ハートと図書館内の彼女のデスクで会ってご相談ください」とあり、ファラー・ハートは図書館で仕事をしていると考えられるので、(C)が正解です。

☹(A) チケットについては述べられていません。
☹(B) 退職については述べられていません。leave「～を退職する、～を退学する」。
☹(D) スピーチについては述べられていません。give a speech「スピーチをする」。

Questions 85-86 refer to the following text-message chain.

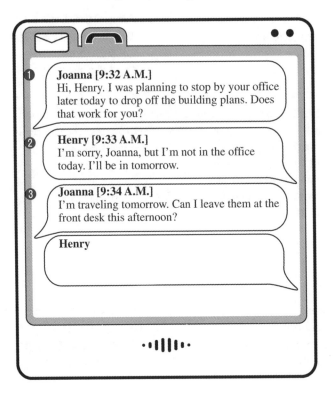

① **Joanna [9:32 A.M.]**
Hi, Henry. I was planning to stop by your office later today to drop off the building plans. Does that work for you?

② **Henry [9:33 A.M.]**
I'm sorry, Joanna, but I'm not in the office today. I'll be in tomorrow.

③ **Joanna [9:34 A.M.]**
I'm traveling tomorrow. Can I leave them at the front desk this afternoon?

Henry

問題 85-86 は次のテキストメッセージのやりとりに関するものです。

ジョアンナ [午前9時32分]
おはよう、ヘンリー。今日後であなたのオフィスに立ち寄って、建築設計図を届けようと思っていたんだけれど。それで都合はいいかしら？

ヘンリー [午前9時33分]
ジョアンナ、申し訳ないけれど、僕は今日オフィスにいないんだ。明日は出勤しているよ。

ジョアンナ [午前9時34分]
私は明日、遠出するのよ。今日の午後、それを受付に置いていっていいかしら？

ヘンリー

語注　stop by ～　～に立ち寄る／ later today　今日後ほど／ drop off ～　～を届ける／ plan　設計図／
work for ～　～にとって都合がいい／ in　出勤して／ leave　～を置いていく／ front desk　受付

Q 85

What does Joanna want to do?

(A) Schedule a job interview
(B) Give Henry some documents
(C) Arrange a ride to the airport
(D) Meet Henry for lunch

ジョアンナは何をしたいと思っていますか?

（A）就職面接の日程を決める
（B）ヘンリーに書類を渡す
（C）空港への車を手配する
（D）ランチのためにヘンリーと会う

> | 正解 | **B** | ❶で、ジョアンナはヘンリーに、I was planning to stop by your office later today to drop off the building plans.「今日後であなたのオフィスに立ち寄って、建築設計図を届けようと思っていたんだけれど」と伝えています。これをGive Henry some documents「ヘンリーに書類を渡す」と言い換えた(B)が正解です。
> ☹ (A) schedule「〜の日程を決める」。
> ☹ (C) arrange「〜の手配をする」。ride「(車などに)乗ること」。

Q 86

Select the best response to Joanna's message.

(A) "Flight 246 to Vancouver."
(B) "There's one near the front desk."
(C) "Sure. I'll tell my assistant you're coming."

(D) "I hope you had a wonderful vacation."

ジョアンナのメッセージに対する最も適切な返答を選んでください。

（A）「バンクーバー行きの246便だよ。」
（B）「受付の近くに1つあるよ。」
（C）「いいよ。君が来ることをアシスタントに伝えておくよ。」
（D）「楽しい休暇を過ごせたのだといいけど。」

> | 正解 | **C** | ❶で、ジョアンナは今日設計図を届けることについて都合を尋ねています。❷より、ヘンリーは明日の方が都合がよいことが分かると、ジョアンナは❸で、明日は自分が遠出することを伝え、Can I leave them at the front desk this afternoon?「今日の午後、それを受付に置いていっていいかしら」と尋ねています。よって、Sure.「いいよ」と了解して、「君が来ることをアシスタントに伝えておくよ」と続けている(C)が流れに合うので正解です。
> ☹ (A) ジョアンナが明日遠出すると言っているだけで、飛行機の行き先や便名は尋ねられていません。flight「(飛行機の)便」。
> ☹ (B) oneが何を指すのかが不明です。
> ☹ (D) 休暇を過ごした人に対する言葉であり、ジョアンナの質問に対する答えになっていません。

Reading | Part 3

実践テスト1

Questions 87-88 refer to the following schedule.

<table>
<tr>
<td colspan="3" align="center">❶ English Class Schedule
Ms. Jan Levitt, Instructor
Thursdays, 9:30 A.M. to 11:30 A.M.
Room 422</td>
</tr>
<tr>
<td>❷ Class Date</td>
<td>Topic</td>
<td>Homework Assignment</td>
</tr>
<tr>
<td>September 3</td>
<td>The Novel</td>
<td>• Write a two-page essay about your favorite novel</td>
</tr>
<tr>
<td>September 10</td>
<td>Introduction to Poetry</td>
<td>• Write a 16-line poem</td>
</tr>
<tr>
<td>September 17</td>
<td>Writing Your Life Story</td>
<td>• Read pages 5–25 in your textbook
• Write one page about a happy memory</td>
</tr>
<tr>
<td>September 24</td>
<td>Writing a Research Paper</td>
<td>• Research a topic of your choice
• Write five paragraphs about that topic</td>
</tr>
</table>

問題 87-88 は次の日程表に関するものです。

<table>
<tr>
<td colspan="3" align="center">英語クラスの日程表
講師　ジャン・レビット先生
木曜、午前 9 時 30 分から午前 11 時 30 分
422 番教室</td>
</tr>
<tr>
<td>授業の日にち</td>
<td>テーマ</td>
<td>宿題</td>
</tr>
<tr>
<td>9 月 3 日</td>
<td>小説</td>
<td>・好きな小説について2ページの小論文を書く</td>
</tr>
<tr>
<td>9 月 10 日</td>
<td>詩への入門</td>
<td>・16 行の詩を書く</td>
</tr>
<tr>
<td>9 月 17 日</td>
<td>自分史の執筆</td>
<td>・教科書の5〜25 ページを読む
・楽しい思い出について1ページ書く</td>
</tr>
<tr>
<td>9 月 24 日</td>
<td>研究論文の執筆</td>
<td>・選んだ題材について調査する
・その題材について5段落書く</td>
</tr>
</table>

語注　instructor　専任講師、教官／ topic　テーマ、論題／ assignment　課題／ essay　小論文／ introduction　入門、序論／ poetry　(集合的に)詩／ poem　（1編の)詩／ life story　身の上話、伝記／ research paper　研究論文／ paragraph　段落、パラグラフ

Q 87

When will students learn about poetry?

(A) On September 3
(B) On September 10
(C) On September 17
(D) On September 24

学生たちはいつ、詩について学びますか?

(A) 9月3日
(B) 9月10日
(C) 9月17日
(D) 9月24日

正解 **B** Topic の欄を見ると、poetry「詩」に関するものは Introduction to Poetry のみであり、その Class Date の欄には September 10 とあります。よって、(B)が正解です。

😐 その他の日に扱われる題材は、(A) novel「小説」、(C) life story「自分史」、(D) research paper「研究論文」であり、詩ではありません。

Q 88

After which class will students read their textbook?

(A) The Novel
(B) Introduction to Poetry
(C) Writing Your Life Story
(D) Writing a Research Paper

学生たちはどの授業の後で教科書を読みますか?

(A) 小説
(B) 詩への入門
(C) 自分史の執筆
(D) 研究論文の執筆

正解 **C** 授業後の課題が記された Homework Assignment「宿題」の欄に、Read pages 5-25 in your textbook「教科書の5〜25ページを読む」とあります。この日の授業のテーマは Writing Your Life Story なので(C)が正解です。

😐 (A)(B)(D) いずれの授業の後の宿題にも、教科書に関する記述はありません。

Questions 89-91 refer to the following notice.

Sale

❶ I am moving to a smaller house and want to sell some items.
The prices vary, but everything is $20.00 or less.

❷ <u>Household items for sale</u>
Kitchen items: blender, toaster, dishes
Decorations: wall art, picture frames, mirrors
Electronics: printer, digital camera, radio
Items for children: several boxes of books and toys

❸ To request photos or discuss buying items, e-mail Holly Liang at
hliang@myhomemail.com.

....

問題 89-91 は次のお知らせに関するものです。

売却
当方、もっと小さな家に引っ越しますので、幾つかの品物を売りたいと思っています。
値段はさまざまですが、全て 20 ドルまたはそれ未満です。

売り物の家庭用品
キッチン用品：ミキサー、トースター、皿
装飾物：壁飾り、額縁、鏡
電子機器：プリンター、デジタルカメラ、ラジオ
子ども用品：数箱分の本とおもちゃ

写真のご要望や品物の購入に関するご相談は、hliang@myhomemail.com までホーリー・リャ
ン宛てにEメールを送ってください。

語注 vary　異なる／less　より少ない／household items　家庭用品／blender　ミキサー／electronics　電子機器／
request　～を要請する、～を依頼する／e-mail　～にEメールを送る

Q 89

What is the notice about?

お知らせは何についてですか？

(A) Household goods for sale
(B) A workshop for artists
(C) A cooking demonstration
(D) Repair services

（A）**売り物の家庭用品**
（B）芸術家のためのワークショップ
（C）料理の実演
（D）修理サービス

正解	A

お知らせにはSale「売却」という見出しがあり、❶にI am moving to a smaller house and want to sell some items.「当方、もっと小さな家に引っ越しますので、幾つかの品物を売りたいと思っています」とあります。また、❷の見出しにもHousehold items for sale「売り物の家庭用品」とあり、具体的な品目が続いています。よって、（A）が正解です。
😕（B）（C）（D）いずれも述べられていません。

Q 90

Why does the notice mention $20.00?

なぜお知らせは20ドルに言及していますか？

(A) It is the charge for shipping.
(B) It is the cost of a ticket.
(C) It is a registration fee.
(D) It is the price of some items.

（A）配送料である。
（B）チケット料金である。
（C）登録料である。
（D）**幾つかの品物の値段である。**

正解	D

❶の2行目に、The prices vary, but everything is $20.00 or less.「値段はさまざまですが、全て20ドルまたはそれ未満です」とあります。これは売りたい物の値段であり、20ドルの品物とそれより安い品物があることを示しているので、（D）が正解です。
😕（A）（B）（C）いずれも述べられていません。

Q 91

Why should someone e-mail Ms. Liang?

なぜリャンさんにEメールを送るのですか？

(A) To ask her for photographs
(B) To help her move
(C) To give her some advice
(D) To buy her home

（A）**彼女に写真を求めるため**
（B）彼女の引っ越しを手伝うため
（C）彼女にアドバイスをするため
（D）彼女の家を買うため

正解	A

Eメールに関する記述は、❸にTo request photos or discuss buying items, e-mail Holly Liang「写真のご要望や品物の購入に関するご相談は、ホーリー・リャン宛てにEメールを送ってください」とあります。冒頭のTo request photosをTo ask her for photographs「彼女に写真を求めるため」と言い換えた（A）が正解です。ask ～ for …「～に…を求める」。
😕（B）（C）引っ越しの手伝いやアドバイスについては言及されていません。
😕（D）リャンさんが売ろうとしているのは、家ではなく家庭用品です。

Questions 92-94 refer to the following Web page with comments.

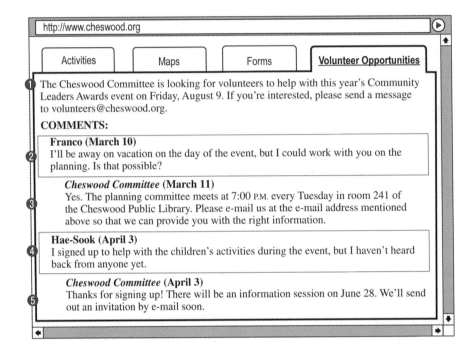

http://www.cheswood.org

| Activities | Maps | Forms | **Volunteer Opportunities** |

① The Cheswood Committee is looking for volunteers to help with this year's Community Leaders Awards event on Friday, August 9. If you're interested, please send a message to volunteers@cheswood.org.

COMMENTS:

Franco (March 10)
② I'll be away on vacation on the day of the event, but I could work with you on the planning. Is that possible?

Cheswood Committee (March 11)
③ Yes. The planning committee meets at 7:00 P.M. every Tuesday in room 241 of the Cheswood Public Library. Please e-mail us at the e-mail address mentioned above so that we can provide you with the right information.

Hae-Sook (April 3)
④ I signed up to help with the children's activities during the event, but I haven't heard back from anyone yet.

Cheswood Committee (April 3)
⑤ Thanks for signing up! There will be an information session on June 28. We'll send out an invitation by e-mail soon.

問題 92-94 は次のコメントの付いたウェブページに関するものです。

http://www.cheswood.org

| 活動 | 地図 | フォーム | **ボランティアの機会** |

チェスウッド市委員会は、8月9日金曜日にある今年の「コミュニティー・リーダー賞」のイベントを手伝うボランティアを探しています。ご興味がありましたら、volunteers@cheswood.org にメッセージをお送りください。

コメント:

フランコ（3月10日）
私はイベント当日は休暇で不在ですが、企画立案なら一緒にお仕事ができるかもしれません。それは可能ですか?

チェスウッド市委員会（3月11日）
はい。企画委員会はチェスウッド市立図書館の 241 号室で毎週火曜日の午後 7 時に会合をしています。あなたに正確な情報をご提供できるよう、上記の E メールアドレスまで当会に E メールを送ってください。

ヘスク（4月3日）
私はイベント中の子どもたちの活動を手伝うために参加申し込みをしましたが、まだどなたからもお返事がありません。

チェスウッド市委員会（4月3日）
参加のお申し込みをありがとうございます! 説明会が 6 月 28 日にあります。間もなく E メールで案内状をお送りします。

語注 committee 委員会／help with ～ ～の手伝いをする／be away on vacation 休暇で不在にする／could ～かもしれない／planning 企画立案／mentioned above 上に書かれた／provide ～ with … ～に…を提供する／sign up 参加を申し込む／hear back from ～ ～から返事がある／information session 説明会／invitation 案内状、招待状

Q 92

What will happen on August 9?

(A) A book sale
(B) A planning meeting
(C) A training session
(D) An awards ceremony

8月9日に何がありますか？

（A）本のセール
（B）企画会議
（C）研修会
（D）授賞式

正解	D

❶の1〜2行目に、this year's Community Leaders Awards event on Friday, August 9「8月9日金曜日にある今年の『コミュニティー・リーダー賞』のイベント」とあります。このイベントをAn awards ceremony「授賞式」と言い換えた(D)が正解です。
☺ (B) ❸に、企画委員会の会合は毎週火曜日に行われているとあるだけです。

Q 93

What would Franco like to do?

(A) Take an event off his schedule
(B) Change the date of his vacation
(C) Help with organizing
(D) Find a new job

フランコは何をしたいと思っていますか？

（A）自身の予定表からイベントを削除する
（B）自身の休暇の日にちを変更する
（C）準備を手伝う
（D）新しい仕事を見つける

正解	C

フランコは❷のコメントで、イベント当日は休暇で不在だと述べた上で、I could work with you on the planning「企画立案なら一緒にお仕事ができるかもしれません」と伝えています。それをHelp with organizing「準備を手伝う」と言い換えた(C)が正解です。organize「〜を準備する」。
☺ (A) take 〜 off …「〜を…から削除する」。
☺ (B) フランコは休暇に言及していますが、休暇の日にちを変更するとは述べていません。
☺ (D) 新しい職探しについては述べられていません。

Q 94

Why did Hae-Sook post a comment?

(A) She does not understand some directions.
(B) She wants to register her children.
(C) She is unable to participate.
(D) She has not received an e-mail reply.

ヘスクはなぜコメントを投稿しましたか？

（A）彼女は一部の説明が理解できない。
（B）彼女は自分の子どもたちを登録したい。
（C）彼女は参加することができない。
（D）彼女はEメールの返信を受け取っていない。

正解	D

ヘスクは❹のコメントで、イベント中の子どもたちの活動を手伝うために参加を申し込んだことを伝えた後、I haven't heard back from anyone yet「まだどなたからもお返事がありません」と書いているので、これが投稿をした理由だと考えられます。よって、(D)が正解です。
☺ (A) 何かの説明が理解できないとは述べられていません。directions「説明、指示」。
☺ (B) ❹に「子どもたちの活動を手伝うために参加申し込みをしました」とあるだけで、自分の子どもたちを登録したいとは述べられていません。register「〜を登録する」。
☺ (C) ❹に「参加申し込みをしました」とあるので不適切です。

Questions 95-97 refer to the following memo.

❶ **To:** Tenants of the Raner Office Building
From: Yarbury Management Company
Date: Tuesday, October 12

❷ Starting on Monday, October 25, we will be making repairs to the parking area in front of the building. The work is expected to continue all week. Parking near the building will be limited during this time. Additional parking may be available in the parking structure on Main Street.

❸ However, to encourage the use of public transportation, Yarbury Management Company is offering tenants a weekly bus pass. You can apply for a pass by filling out the form at our Web site, www.ymc.com.

問題 95-97 は次の連絡メモに関するものです。

宛　先: レイナー・オフィスビルの入居者各位
発信元: ヤーベリー管理会社
日　付: 10 月 12 日、火曜日

10 月 25 日月曜日から、建物の前の駐車場の修繕を行うことになっています。作業はその週いっぱい続く見込みです。この期間、建物付近の駐車は制限されます。追加の駐車スペースには、メイン通りに面した駐車場ビル内を利用できるかもしれません。

しかし、公共交通機関のご利用をお勧めするために、ヤーベリー管理会社は入居者の皆さまにバスの1週間定期券をご提供します。当社のウェブサイト www.ymc.com で申込書に記入することで、定期券の申し込みができます。

語注 tenant　入居者、賃借者／starting on ～　～(日付など)から／make repairs　修繕を行う／be expected to *do*　～する見込みである／all week　1週間ずっと／park　駐車する／limited　制限されて／additional　追加の／structure　建築物／encourage　～を勧める／public transportation　公共交通機関／offer ～ …　～に…を提供する／weekly　1週間の／pass　定期券、乗車券／apply for ～　～を申請する

Q 95

What is the memo mostly about?

(A) An important meeting
(B) A repair project
(C) A change in a rental contract
(D) A new building manager

連絡メモは主に何についてですか？

（A）重要な会合
（B）修繕計画
（C）賃貸契約書における変更点
（D）建物の新しい管理人

正解	B

❶から、この連絡メモはビルの管理会社から入居者に向けられたものだと分かります。❷の1〜2行目で we will be making repairs to the parking area in front of the building「建物の前の駐車場の修繕を行うことになっています」と述べています。その後も、工事期間、期間中の制限事項や管理会社からのサポート内容が伝えられているので、(B)が正解です。
☹(A)(C)(D) いずれも述べられていません。

Q 96

What will Yarbury Management Company provide?

(A) Bus passes
(B) Parking permits
(C) Ride-sharing service
(D) Internet access

ヤーベリー管理会社は何を提供しますか？

（A）バスの定期券
（B）駐車許可証
（C）車の相乗りサービス
（D）インターネットへのアクセス

正解	A

管理会社は、❷で工事中は建物付近の駐車が制限されることを伝え、❸の1〜2行目で Yarbury Management Company is offering tenants a weekly bus pass「ヤーベリー管理会社は入居者の皆さまにバスの1週間定期券をご提供します」と述べています。よって(A)が正解です。provide「〜を提供する」。
☹(B) 駐車が制限されると述べられていますが、駐車の permit「許可証」は話題に出ていません。
☹(C) 公共交通機関の利用促進には言及されていますが、車の相乗りサービスについては述べられていません。

Q 97

What is available on Yarbury Management Company's Web site?

(A) Password instructions
(B) A price list
(C) A construction schedule
(D) An application form

ヤーベリー管理会社のウェブサイトでは何を入手できますか？

（A）パスワードの説明
（B）価格の一覧表
（C）工事の日程
（D）申込書

正解	D

❸の最後の文に、バスの定期券について You can apply for a pass by filling out the form at our Web site「当社のウェブサイトで申込書に記入することで、定期券の申し込みができます」とあります。つまり、ウェブサイト上に申込書があると分かるので、(D)が正解です。
☹(A)(B) いずれも言及されていません。
☹(C) 工事の日程は❷ですでに言及されており、ウェブサイトで入手できるとは述べられていません。

Questions 98-100 refer to the following Web page.

http://www.candlestick.com

| Show Times | Food and Beverages | **FAQs** |

CANDLESTICK CINEMA

❶ **What events are coming up at Candlestick Cinema?**
On Thursdays in October, we will be offering two tickets for the price of one. In addition, we're having a special showing of the award-winning film *Spaceship Games* on Saturday, January 19, at 2 P.M.

❷ **Is food and beverage service offered in the theater?**
Yes! You may place an order for food and beverages at the snack bar or by using the touch screen at your seat up to fifteen minutes before the start of the movie. Your order will be delivered to your seat.

❸ **How can I reserve tickets for FREE events?**
You can reserve tickets for all free events, such as our Family Film Festival, by contacting Mr. Ken Franklin by e-mail at kfranklin@candlestick.com or by telephone at 555-0122. **Seating for FREE events is on a first-come, first-served basis.**

- -

問題 98-100 は次のウェブページに関するものです。

http://www.candlestick.com

| 上映時刻 | 食べ物と飲み物 | **よくある質問** |

キャンドルスティック・シネマ

キャンドルスティック・シネマでは、近くどんなイベントが行われる予定ですか?
10 月の毎週木曜日に、2 枚のチケットを 1 枚分のお値段でご提供する予定です。さらに、1 月 19 日土曜日の午後 2 時には、受賞映画の『スペースシップ・ゲームズ』の特別上映を行います。

館内に食べ物や飲み物のサービスはありますか?
はい! 上映開始 15 分前まで、軽食カウンターで、もしくは座席のタッチスクリーンを利用して、食べ物や飲み物を注文することができます。ご注文の品はお席まで届けられます。

無料イベントのチケットはどのように予約することができますか?
kfranklin@candlestick.com への E メールか 555-0122 への電話でケン・フランクリンにご連絡いただくことで、「ファミリー映画祭」など、全ての無料イベントのチケットを予約することができます。**無料イベントの座席は先着順となります。**

語注 beverage　飲み物／FAQs　よくある質問　★Frequently Asked Questionsの略語／cinema　映画館／
come up　近づく／in addition　さらに／showing　上映／award-winning　受賞した／
place an order for ～　～の注文をする／up to ～　～まで／seating　座席／
on a first-come, first-served basis　先着順で

Q 98

What will happen at Candlestick Cinema in October?

(A) Prices will be discounted once each week.
(B) A gaming tournament will be organized.
(C) Renovation work will take place.
(D) Awards will be presented.

キャンドルスティック・シネマでは 10 月に何がありますか？

（A）毎週1回、値段が割引になる。
（B）ゲームのトーナメントが企画される。
（C）改修作業が行われる。
（D）賞が授与される。

正解	A

❶の 2 〜 3 行目に、On Thursdays in October, we will be offering two tickets for the price of one.「10月の毎週木曜日に、2 枚のチケットを 1 枚分のお値段でご提供する予定です」とあります。On Thursdays「毎週木曜日に」は「週に 1 回」ということなので、Prices will be discounted once each week.「毎週1回、値段が割引になる」と表した(A)が正解です。
☹ (B) gaming「（コンピューター）ゲームの」。
☹ (C) renovation work「改修作業」。take place「行われる」。
☹ (D) 受賞映画の上映は1月に予定されていますが、賞の授与については述べられていません。

Q 99

What is mentioned about food?

(A) It must be paid for with a credit card.
(B) It can be ordered before the show.
(C) It sells out quickly.
(D) It is expensive.

食べ物について何が言及されていますか？

（A）クレジットカードで支払われなければならない。
（B）上映前に注文することができる。
（C）すぐに売り切れる。
（D）値段が高い。

正解	B

飲食物については❷に書かれています。2 〜 4 行目に、You may place an order for food and beverages …… up to fifteen minutes before the start of the movie.「上映開始15分前まで、食べ物や飲み物を注文することができます」とあります。これを、It can be ordered before the show.「上映前に注文することができる」と言い換えた(B)が正解です。
☹ (A) 支払いの方法に関する記述はありません。pay for 〜「〜の支払いをする」。
☹ (C) sell out「売り切れる」。

Q 100

What is stated about tickets for free events?

(A) They can be ordered only over the Internet.
(B) They are no longer offered.
(C) They can be obtained from Mr. Franklin.
(D) They are available first to members.

無料イベントのチケットについて何が述べられますか？

（A）インターネットでのみ注文できる。
（B）もう提供されていない。
（C）フランクリンさんから手に入れることができる。
（D）会員が先に入手できる。

正解	C

無料イベントのチケットについては❸に書かれています。全ての無料イベントのチケット予約方法について、2 〜 3 行目で by contacting Mr. Ken Franklin by e-mail …… or by telephone「E メールか電話でケン・フランクリンにご連絡いただくことで」と述べられています。よって、They can be obtained from Mr. Franklin.「それらはフランクリンさんから手に入れることができる」と言い換えた(C)が正解です。obtain from 〜「〜から手に入れる」。
☹ (A) 電話もチケットの予約手段の1つとして述べられているので不適切です。
☹ (B) 無料イベントのチケットの入手方法が説明されているので不適切です。
☹ (D) 会員については述べられていません。

実践テスト2

解答と解説

実践テスト2　正解一覧

100問の解答を終えたら、正解かどうか確認してみましょう。おおよそのスコアを確認したい場合は、p.147の「実践テスト1・2 参考スコア範囲の換算表と算出方法」を参照してください。

Listening Test

問題番号	正解	問題番号	正解
PART 1		**PART 3**	
1	D	27	B
2	A	28	D
3	C	29	A
4	B	30	C
5	B	31	B
6	C	32	D
PART 2		33	A
7	D	34	A
8	B	35	C
9	A	36	D
10	C	**PART 4**	
11	D	37	D
12	C	38	A
13	B	39	B
14	B	40	C
15	C	41	D
16	A	42	A
17	A	43	A
18	C	44	B
19	D	45	A
20	A	46	C
21	D	47	D
22	B	48	A
23	D	49	D
24	B	50	B
25	C		
26	A		

Reading Test

問題番号	正解	問題番号	正解
PART 1		**PART 3**	
51	A	81	C
52	B	82	A
53	D	83	D
54	C	84	B
55	B	85	C
56	B	86	A
57	C	87	C
58	D	88	D
59	A	89	D
60	C	90	D
61	A	91	B
62	B	92	A
63	C	93	A
64	D	94	C
65	B	95	A
PART 2		96	B
66	A	97	D
67	B	98	B
68	A	99	A
69	A	100	B
70	C		
71	C		
72	C		
73	D		
74	B		
75	C		
76	B		
77	C		
78	D		
79	B		
80	C		

PART | 1

Q 1

 Look at set number 1 in your test book. ┊ 問題用紙の1番のセットを見てください。

M Painting a wall. ┊ 壁を塗装している。

(A) 　(B) 　(C) 　(D)

正解　**D**　paintは「～を塗装する」という動詞です。女性がペンキで壁を塗っている(D)が正解です。

☹(A)　paintingは名詞で「絵画」という意味がありますが、ここでは動詞のing形として用いられています。壁に絵を掛けようとしている描写とは合いません。

☹(B)　男性は電話をしています。wallをcall「～に電話をする」と聞き間違えないようにしましょう。

☹(C)　壁は見えますが、壁を塗っている人はいません。

Q 2

 Look at set number 2 in your test book. ┊ 問題用紙の2番のセットを見てください。

W Keys on a table. ┊ テーブルの上の鍵。

(A) 　(B) 　(C) 　(D)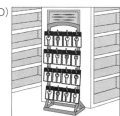

正解　**A**　テーブルの上に複数の鍵が置かれている(A)が正解です。

☹(B)　鍵穴は見えますが、鍵がありません。

☹(C)　テーブルはありますが、鍵がありません。

☹(D)　鍵が複数ありますが、テーブルの上ではありません。

Q 3   🔋 157

| 🔊 Look at set number 3 in your test book. | 問題用紙の3番のセットを見てください。 |
| 🇦🇺 M There's a picture above the fireplace. | 暖炉の上方に絵があります。 |

(A) 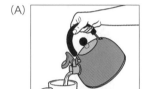   (B)    (C) 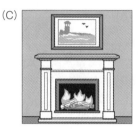   (D)

正解 **C**　There's 〜. は「〜がある」という意味で、しばしば場所を表す前置詞を伴います。above は「〜の上方に」という意味であり、fireplace「暖炉」の上方に1枚の絵が掛かっている（C）が正解です。
- ☹ (A)　暖炉も絵も見当たりません。
- ☹ (B)　picture には「写真」という意味もありますが、写真を撮っている様子は英文の描写と合いません。
- ☹ (D)　暖炉も絵も見当たりません。調理用の「こんろ」はstoveと表します。

Q 4   🔋 158

| 🔊 Look at set number 4 in your test book. | 問題用紙の4番のセットを見てください。 |
| 🇺🇸 W Buttoning a coat. | コートのボタンを掛けている。 |

(A)    (B) 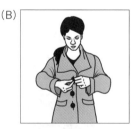   (C)    (D)

正解 **B**　buttoning は、動詞 button「〜（衣類）のボタンを掛ける」のing形です。コートのボタンを掛けているところが描かれている（B）が正解です。
- ☹ (A)(C)(D)　いずれもコートが描かれていますが、ボタンを掛けているところではありません。

Q 5

 Look at set number 5 in your test book.

問題用紙の5番のセットを見てください。

 M The people are playing a sport.

人々はスポーツをしています。

(A)  (B)  (C)  (D)

正解 **B** 主語はThe people（複数の人）で、動作はare playing a sport「スポーツをしているところだ」です。数人がバスケットボールをしている(B)が正解です。sport「スポーツ、運動競技」。

😕 (A) 人物は複数いますが、スポーツはしていません。

😕 (C) 人々は映画を見ているところで、スポーツはしていません。

😕 (D) 人々はピクニックをしているところで、スポーツはしていません。

Q 6

 Look at set number 6 in your test book.

問題用紙の6番のセットを見てください。

 W He's putting some vegetables into a basket.

彼は野菜をかごに入れているところです。

(A)  (B)  (C)  (D)

正解 **C** 主語は1人の男性を表すHe、動作はis putting some vegetables into a basket「野菜をかごに入れている」なので、(C)が正解です。put ~ into … 「~を…に入れる」。

😕 (A) 1人の男性が何かを読んでいるところで、野菜もかごも描かれていません。

😕 (B) 1人の男性が野菜を植えていますが、かごに入れているところではありません。

😕 (D) 1人の男性が野菜を切っていますが、かごに入れているところではありません。

Listening | Part 1

実践テスト2

093

Q 7
162

🍁 M	What's in this box?	この箱の中に何がありますか？
🇺🇸 W	(A) On the top shelf.	(A) 一番上の棚に。
	(B) No, it isn't.	(B) いいえ、そうではありません。
	(C) I'll get some.	(C) 幾つかもらうつもりです。
	(D) Old books.	**(D) 古い本です。**

| 正解 | **D** | What's 〜？で箱の中に何が入っているかを尋ねています。それに対し、「古い本です」と入っているものを具体的に答えている(D)が正解です。 |

🙁 (A) 場所は尋ねられていません。shelf「棚」。

🙁 (B) 通常、What 〜？に対してYes/Noでは答えません。また、itが箱を指すとしても、質問に答えていません。

🙁 (C) someが何を指しているのか不明であり、また、何があるかも答えていません。

Q 8
163

🇬🇧 W	When will your uncle arrive?	あなたのおじさんはいつ到着しますか？
🇦🇺 M	(A) At City Airport.	(A) シティー空港です。
	(B) Tomorrow morning.	**(B) 明日の朝です。**
	(C) From Tokyo.	(C) 東京からです。
	(D) For a two-week visit.	(D) ２週間の滞在のためです。

| 正解 | **B** | When 〜？でおじさんが到着する「時」を尋ねています。それに対し、「明日の朝です」と時を答えている(B)が正解です。 |

🙁 (A) 到着する場所は尋ねられていません。

🙁 (C) どこから来るかは尋ねられていません。

🙁 (D) 来訪の期間や目的は尋ねられていません。

Q 9
164

🇺🇸 W	Whose car is in the driveway?	私道にあるのは誰の車ですか？
🍁 M	**(A) It's my friend's.**	**(A) 私の友人のものです。**
	(B) Main Street.	(B) メイン通りです。
	(C) No, not yet.	(C) いいえ、まだです。
	(D) If there's enough space.	(D) もし十分なスペースがあれば。

| 正解 | **A** | Whose 〜？で、車について「誰のものか」を尋ねています。それに対し、「私の友人のものです」と所有者を答えている(A)が正解です。driveway「公道から自宅の車庫までの私道」。 |

🙁 (B) 質問にあるdrivewayと関連しそうな通りの名前を答えていますが、場所は尋ねられていません。

🙁 (C) not yet「まだです」は、完了・経験の有無を尋ねられて否定する場合に用いられます。

🙁 (D) 条件を提示する表現であり、応答になっていません。

Q 10

M Where is the new bakery?

W (A) A few years old.
(B) Cakes and cookies.
(C) Across from the bank.
(D) No, I haven't.

新しいベーカリーはどこにありますか？

(A) できて数年です。
(B) ケーキとクッキーです。
(C) 銀行の向かいです。
(D) いいえ、私はありません。

正解	C

Where ～?でベーカリーの「場所」を尋ねています。それに対し、「銀行の向かいです」と位置を示している(C)が正解です。across from ～「～の向かいに」。

☹(A) 物や会社などに対して～ years old を使うと「できて～年の、～年の期間が経った」という意味になりますが、年数は尋ねられていません。

☹(B) 売っているものは尋ねられていません。

☹(D) 完了しているかどうかや経験の有無は尋ねられていません。

Q 11

166

M Do you want to see my map?

W (A) I like the striped hat.
(B) Three copies.
(C) Very recently.
(D) No, I have one.

私の地図を見たいですか？

(A) 私はそのしま模様の帽子が好きです。
(B) 3冊です。
(C) ごく最近です。
(D) いいえ、私は1枚持っています。

正解	D

Do you ～?で地図を見たいかと尋ねています。それに対してNoと否定し、I have one「私は1枚持っています」と答えている(D)が正解です。one は a map を表します。

☹(A) 好きな帽子は尋ねられていません。striped「しま模様の」。

☹(B) 冊数は尋ねられていません。copy「(本などの) 1冊、1部」。

☹(C) 時期は尋ねられていません。recently「最近」。

Q 12

167

W When is your dentist appointment?

M (A) She's a dentist.
(B) Yes, I had to wait.
(C) Next Thursday.
(D) For a cleaning.

あなたの歯医者の予約はいつですか？

(A) 彼女は歯科医です。
(B) はい、私は待たなくてはなりませんでした。
(C) 次の木曜日です。
(D) クリーニングのためです。

正解	C

When ～?で歯医者の予約はいつかと「時」を尋ねています。それに対し、「次の木曜日です」と日を答えている(C)が正解です。dentist「歯医者、歯科医」。appointment「予約、面会の約束」。

☹(A) 質問にある dentist が含まれていますが、She が誰を指しているのか不明であり、時についても答えていません。

☹(B) 通常、When ～?には Yes/No では答えません。

☹(D) 目的は尋ねられていません。

Listening | Part 2

実践テスト2

Q 13

168

🏴󠁧󠁢󠁥󠁮󠁧󠁿 W　Don't you work at the post office?

🇨🇦 M　(A) I mailed it today.
(B) Yes, I just started.
(C) I'll stop there later.
(D) A few stamps.

あなたは郵便局で働いていませんか？

(A) 私は今日、それを郵送しました。
(B) はい、ちょうど働き始めました。
(C) 私は後でそこに立ち寄ります。
(D) 数枚の切手です。

| 正解 | B |

Don't ～？「～していませんか？」という現在形の否定疑問文で、郵便局で働いていないかと尋ねています。それに対し、Yesで働いていると肯定し、I just started.「ちょうど始めました」と働き始めたばかりであることを言い添えている(B)が正解です。
☹ (A)(D)　質問にあるpost officeと関連するmail「～を郵送する」やstamp「切手」が含まれていますが、いずれも「働いていないか」という質問への応答になっていません。
☹ (C)　thereが郵便局を指すとしても、郵便局へ行くかどうかは尋ねられていません。stop「立ち寄る」。

Q 14

169

🇺🇸 W　Is dinner ready?

🇦🇺 M　(A) The new French restaurant.
(B) No, in ten minutes.
(C) Red is my favorite color.
(D) Coffee with sugar.

夕食は用意ができましたか？

(A) 新しいフランス料理のレストランです。
(B) いいえ、あと10分で。
(C) 赤は私のお気に入りの色です。
(D) 砂糖入りのコーヒーです。

| 正解 | B |

Is ～ ready?で「用意ができたか」と尋ねているのに対し、Noと否定して「あと10分で（用意ができます）」と用意ができる時間を補足している(B)が正解です。inに時を表す語句が続くと「～後に、～経った後で」という意味になります。
☹ (A)(D)　食事をする場所や飲み物の種類については尋ねられていません。
☹ (C)　質問にあるreadyと発音が似たRedに注意。

Q 15

170

🏴󠁧󠁢󠁥󠁮󠁧󠁿 W　How late does the gift shop stay open?

🇨🇦 M　(A) It's getting late.
(B) About two kilometers.
(C) Until seven o'clock.
(D) A birthday present.

土産物店はどのくらい遅くまで開いていますか？

(A) 遅くなっています。
(B) およそ2キロメートルです。
(C) 7時までです。
(D) 誕生日プレゼントです。

| 正解 | C |

How late ～?は「どのくらい遅く～」という意味で、土産物店が何時まで開いているかを尋ねています。それに対し、「7時までです」と開いている時間を答えている(C)が正解です。until「～になるまで」。
☹ (A)　質問にあるlateが含まれていますが、応答になっていません。
☹ (B)(D)　距離や何を買うかは尋ねられていません。

Q 16

171

🇨🇦 M Didn't Alice win the grand prize?

🇺🇸 W **(A) Yes, she's very happy.**
    (B) The next contest.
    (C) Sure, I'd like that.
    (D) A few more vacation days.

アリスは大賞を獲得しなかったのですか？

（A）**獲得しました、彼女はとても喜んでいます。**
（B）次のコンテストです。
（C）もちろん、私はそれが欲しいです。
（D）もう2、3日の休暇です。

正解	A

Didn't ～? 「～しなかったのですか」という過去形の否定疑問文で、アリスは大賞を獲得しなかったのかと尋ねています。それに対してYesで大賞を獲得したことを伝え、she's very happy「彼女はとても喜んでいます」と様子を付け加えている(A)が正解です。win a prize「賞を獲得する」。

☹ (B) いつのコンテストかは尋ねられていません。
☹ (C) thatがthe grand prizeを指すとしても、アリスに関する事実を尋ねられているのであり、応答者の意思は尋ねられていません。

Q 17

172

🇨🇦 M Ken can drive tonight, can't he?

🇺🇸 W **(A) No, but Larry can.**
    (B) To the meeting.
    (C) Yes, I bought a car.
    (D) We had a good trip.

ケンは今夜、車を運転できますよね？

（A）**いいえ、でもラリーができます。**
（B）会議へ。
（C）はい、私は車を買いました。
（D）私たちは良い旅をしました。

正解	A

文末に～, can't he? の付いた付加疑問文で、ケンが今夜、車を運転できることを確認しています。それに対し、Noと否定して今夜ケンは運転できないことを伝え、but Larry can「でもラリーができます」と代わりに運転できる人物名を言い添えた(A)が正解です。

☹ (B) どこへ行くのかは尋ねられていません。
☹ (C)(D) 質問にあるdriveに関連するcarやtripが含まれていますが、応答になっていません。

Q 18

173

🇺🇸 W Why are you taking such an early train?

🇬🇧 W (A) The main office.
    (B) By bus or train.
    (C) It was the cheapest ticket.
    (D) No, but maybe another time.

あなたはなぜそんなに早い列車に乗るのですか？

（A）本社です。
（B）バスか列車で。
（C）**それが最も安い切符でした。**
（D）いいえ、でもきっとまた別の機会に。

正解	C

Why ～? で出発時刻の早い列車に乗る「理由」を尋ねています。それに対し、「それが最も安い切符でした」と理由を述べている(C)が正解です。cheap「安い、安価な」。

☹ (A) 場所や行先は尋ねられていません。
☹ (B) 交通手段は尋ねられていません。
☹ (D) maybe another time「きっとまた別の機会に」は誘いなどを断るときの表現です。

Listening | Part 2

実践テスト2

Q 19

/ 🔋 174

🇦🇺 M	Would you like to come to the movies with us?	私たちと一緒に映画に行きませんか？
🇬🇧 W	(A) She's moving next month. (B) An art museum. (C) Yes, I enjoyed both of them. **(D) Thanks, but I'm busy today.**	(A) 彼女は来月引っ越します。 (B) 美術館です。 (C) はい、私はそれらを両方楽しみました。 **(D) ありがとう、でも私は今日は忙しいです。**

正解　D　Would you like to do ～?は「～しませんか」と相手の意向を聞く表現で、一緒に映画に行かないかと誘っています。それに対し、Thanks「ありがとう」とまずお礼を言い、続けて but I'm busy today「でも私は今日は忙しいです」と誘いを断っている(D)が正解です。

☹ (A) 質問にある movie「映画」と発音が似ている moving に注意。move「引っ越す」。
☹ (B) 場所は尋ねられていません。
☹ (C) them が the movies を指すとしても過去のことを述べており、応答になっていません。

Q 20

/ 🔋 175

🇦🇺 M	We can deliver the sofa to your house tomorrow afternoon.	明日の午後、ご自宅へソファーを配達できます。
🇺🇸 W	**(A) OK, I can be there.** (B) I like that chair. (C) It's a truck. (D) At the furniture store.	**(A) 分かりました、私はそこにいることができます。** (B) 私はあの椅子が好きです。 (C) トラックです。 (D) 家具店で。

正解　A　男性が、明日の午後に配達可能だと伝えているのに対し、女性は OK「分かりました」と答え、I can be there.「私はそこ(＝自宅)にいることができます」と続けている(A)が正解です。deliver「～を配達する」。

☹ (B) 質問にある sofa に関連する chair が含まれていますが、どれが好きかは尋ねられていません。
☹ (C) 質問にある deliver に関連のある truck「トラック」が含まれていますが、応答になっていません。
☹ (D) 場所は尋ねられていません。furniture「家具」。

Q 21

/ 🔋 176

🇬🇧 W	Where can I get my watch repaired?	どこで腕時計を修理してもらえますか？
🇦🇺 M	(A) No, it seems to be fine. (B) I always watch that show. (C) Yes, every month. **(D) At the shop on Tenth Avenue.**	(A) いいえ、それは大丈夫そうです。 (B) 私はいつもその番組を見ます。 (C) はい、毎月です。 **(D) 10番街にある店で。**

正解　D　Where ～?で、腕時計を修理してもらえる「場所」を尋ねています。それに対し、「10番街にある店で」と場所を教えている(D)が正解です。get ～ repaired「～を修理してもらう」。

☹ (A) it が腕時計を指すとしても、修理が必要かどうかは尋ねられていません。seem to be ～「～であるように見える」。
☹ (B) 質問にある watch が、(B)では動詞の「～を見る」という意味で使われている点に注意。
☹ (C) 何についての頻度を答えているのか不明です。

Q 22

 177

🇨🇦 M How did you like your sandwich?	サンドイッチはどうでしたか？
🇬🇧 W (A) No, I'll have the salad. **(B) I haven't tried it yet.** (C) Yes, please. (D) What kind do you have?	(A) いいえ、私はサラダにします。 **(B) まだ食べてみていません。** (C) はい、お願いします。 (D) どんな種類がありますか？

正解 B How did you like ～?でサンドイッチを食べた感想を尋ねています。それに対し、「まだ食べてみていません」と答えている(B)が正解です。

☹ (A) 質問では過去形で食べた感想を尋ねていますが、これから食べるものを答えているので不適切です。

☹ (C) 何かが必要かどうかや何かを食べるかどうかなどを尋ねられた際に肯定する表現です。

☹ (D) 食べた感想を尋ねられているので、どんな種類があるかを聞き返す質問は応答になりません。

Q 23

 178

🇦🇺 M Do you want to study in the library or sit outside?	図書室の中で勉強したいですか、それとも外で座りたいですか？
🇺🇸 W (A) A couple of classes. (B) Yes, I do. (C) She studies a lot. **(D) Let's stay inside.**	(A) 2、3の授業です。 (B) はい、そうです。 (C) 彼女はすごく勉強をします。 **(D) 屋内にいましょう。**

正解 D Do you ～, A or B?で、室内で勉強したいか屋外でしたいかを尋ねる選択疑問文です。それに対し、「屋内にいましょう」と答えている(D)が正解です。outside「屋外で」。inside「屋内で」。

☹ (A) 授業の数は尋ねられていません。a couple of ～「2、3の～」。

☹ (B) 選択疑問文にはYes/Noでは答えません。

☹ (C) 質問にあるstudyが含まれていますが、Sheが誰を指すのかが不明であり、応答になっていません。

Q 24

179

🇨🇦 M Did the workers finish painting the house today?	作業員は今日、家を塗装し終えましたか？
🇺🇸 W (A) I like blue. **(B) No, only the kitchen.** (C) That would be fine. (D) For a few days.	(A) 私は青が好きです。 **(B) いいえ、キッチンだけです。** (C) それで構いません。 (D) 数日間です。

正解 B Did ～?で、作業員が家を塗装し終えたかと尋ねています。それに対してNoと否定し、「キッチンだけです」と塗装し終えた場所を伝えている(B)が正解です。finish doing「～することを終える」。

☹ (A) 色の好みは尋ねられていません。

☹ (C) 提案などを承諾する際の慣用表現で、応答になっていません。

☹ (D) 期間は尋ねられていません。

Q 25

 W I'd like to see your meeting notes.

 W (A) No, I don't like this music.
(B) Every Tuesday morning.
(C) I'll e-mail them to you later.
(D) Yes, I met them yesterday.

あなたの会議のメモを見たいのですが。

(A) いいえ、私はこの音楽は好きではありません。
(B) 毎週火曜日の午前中です。
（C）後であなたにそれをEメールで送ります。
(D) はい、私は昨日彼らに会いました。

 C 会議のメモを見たいという発言に対し、「後であなたにそれをEメールで送ります」と答えて承諾している(C)が正解です。(C)のthemはmy meeting notesを指します。note「メモ、覚え書」。
☹ (A) 質問にあるnoteには「音符」という意味もありますが、応答になっていません。
☹ (B) いつ行われるかは尋ねられていません。
☹ (D) metの目的語であるthemが指す人物が不明であり、応答になっていません。

Q 26

 M You don't have Daniel's phone number, do you?

 W **(A) Yes, I can give it to you.**
(B) He was happy to do it.
(C) On Elm Street, I think.
(D) Not very often.

ダニエルの電話番号を知らないですよね？

（A）知っています、あなたにお教えできますよ。
(B) 彼は喜んでそれをしました。
(C) エルム通りだと思います。
(D) それほど頻繁にではありません。

A 文末に〜, do you?の付いた付加疑問文で、相手にダニエルの電話番号を知らないことを確認しています。それに対し、Yesと答えて知っていることを伝えた後、I can give it to you「あなたにお教えできます」と続けている(A)が正解です。itはDaniel's phone numberを指します。
☹ (B) Heがダニエルを指すとしてもdo itが示す内容が不明であり、応答になっていません。
☹ (C)(D) 場所や頻度は尋ねられていません。

PART |3

⚡ 183

🔊 Questions 27 and 28 refer to the following conversation.

問題 27 と 28 は次の会話に関するものです。

🏳 W Excuse me. Does this bus go to the airport?

すみません。このバスは空港へ行きますか？

🏳 M No, it doesn't. But Bus 35 does. It'll come in twenty minutes.

いいえ、行きません。でも、35番のバスは行きます。そちらは20分後に来ますよ。

🏳 W Thanks. I think I'll just take a taxi.

ありがとう。ではタクシーに乗ろうと思います。

⚡ 184

Q 27

Where does the woman want to go?

女性はどこへ行きたいと思っていますか？

(A) To the bus station.
(B) To the airport.
(C) To a friend's house.
(D) To a hotel.

（A）バスターミナルへ。
（B）空港へ。
（C）友人の家へ。
（D）ホテルへ。

正解 **B** 女性は最初の発言でDoes this bus go to the airport?「このバスは空港へ行きますか」と尋ねています。それに対し、男性が20分後に来る別のバスが空港へ行くことを教えると、女性は「ではタクシーに乗ろうと思います」と返事をしています。交通手段にかかわらず女性が行こうとしている場所は空港なので、(B)が正解です。
☹ (A) 2人はバスについて話していますが、女性の行き先がバスターミナルだとは述べていません。

Q 28

What will the woman most likely do?

女性は何をすると考えられますか？

(A) Pay the man.
(B) Take a walk.
(C) Ride a bus.
(D) Travel by taxi.

（A）男性に支払いをする。
（B）散歩する。
（C）バスに乗る。
（D）タクシーで移動する。

正解 **D** 女性の最後の発言でI think I'll just take a taxi.「ではタクシーに乗ろうと思います」と言っているので、正解は(D)です。travel「移動する、行く」。
☹ (A) 支払いの話題は出ていません。pay「〜に支払いをする」。
☹ (B) 散歩の話題は出ていません。
☹ (C) 空港へ行くバスが来るのは20分後と知り、女性はバスではなくタクシーで行くと言っています。

◆ 185

🔊 Questions 29 and 30 refer to the following conversation. | 問題 29 と 30 は次の会話に関するものです。

🇬🇧 w I'd like to pick up my medication. My name's Marcy Adams. | 薬を受け取りたいのですが。私の名前はマーシー・アダムズです。

🇦🇺 m Yes, Ms. Adams. I'll have your prescription ready in just a few minutes. You can have a seat in the waiting area. | はい、アダムズさん。ほんの数分であなたの処方薬をご用意します。待合室でお掛けになっていてください。

🇬🇧 w OK, thanks. | 分かりました、ありがとう。

語注 pick up ~　~を受け取る／medication　薬剤／have ~ ready　~を用意する／prescription　処方薬、処方箋

◆ 186

Q 29

Where most likely are the speakers? | 話し手たちはどこにいると考えられますか？

(A) At a pharmacy. | （A）薬局。
(B) At a school. | （B）学校。
(C) At a bank. | （C）銀行。
(D) At a car repair shop. | （D）自動車修理店。

正解　A　女性は最初の発言でI'd like to pick up my medication.「薬を受け取りたいのですが」と言って自分の名前を伝えています。それに対し男性は、I'll have your prescription ready in just a few minutes.「ほんの数分であなたの処方薬をご用意します」と言っているので、正解は(A)です。
😕(B)(C)(D)　いずれも会話の内容に関連していません。

Q 30

What will the woman probably do next? | 女性はおそらく次に何をしますか？

(A) Complete a form. | （A）申込用紙に記入する。
(B) Pay for an item. | （B）品物の支払いをする。
(C) Sit down in a waiting area. | （C）待合室で座る。
(D) Schedule an appointment. | （D）予約を入れる。

正解　C　男性は、処方薬を数分で用意することを伝えた後、You can have a seat in the waiting area.「待合室でお掛けになっていてください」と伝えています。女性はそれに対し、OK「分かりました」と答えているので、正解は(C)です。
😕(A)　form「申込用紙」については述べられていません。complete「~に全て記入する」。
😕(B)　支払いについては述べられていません。pay for ~「~の支払いをする」。item「品物」。
😕(D)　予約については述べられていません。schedule「~を予定に入れる」。appointment「予約」。

🔊 Questions 31 and 32 refer to the following conversation.

問題 31 と 32 は次の会話に関するものです。

🇨🇦 M Hello. I'd like the spicy peanut curry with extra rice, please.

こんにちは。スパイシー・ピーナッツカレーを大盛りライスでお願いします。

🇬🇧 W Extra rice is two dollars more. Is that OK?

大盛りライスは2ドル増しです。よろしいですか？

🇨🇦 M Sure, that's no problem. I'll have some tea to drink, too.

はい、構いません。飲み物にお茶もください。

語注 spicy　香辛料のきいた／ extra　特別増しの

Q 31

🔆 188

What does the woman tell the man?

女性は男性に何を伝えていますか？

(A) Some food is vegetarian.
(B) An item will cost extra.
(C) A dish is not offered.
(D) The restaurant is closing.

(A) 一部の食べ物は菜食主義者向けである。
(B) ある品物は余分に費用がかかる。
(C) ある料理は提供されない。
(D) そのレストランは閉店するところである。

正解	**B**

男性が大盛りライスを注文しているのに対し、女性はExtra rice is two dollars more.「大盛りライスは2ドル増しです」と述べています。大盛りライスに追加料金がかかることをAn item will cost extra.「ある品物は余分に費用がかかる」と言い換えた(B)が正解です。cost「費用がかかる」。extra「余分に」。
😞 (A) vegetarian「菜食主義者向け」に関する話題は出ていません。
😞 (C) 追加料金について言及されているだけで、料理が提供されないとは述べられていません。dish「料理」。offer「～を提供する」。
😞 (D) 閉店に関する話題は出ていません。close「閉店する」。

Q 32

What drink does the man order?

男性はどんな飲み物を注文していますか？

(A) Soda.
(B) Milk.
(C) Water.
(D) Tea.

(A) ソーダ。
(B) 牛乳。
(C) 水。
(D) お茶。

正解	**D**

男性は最後の発言でI'll have some tea to drink, too.「飲み物にお茶もください」と言っているので、(D)が正解です。
😞 (A) soda「ソーダ、炭酸飲料」。

◀)) Questions 33 and 34 refer to the following conversation and price list.

問題 33 と 34 は次の会話と価格表に関するものです。

🇨🇦 M　Are you planning to sell your hats and sweaters at the craft fair?

手工芸品展で帽子とセーターを売る予定なの?

🇺🇸 W　Yes! I made some new styles and colors this year for this winter.

そうなの! この冬用に、今年は幾つか新しいデザインと色のものを作ったのよ。

🇨🇦 M　Great! I need a new hat. I'll stop by and get one.

すごい! 新しい帽子が必要なんだ。立ち寄って 1 つ買うよ。

Items for sale	
Hats	$10
Mittens	$15
Scarves	$25
Sweaters	$50

販売品	
帽子	10ドル
手袋	15ドル
マフラー	25ドル
セーター	50ドル

語注 craft fair　手工芸品展／ style　デザイン／ stop by　立ち寄る　**図表** mitten　手袋、ミトン／ scarf　マフラー、スカーフ

Q 33

⊙ 190

What are the speakers discussing?

話し手たちは何について話し合っていますか?

(A) Items the woman made.
(B) A new clothing store.
(C) An artist they know.
(D) Tickets for an event.

(A) 女性が作った品物。
(B) 新しい衣料品店。
(C) 彼らが知っている芸術家。
(D) イベントのチケット。

正解　A　男性が最初にAre you planning to sell your hats and sweaters at the craft fair?「手工芸品展で帽子とセーターを売る予定なの?」と尋ねているのに対し、女性はYesと肯定し、新しいデザインと色のものを作ったと述べています。続けて男性は、帽子を買うつもりであると伝えています。以上より、2 人は手工芸品展で女性が販売するために作った品物について話し合っていると分かるので、Items the woman made.と表現した(A)が正解です。
☹ (B)　女性が作ったものを販売する場所は、clothing store「衣料品店」ではなくcraft fair「手工芸品展」です。
☹ (C)　artist「芸術家」については述べられていません。
☹ (D)　手工芸品展というイベントは話題に出ていますが、チケットの話はしていません。

Q 34

Look at the price list. How much will the man pay?

価格表を見てください。男性は幾ら支払うでしょうか?

(A) $10.
(B) $15.
(C) $25.
(D) $50.

(A) 10ドル。
(B) 15ドル。
(C) 25ドル。
(D) 50ドル。

正解　A　男性は最後の発言で、I need a new hat. I'll stop by and get one.「新しい帽子が必要なんだ。立ち寄って1つ買うよ」と言っています。価格表からHatsは$10と分かるので、正解は(A)です。
☹ (B)　手袋の価格。　☹ (C)　マフラーの価格。　☹ (D)　セーターの価格。

🔊 Questions 35 and 36 refer to the following conversation and schedule.

🇺🇸 w There's a festival of short films at the library next week. They're showing a different kind of movie each day.

🇨🇦 m I have the schedule here. I plan to go either Monday or Wednesday.

🇺🇸 w I'd like to see the ones on Wednesday. Should we go together?

🇨🇦 m Sure. We can reserve tickets online. Why don't I do that now?

問題 35 と 36 は次の会話と予定表に関するものです。

来週、図書館で短編映画祭があるの。毎日違う種類の映画が上映されるのよ。

ここに予定表を持っているよ。僕は月曜日か水曜日のどちらかに行くつもりだよ。

私は水曜日のものが見たいわ。一緒に行きましょうか?

いいよ。オンラインでチケットを予約できるよ。今しようか?

DAY	TYPE OF FILMS
Monday	Comedy
Tuesday	Nature
Wednesday	Travel
Thursday	Adventure

曜日	映画の種類
月曜日	コメディー
火曜日	自然
水曜日	旅
木曜日	冒険

語注 short film 短編映画／show ～を上映する／either A or B AかBかどちらか／reserve ～を予約する、～を取っておく

Q 35

🔊 192

Look at the schedule. What type of films will the speakers see?

(A) Comedy.
(B) Nature.
(C) Travel.
(D) Adventure.

予定表を見てください。話し手たちはどんな種類の映画を見ますか?

(A) コメディー。
(B) 自然。
(C) 旅。
(D) 冒険。

正解 C 話し手たちは、図書館で行われる短編映画祭の話をしています。「月曜日か水曜日のどちらかに行くつもり」と話す男性に対して、女性は2回目の発言で、I'd like to see the ones on Wednesday. Should we go together?「私は水曜日のものが見たいわ。一緒に行きましょうか」と誘っており、男性はSure.と承諾しています。予定表を見ると、Wednesdayの欄にはTravelとあるので、正解は(C)です。
☹ (A) 男性は見に行く候補にコメディーを上映する月曜日も挙げましたが、女性の希望で水曜日に行くことになっています。

Q 36

What does the man offer to do?

(A) Pay for parking.
(B) Bring a snack.
(C) Read a movie review.
(D) Reserve tickets.

男性は何をすると申し出ていますか?

(A) 駐車料金を支払う。
(B) 軽食を持ってくる。
(C) 映画批評を読む。
(D) チケットを予約する。

正解 D 男性は最後の発言で、We can reserve tickets online.「オンラインでチケットを予約できるよ」と言い、続けてWhy don't I do that now?「今しようか?」と申し出ています。このdo thatはチケットを予約することを指すので、(D)が正解です。
☹ (B) snack「軽食」。
☹ (C) 映画の話はしていますが、映画批評は話題に出ていません。

🔊 Questions 37 and 38 refer to the following telephone message.

問題 37 と 38 は次の電話のメッセージに関するものです。

M Hi, Suzanne. This is Rocco from the book group. I wasn't at the meeting yesterday, but I heard that you asked members for book suggestions. I'll send you a list with some titles I'd like to read this year.

もしもし、スザンヌ。読書グループのロコです。僕は昨日の会合にはいませんでしたが、あなたがメンバーに、本の提案を求めたと聞きました。僕が今年読みたいと思っている何冊かの書名のリストを送ります。

語注 ask ～ for … ～に…を求める／suggestion 提案

Q 37

What does the speaker say about the meeting?

話し手は会合について何と言っていますか?

(A) It was too long.

(B) It was not convenient.

(C) He enjoyed it.

(D) He did not attend it.

（A）それは長過ぎた。

（B）それは行きやすくはなかった。

（C）彼はそれを楽しんだ。

（D）彼はそれに出席しなかった。

正解 D 話し手は 2 行目で、I wasn't at the meeting yesterday「僕は昨日の会合にはいませんでした」と述べています。よって正解は、He did not attend it.「彼はそれに出席しなかった」と言い換えた（D）です。

☹ (A)(C) 話し手は会合に出席していないので、いずれも不適切です。

☹ (B) 会合に出席しなかった理由は述べていません。convenient「便利な」。

Q 38

What will the speaker send to Suzanne?

話し手はスザンヌに何を送りますか?

(A) A list of books.

(B) An e-mail address.

(C) A schedule.

(D) A membership card.

（A）本の一覧表。

（B）Eメールアドレス。

（C）予定表。

（D）会員証。

正解 A 話し手は 2～4 行目で、スザンヌが読書グループのメンバーに本の提案を求めたことを聞いたと述べ、続けて 4～5 行目で、I'll send you a list with some titles I'd like to read this year.「僕が今年読みたいと思っている何冊かの書名のリストを送ります」と言っています。a list with some titles を A list of books. と言い換えた（A）が正解です。

☹ (B)(C)(D) いずれも話題に出ていません。

🔊 Questions 39 and 40 refer to the following telephone message.

問題 39 と 40 は次の電話のメッセージに関するものです。

🇬🇧 w Hi, Ms. Jackson. This is Helena calling about Saturday night. I know you want me to babysit, but I can't remember what time. I think you said seven o'clock, but maybe it was seven thirty? Please let me know so I can make sure that I arrive at your house on time.

こんにちは、ジャクソンさん。ヘレナです。土曜日の夜のことで電話をしています。私にベビーシッターをしてほしいことは存じていますが、何時なのか思い出せません。7時とおっしゃったと思いますが、ひょっとして7時30分でしたか？　確実に時刻通りにお宅へ伺えるよう教えてください。

語注 babysit　ベビーシッターをする、子守をする／so　〜するために ★so that 〜のthatが省略された表現／make sure that 〜　確実に〜する／on time　時刻通りに

Q 39

What does the speaker ask about?

話し手は何について尋ねていますか？

(A) A date.
(B) A time.
(C) A name.
(D) An address.

(A) 日にち。
(B) 時刻。
(C) 名前。
(D) 住所。

正解	B

土曜日の夜のベビーシッターの依頼を受けていた話し手は、3行目でI can't remember what time「何時なのか思い出せません」と言い、続けて「7時とおっしゃったと思いますが、ひょっとして7時30分でしたか」と時刻を尋ねています。最後に「確実に時刻通りにお宅へ伺えるよう教えてください」と言っているので、正解は(B)です。
😣(A) 話し手は1〜2行目で、calling about Saturday night「土曜日の夜のことで電話をしています」と言っており、日にちは分かっているので不適切です。
😣(C)(D) いずれも話し手は尋ねていません。

Q 40

What does the speaker want Ms. Jackson to do?

話し手はジャクソンさんに何をしてほしいと思っていますか？

(A) Pick her up at 7:30 P.M.
(B) Drive her to the store.
(C) Give her an update.
(D) Call her on Saturday night.

(A) 午後7時30分に彼女を車で迎えに来る。
(B) 店まで彼女を車に乗せていく。
(C) 彼女に最新情報を伝える。
(D) 土曜日の夜に彼女に電話をする。

正解	C

話し手は冒頭で「ジャクソンさん」と呼びかけているので、ジャクソンさんは聞き手と分かります。話し手は3行目で訪問する時刻を思い出せないと言い、5〜6行目で、Please let me know so I can make sure that I arrive at your house on time.「確実に時刻通りにお宅へ伺えるよう教えてください」と頼んでいます。これをGive her an update.「彼女に最新情報を伝える」と表現した(C)が正解です。update「最新情報」。
😣(A) 話し手は自身が訪問すべき時間についてmaybe it was seven thirty?「ひょっとして7時30分ですか」と尋ねているだけです。
😣(B) drive 〜 to …「〜を…まで車に乗せていく」。

198

🔊 Questions 41 and 42 refer to the following talk.

🇨🇦 M Welcome, everyone, to this retirement party for Heidi Gordon. We're very happy to celebrate her long career here in the Winton College theater department. We know Heidi is looking forward to traveling in her retirement. In fact, next month she'll be going on a tour of South America.

問題 41 と 42 は次の話に関するものです。

皆さま、ハイディ・ゴードンの退職パーティーへようこそ。ここウィントン大学演劇学部での彼女の長い職歴を祝うことができ、私たちは大変光栄です。私たちは、ハイディが引退後の人生で旅行することを楽しみにしていると知っています。実際、彼女は来月、南米の周遊旅行に行くことになっています。

語注 retirement 退職、引退後の人生／ celebrate ～を祝う／ career 職歴、経歴／ department 学部／ look forward to *doing* ～するのを楽しみに待つ／ in fact 実際／ tour 周遊旅行

 199

Q 41

What event is taking place?

(A) A theater performance.
(B) A birthday party.
(C) A graduation ceremony.
(D) A retirement celebration.

何のイベントが行われていますか？

(A) 劇場公演。
(B) 誕生日パーティー。
(C) 卒業式。
(D) 退職祝い。

正解 D 話し手は冒頭でWelcome, everyone, to this retirement party for Heidi Gordon.「皆さま、ハイディ・ゴードンの退職パーティーへようこそ」と述べています。その後もゴードンさんの引退後の予定について話が続いているので、正解は(D)です。take place「行われる」。
☹ (A) ゴードンさんの勤務先として大学のtheater department「演劇学部」に言及があるだけです。
☹ (B)(C) 行われているパーティーは退職祝いであり、誕生日や卒業を祝っているのではありません。

Q 42

What will Ms. Gordon do next month?

(A) Go on a trip.
(B) Teach a class.
(C) Publish a book.
(D) Visit her family.

ゴードンさんは来月何をしますか？

(A) 旅行に行く。
(B) 授業で教える。
(C) 本を出版する。
(D) 家族を訪ねる。

正解 A 話し手は4～6行目でゴードンさんが引退後の人生で旅行するのを楽しみにしていると紹介した後、next month she'll be going on a tour of South America「彼女は来月、南米の周遊旅行に行くことになっています」と述べているので、(A)が正解です。
☹ (B) ゴードンさんは大学を退職するのであり、来月授業で教えるとは述べられていません。
☹ (C) 本の出版については述べられていません。publish「～を出版する」。
☹ (D) 家族を訪ねることについては述べられていません。

🔊 Questions 43 and 44 refer to the following talk.

問題 43 と 44 は次の話に関するものです。

🇺🇸 w Good morning! I'm Ms. Okada. Mr. Garcia is sick, so I'll be teaching the class today. Mr. Garcia's note says that on Mondays you talk about the chapter you read for homework over the weekend. But he doesn't say what chapter was assigned. Could someone tell me which chapter you read?

おはようございます！オカダです。ガルシア先生が病気なので、今日は私が授業を教えることになっています。ガルシア先生のメモには、毎週月曜日に、週末の間の宿題として読んだ章について話し合うとあります。ですが、先生はどの章が指定されたのかを述べていません。皆さんがどの章を読んだか、誰か教えてくれませんか？

語注 note　メモ／say that ～　～と書いてある／on Mondays　毎週月曜日に／over　～にわたって／assign　～を指定する、～を割り当てる

Q 43

What do the students usually do on Mondays?

学生たちは普段、毎週月曜日に何をしますか？

(A) Have a discussion.
(B) Go to the library.
(C) Read a story together.
(D) Write an essay.

（A）**討論をする。**
（B）図書室へ行く。
（C）物語を一緒に読む。
（D）小論文を書く。

正解　A　病気の先生の代理で授業を教えに来た話し手は、3～5行目で Mr. Garcia's note says that on Mondays you talk about the chapter you read for homework over the weekend.「ガルシア先生のメモには、毎週月曜日に、週末の間の宿題として読んだ章について話し合うとあります」と述べています。つまり、毎週月曜日に学生たちは話し合いをするので、Have a discussion.「討論をする」と表現した(A)が正解です。
☹ (C) 学生が週末に宿題として章を読むことは述べていますが、月曜日に物語を一緒に読むとは述べていません。
☹ (D) essay「小論文」。

Q 44

What does the speaker want to know?

話し手は何を知りたがっていますか？

(A) When the teacher is returning.
(B) What the last assignment was.
(C) Which students are absent.
(D) Where to buy textbooks.

（A）いつ先生が戻ってくるのか。
（B）**前回の課題が何であったのか。**
（C）どの学生が休みなのか。
（D）どこで教科書を買うべきなのか。

正解　B　話し手は課題について5～6行目で、he doesn't say what chapter was assigned「先生(=ガルシア先生)はどの章が指定されたのかを述べていません」と言い、続けて、Could someone tell me which chapter you read?「皆さんがどの章を読んだか、誰か教えてくれませんか？」と尋ねています。つまり、話し手はどの章が課題となっていたのかを知りたがっているので、それを What the last assignment was.「前回の課題が何であったのか」と言い換えた(B)が正解です。assignment「課題」。
☹ (A) the teacher がガルシア先生のことだとしても、戻る時期は話題に出ていません。
☹ (D) where to do「どこで～すべきなのか」。

🔊 Questions 45 and 46 refer to the following talk.

問題 45 と 46 は次の話に関するものです。

🇨🇦 M Thanks for helping to organize the storage room, everyone. This morning's job is to sort the blue staff T-shirts. We have several new employees, and we want to make it easier to find the right size for them. First, put the shirts in piles according to size. Then, put each pile in a box and write the shirt size on the outside. You can use these markers to label the boxes.

皆さん、倉庫室の整理のお手伝いをありがとうございます。今朝の仕事は、青いスタッフTシャツの仕分けです。新しい従業員が数名いますので、彼らにとって正しいサイズをより見つけやすくしたいと思います。まず、サイズ別にシャツを積み重ねてください。それから、積み重ねたものをそれぞれ箱に入れ、外側にシャツのサイズを書いてください。箱にラベル付けするには、これらのマーカーペンを使うといいですよ。

語注 organize 〜を整理する／ storage room 倉庫／ sort 〜を仕分けする／ employee 従業員／ make it easier to do 〜するのをより簡単にする／ put 〜 in a pile 〜を山積みにする ★pileは「山、積み重ねたもの」／ according to 〜 〜に応じて／ marker マーカーペン／ label 〜にラベルを付ける

Q 45

What will the listeners do?

聞き手は何をしますか？

(A) Sort T-shirts.
(B) Decorate a room.
(C) Paint a closet.
(D) Purchase equipment.

(A) Tシャツを仕分ける。
(B) 部屋を飾り付ける。
(C) クローゼットを塗装する。
(D) 器材を購入する。

正解 A　話し手は冒頭で倉庫の整理を手伝うことへのお礼を述べ、This morning's job is to sort the blue staff T-shirts.「今朝の仕事は、青いスタッフTシャツの仕分けです」と続けているので、正解は(A)です。
☺ (B) storage room「倉庫室」という部屋には言及されていますが、部屋の飾り付けについては述べられていません。
☺ (D) purchase「〜を購入する」。

Q 46

What will the markers be used for?

マーカーペンは何に使用されますか？

(A) To make price tags.
(B) To decorate a sign.
(C) To label some boxes.
(D) To sign up for a project.

(A) 値札を作るため。
(B) 看板を飾り付けるため。
(C) 箱にラベル付けするため。
(D) プロジェクトに登録するため。

正解 C　話し手はサイズ別に山積みにしたTシャツについて、6〜8行目で「積み重ねたものをそれぞれ箱に入れ、外側にシャツのサイズを書いてください」と作業の指示をし、続けて You can use these markers to label the boxes.「箱にラベル付けするには、これらのマーカーペンを使うといいですよ」と述べています。よって正解は(C)です。
☺ (D) sign up for 〜「〜に登録する」。

🔊 Questions 47 and 48 refer to the following telephone message and list.

🇬🇧 w Hello, Mr. Sims. This is Irene Hogan. I'm calling about the craft fair. It is supposed to rain tomorrow, so we are moving the fair inside the school building. After you check in at the cafeteria, you should set up your display in room 11. We'll see you tomorrow.

問題 47 と 48 は次の電話のメッセージと一覧表に関するものです。

もしもし、シムズさん。アイリーン・ホーガンです。工芸展のことでお電話をしています。明日は雨が降ると思われるので、工芸展を校舎内に移します。カフェテリアで受付をした後、11番教室でご自身の展示を準備してください。明日お会いしましょう。

Oldwick Craft Fair	
Room 11	Photographs
Room 12	Jewelry
Room 13	Clothing
Room 14	Paintings

オールドウィック工芸展	
11 番教室	写真
12 番教室	宝飾品
13 番教室	衣料品
14 番教室	絵画

語注 be supposed to do ～すると思われる、～することになっている／check in 受付をする／set up ～ ～を準備する
図表 jewelry 宝飾品

Q 47
🔊 205

What problem does the speaker mention?

(A) A building will not be available.
(B) A date has been changed.
(C) Some participants cannot come.
(D) The weather will be rainy.

話し手はどんな問題について述べていますか?

(A) 建物が利用できない。
(B) 日程が変更された。
(C) 一部の参加者が来られない。
(D) 天候が雨になりそうだ。

正解 D 話し手は2～4行目で、It is supposed to rain tomorrow, so we are moving the fair inside the school building.「明日は雨が降ると思われるので、工芸展を校舎内に移します」と述べています。よって、The weather will be rainy.「天候が雨になりそうだ」と表現した(D)が正解です。rainy「雨の」。
☹ (A) 話し手は工芸展が校舎内で行われることを伝えています。available「利用できる」。
☹ (B)(C) 日程変更や参加者の状況については述べられていません。

Q 48

Look at the list. What will Mr. Sims display at the craft fair?

(A) Photographs.
(B) Jewelry.
(C) Clothing.
(D) Paintings.

一覧表を見てください。シムズさんは工芸展で何を展示しますか?

(A) 写真。
(B) 宝飾品。
(C) 衣料品。
(D) 絵画。

正解 A シムズさんへのメッセージの5～6行目で、you should set up your display in room 11「11番教室でご自身の展示を準備してください」と述べています。一覧表を見ると、Room 11の欄にはPhotographsとあるので、正解は(A)です。

🔊 Questions 49 and 50 refer to the following announcement and schedule.

問題 49 と 50 は次のお知らせと予定表に関するものです。

🇬🇧 W Do you have a bicycle that you don't use anymore? Well, the town of Carlsville reminds residents of its bicycle recycling program. The bikes are picked up, inspected, and repaired as needed. Then they're donated to area recreation programs. The next collection is scheduled for April 9. Visit the Carlsville Web site for details.

もう使わない自転車をお持ちですか？ それでは、カールズビルの町が住民の皆さんに、町の自転車リサイクル事業をあらためてお知らせします。自転車は引き取られて点検され、必要に応じて修理されます。その後、自転車は地域のレクリエーション事業に寄付されます。次の回収は4月9日に予定されています。詳細はカールズビルのウェブサイトをご覧ください。

LOCATION	DATE
West End	April 2
East End	April 9
South Side	April 16
North Side	April 23

場所	日付
ウエストエンド	4月2日
イーストエンド	4月9日
サウスサイド	4月16日
ノースサイド	4月23日

語注 not ～ anymore もう～しない／remind ～ of … ～に…を思い出させる／resident 住民／recycling リサイクル、再生利用／inspect ～を点検する／as needed 必要に応じて／donate ～ to … ～を…に寄付する／recreation レクリエーション、気晴らし／collection 回収／for details 詳細については

207

Q 49

What is the announcement about?

(A) Furniture.
(B) Car tires.
(C) Mobile phones.
(D) Bicycles.

お知らせは何についてですか？

(A) 家具。
(B) 自動車のタイヤ。
(C) 携帯電話。
(D) 自転車。

正解 D 話し手は冒頭でDo you have a bicycle that you don't use anymore?「もう使わない自転車をお持ちですか」と問いかけ、その後も、使わない自転車の回収、回収後の用途、次回の回収日を伝えています。よって正解は(D)です。

Q 50

Look at the schedule. Where will the next collection take place?

(A) At the West End.
(B) At the East End.
(C) On the South Side.
(D) On the North Side.

予定表を見てください。次の回収はどこで行われますか？

(A) ウエストエンド。
(B) イーストエンド。
(C) サウスサイド。
(D) ノースサイド。

正解 B 話し手は6～7行目で、The next collection is scheduled for April 9.「次の回収は4月9日に予定されています」と述べています。予定表のApril 9の欄を見ると、場所はEast Endと書かれているので、正解は(B)です。
☹ (A)は4月2日、(C)は4月16日、(D)は4月23日に回収が行われる場所です。

Q 51

Peter's birthday _____ will be next Sunday.

(A) party
(B) world
(C) number
(D) house

ピーターの誕生日パーティーは今度の日曜日です。

（A）パーティー
（B）世界
（C）数字
（D）家

正解	A

選択肢は全て名詞です。文の述語動詞はwill beであり、Peter'sから空所までが主語になります。birthdayに続く名詞で、今度の日曜日にあるものとして適切なのは(A)です。

😕 (B)(C)(D) いずれも意味が通りません。

Q 52

Maria is visiting _____ friends this weekend.

(A) she
(B) her
(C) hers
(D) herself

マリアは今週末、友人を訪ねます。

（A）彼女は
（B）彼女の
（C）彼女のもの
（D）彼女自身

正解	B

空所の後ろに名詞friendsがあるので、名詞を前から修飾できる人称代名詞の所有格である(B)が適切です。

😕 (A)人称代名詞の主格、(C)所有代名詞、(D)再帰代名詞。いずれも名詞を修飾する働きはありません。

Q 53

We can _____ the restaurant and order pizza tonight.

(A) think
(B) write
(C) seem
(D) call

今夜は、レストランに電話してピザを注文してもいいですね。

（A）考える
（B）書く
（C）〜のように思える
（D）〜に電話する

正解	D

選択肢は全て動詞の原形です。接続詞andの後ろにもう1つorderという動詞があり、動詞をandでつないで並列させると、2つの動作が連続して起こることを示します。後半にはorder pizza tonight「今夜ピザを注文する」とあるので、前半はcall the restaurant「レストランに電話する」とすると、意味が通ります。よって(D)が適切です。We can 〜.「（提案して）〜してもいいですね」。

😕 (A)「〜のことを考える」はthink of/about 〜です。

😕 (B)(C) いずれもthe restaurantを後に続けると意味がつながりません。

Q 54

Yesterday was the _____ day of the year so far.

(A) hot
(B) hotter
(C) hottest
(D) heat

昨日は、今年これまでで最も暑い日でした。

(A) 暑い
(B) より暑い
(C) 最も暑い
(D) 熱

| 正解 | **C** | 空所の後ろに名詞dayがあるので、空所には形容詞が入ります。空所の前にはthe、dayの後ろにはof the year so far「今年これまでで」という限定表現があるので、最上級を作る(C)が適切です。 |

☹ (A) 形容詞の原級。of the year so farという限定表現と合わないため不適切です。
☹ (B) 形容詞の比較級。of the year so farという限定表現と合わないため不適切です。
☹ (D) 名詞。

Q 55

Flight 496 _____ Dallas departed at 9:00 P.M.

(A) then
(B) to
(C) on
(D) when

ダラス行き496便は午後9時に出発しました。

(A) そのとき
(B) ～への
(C) ～の上の
(D) ～のとき

| 正解 | **B** | 述語動詞はdeparted「出発した」で、空所を含むFlightからDallasまでが主語になります。主語の中心となるFlight 496を意味が通るように修飾するには、空所には向かう方向を表す前置詞の(B)が適切です。 |

☹ (A) 通例、副詞として用いられます。
☹ (C) 前置詞ですが意味が通りません。
☹ (D) 接続詞や副詞の働きを持ちます。

Q 56

I need to go to a _____ to buy new clothes.

(A) storing
(B) store
(C) stored
(D) storage

私は新しい服を買うために店に行く必要があります。

(A) 保管すること
(B) 店
(C) 保管された
(D) 保管所

| 正解 | **B** | 空所はgo to ～「～へ行く」に続き、直前に冠詞aがあるので、行き先を示す名詞が入ります。よって、(B)が適切です。空所の後ろは「新しい服を買うために」と目的を表しています。 |

☹ (A) 動詞store「～を保管する」の動名詞または現在分詞。
☹ (C) 動詞の過去形・過去分詞。
☹ (D) storageは「保管所、保管」という意味の名詞ですが、新しい服を買うために向かう場所として不適切です。

Q 57

Mark has decided to see a movie _____ Tom tonight.

(A) until
(B) toward
(C) with
(D) against

マークは今夜、トムと映画を見ることにしました。

(A) 〜まで
(B) 〜の方へ
(C) 〜と一緒に
(D) 〜に対して

正解	C

選択肢は全て前置詞の働きを持っています。空所の前までは「マークは映画を見ることにしました」という意味なので、空所の後ろの人名を結びつけて意味が通る(C)が適切です。

Q 58

Two new employees _____ working next Monday.

(A) starts
(B) started
(C) starting
(D) will start

2人の新しい従業員が今度の月曜日に働き始める予定です。

(A) 始める
(B) 始めた
(C) 始めている
(D) 始める予定だ

正解	D

主語はTwo new employees「2人の新しい従業員」であり、空所には述語動詞が必要です。文末にnext Monday「今度の月曜日に」とあるので、未来形の述語動詞となる(D)が適切です。
☹ (A) 三人称・単数・現在形。変更のない予定は現在形で表せますが、主語が複数形なので不適切です。
☹ (B) 過去形・過去分詞。
☹ (C) 現在分詞または動名詞。単独で述語動詞にはなりません。

Q 59

Susan and Ed tried to find seats on the train, but it was too _____.

(A) crowded
(B) quiet
(C) wide
(D) surprising

スーザンとエドは電車内で席を見つけようとしましたが、電車はあまりに混み合っていました。

(A) 混み合って
(B) 静かな
(C) 幅広い
(D) 驚くべき

正解	A

選択肢は全て形容詞なので、意味の通る語を選びます。カンマの前は「スーザンとエドは電車内で席を見つけようとした」という意味ですが、その後に逆接を表すbutが続いているので、席は見つけられなかったことを暗に示す描写となる(A)が適切です。be crowded「混んでいる」。

Q 60

We have a new classmate, and the teacher introduced _____ to the class today.

(A) he
(B) his
(C) him
(D) himself

私たちには新しいクラスメートがいて、先生が今日、彼をクラスに紹介しました。

(A) 彼が
(B) 彼の
(C) 彼を
(D) 彼自身

| 正解 | C |

and以降の部分の主語はthe teacherで、述語動詞はintroducedです。この動詞は目的語を必要とする他動詞なので、前半で言及されたa new classmateを指す人称代名詞の目的格の(C)が適切です。introduce ～ to … 「～を…に紹介する」。

😣(A) 主格。
😣(B) 所有格または所有代名詞。所有代名詞は「彼のもの」という意味で目的語の役割を果たしますが、意味が通りません。
😣(D) 再帰代名詞。動詞の目的語が主語と同じ場合に用いられるので、空所にhimselfを入れると先生が自己紹介をしたことになり、文の前半とつながりません。

Q 61

Jenna is _____ on vacation at her uncle's villa in Italy.

(A) now
(B) very
(C) quite
(D) since

ジェンナは今、イタリアにある彼女の叔父の別荘で休暇を過ごしています。

(A) 今
(B) とても
(C) 非常に
(D) それ以来

| 正解 | A |

選択肢は全て副詞の働きを持つ語です。be on vacationは「休暇中だ」という意味なので、このbe動詞を修飾する副詞としては(A)が適切です。villa「別荘」。

Q 62

Hannah has always been _____ in ancient history.

(A) interesting
(B) interested
(C) interests
(D) interest

ハンナは以前からずっと古代史に興味があります。

(A) 興味深い
(B) 興味があって
(C) 興味
(D) 興味

| 正解 | B |

主語はHannahという人物であり、空所の前にbe動詞の過去分詞been、空所の後ろにはinがあります。be interested in ～「～に興味がある」の形になる(B)が適切です。always「(完了形で)以前からずっと」。ancient「古代の」。

😣(A) 形容詞ですが、「(人にとって)興味深い」という意味で、〈in＋興味の対象〉を続けません。
😣(C) 名詞の複数形、または動詞「～に興味を持たせる」の三人称・単数・現在形。
😣(D) 名詞の単数形、または動詞の原形。

Q 63

Either Martin _____ Eliza will pick you up from the airport next week.

(A) and
(B) but
(C) or
(D) yet

マーティンかイライザのどちらかが、来週あなたを空港へ迎えに行きます。

(A) ～と…
(B) しかし
(C) ～か…
(D) まだ

正解	**C**

文頭にあるEitherは、either A or B「A か B のどちらか」の形を取るので、(C)が適切です。pick ～ up from …「～を…へ迎えに行く」。

☹ (A) both A and Bの形で「A も B も」という意味になります。

Q 64

Could you speak more _____ , please?

(A) slowest
(B) slows
(C) slowing
(D) slowly

もっとゆっくり話していただけますか?

(A) 最も遅い
(B) 遅くなる
(C) 遅くなっている
(D) 遅く

正解	**D**

主語はyou、述語動詞は自動詞speakです。空所の前には形容詞や副詞の比較級を作るmoreがあります。動詞を修飾する副詞の(D)が適切です。

☹ (A) 形容詞slow「遅い」の最上級。
☹ (B) 動詞slow「遅くなる、～を遅くする」の三人称・単数・現在形。
☹ (C) 現在分詞または動名詞。

Q 65

Eleanor bought some wood to repair the _____ around the garden.

(A) flower
(B) fence
(C) view
(D) door

エレナーは庭の周囲の柵を修理するために木材を買いました。

(A) 花
(B) 柵
(C) 景色
(D) ドア

正解	**B**

選択肢は全て名詞なので、意味の通る語が入ります。空所には、repair「～を修理する」の目的語になり、後ろのaround the garden「庭の周囲の」と合う名詞が入るので、(B)が適切です。

☹ (A)(C) repairの目的語として意味が通りません。
☹ (D) 「庭の周囲のドア」では意味が通りません。

PART | 2

Questions 66-68 refer to the following e-mail.

```
╔══════════════ E-Mail Message ══════════════╗
 To:      Tucayana Hotel <info@tucayanahotel.com>
 From:    Chris Levin <clevin@sortmail.com>
 Date:    June 29
 Subject: Hotel bill

 Dear Sir/Madam,

 I stayed ____ (66) ____ your hotel on June 26 and 27. I am writing to request a
 copy of ____ (67) ____ final bill. I need this information so that my company can
 pay me back the money that I ____ (68) ____ during my stay last week.

 Thank you.

 Chris Levin
```

問題 66-68 は次のEメールに関するものです。

Eメール・メッセージ

宛　先：トゥカヤナ・ホテル〈info@tucayanahotel.com〉
送信元：クリス・レヴィン〈clevin@sortmail.com〉
日　付：6月29日
件　名：ホテルの請求書

ご担当者さま

私は6月26日と27日にそちらのホテルに宿泊しました。私への最終的な請求書を1部頂きたく、メールを書いております。先週の滞在中に私が使ったお金を会社が私に払い戻しできるよう、この情報が必要です。

よろしくお願いします。

クリス・レヴィン

語注 bill　請求書／Dear Sir/Madam,　ご担当者さま ★担当者の氏名が分からない場合の宛名／final　最終的な／pay ～ back …　～に…を払い戻す

Q 66

(A) at
(B) from
(C) of
(D) by

（A）〜に
（B）〜から
（C）〜の
（D）〜の近くに

| 正解 | A |

空所の前には動詞stayed、後ろには場所を表す語句のyour hotelが続いています。stayとともに使って「〜に宿泊する」という意味になる、場所を表す前置詞の(A)が適切です。

☹（D）場所を表す前置詞ですが、ホテルの近くの別の場所に宿泊したことになるので、流れに合いません。

Q 67

(A) its
(B) my
(C) their
(D) whose

（A）その
（B）私の
（C）彼らの
（D）誰の

| 正解 | B |

空所の後ろの名詞句final bill「最終的な請求書」を修飾して意味が通る語を選びます。続く文でも自身の宿泊に関するお金について述べているので、このメールの書き手を指す(B)が適切です。

Q 68

(A) spent
(B) deposited
(C) earned
(D) counted

（A）〜を使った
（B）〜を預けた
（C）〜を稼いだ
（D）〜を数えた

| 正解 | A |

空所を含む文は、I need this informationという主節と、so thatが導く節から成ります。so thatの導く節において、my company can pay me back the money「お金を会社が私に払い戻しできるよう」とあり、このmoneyに続くthatの後ろには主語のIがあるので、このthatはthe moneyを修飾する節を導く関係代名詞だと判断できます。the moneyは会社から払い戻しされるお金なので、(A)を空所に入れ、「先週の滞在中に私が使った（お金）」とすると意味が通ります。

☹（B）(C)(D) いずれもthe moneyを目的語にできますが、文脈に合いません。

Questions 69-71 refer to the following notice.

This ___ **(69)** ___ of the Sunset Trail is closed for maintenance. The park service ___ **(70)** ___ the pedestrian bridge. To get to Blue Lake, walk along the Butterfly Path instead. ___ **(71)** ___.

問題 69-71 は次のお知らせに関するものです。

サンセット登山道のこの区域は、補修のために閉鎖されています。公園局が歩道橋の修理をしています。ブルー湖に行くには、代わりにバタフライ遊歩道を通って歩いてください。*少し行くと、その湖が見えます。

* 問題 71 の挿入文の訳。

語注 trail　登山道／ maintenance　補修、整備／ pedestrian bridge　歩道橋／ path　小道／ instead　その代わりに

Q 69

(A) section
(B) problem
(C) guide
(D) equipment

（A）区域
（B）問題
（C）案内人
（D）備品

| 正解 | A |

選択肢は全て名詞なので、意味の通る語が入ります。文の主語はThis _____ of the Sunset Trailで、述語動詞はis closed「閉鎖されている」、閉鎖の理由としてfor maintenance「補修のために」とあります。文全体の意味から、(A)が適切です。

☹（D）equipment「備品」を補修することはありますが、述語動詞がis closedなので不適切です。

Q 70

(A) repair
(B) repairing
(C) is repairing
(D) to repair

（A）〜を修理する
（B）〜を修理して
（C）〜を修理している
（D）〜を修理するために

| 正解 | C |

空所を含む文には述語動詞が必要です。主語はThe park serviceという三人称の単数形なので、isで始まる現在進行形の(C)が適切です。

☹（A）動詞の原形。主語が三人称・単数なので現在形の動詞はrepairsとなり、不適切です。
☹（B）現在分詞または動名詞。単独で述語動詞にはなりません。
☹（D）to不定詞。単独で述語動詞にはなりません。

Reading | Part 2

実践テスト2

Q 71

(A) There are three campgrounds in the park.
(B) The bridge has scenic views.
(C) After a short distance, you will see the lake.
(D) The park service is currently accepting applications.

（A）公園には3つのキャンプ場があります。
（B）その橋からは美しい景色が見えます。
（C）少し行くと、その湖が見えます。
（D）公園局は現在、応募書類を受け付けています。

| 正解 | C |

空所の前の文ではブルー湖に行くときに通るべき道を説明しています。これに続く文なので、After a short distance, you will see the lake.「少し行くと、その湖が見えます」と述べている(C)を入れると自然な流れとなります。(C)のthe lakeは前文のBlue Lakeを指し、意味もつながります。distance「道のり」。

☹（A）前文からの流れに合いません。
☹（B）歩道橋は修理をしているので不適切です。scenic「景色のよい」。
☹（D）登山道に関するお知らせの内容に合いません。

Questions 72-74 refer to the following text message.

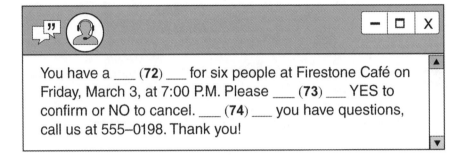

You have a ___ **(72)** ___ for six people at Firestone Café on Friday, March 3, at 7:00 P.M. Please ___ **(73)** ___ YES to confirm or NO to cancel. ___ **(74)** ___ you have questions, call us at 555–0198. Thank you!

問題 72-74 は次のテキストメッセージに関するものです。

お客さまは3月3日金曜日の午後7時に、ファイアストーン・カフェで6名さまの予約をなさっています。お間違いなければ「はい」、また、キャンセルされるには「いいえ」とお答えください。ご質問がある場合は、当店555-0198までお電話ください。よろしくお願いいたします！

語注 confirm ～を確認する

Q 72

(A) reserve
(B) reserves
(C) **reservation**
(D) reserved

(A) 〜を予約する
(B) 〜を予約する
(C) **予約**
(D) 〜を予約した

Q 73

(A) have
(B) remind
(C) follow
(D) **reply**

(A) 〜を持っている
(B) 〜に思い出させる
(C) 〜に従う
(D) **〜と答える**

Q 74

(A) As
(B) **If**
(C) Although
(D) So

(A) 〜なので
(B) **もし〜ならば**
(C) 〜だけれども
(D) だから

Questions 75-77 refer to the following notice.

New regional train schedules ____ (**75**) ____ on Monday, July 15. Please visit our Web site to obtain electronic copies. ____ (**76**) ____. Please check the new times ____ (**77**) ____ so that you do not miss your train.

....

問題 75-77 は次のお知らせに関するものです。

新しいローカル列車の時刻表は、7月15日月曜日に公表されます。電子版を取得するには当社ウェブサイトをご覧ください。*紙版は駅で入手できます。列車に乗り損ねないよう、新しい時刻を注意してご確認ください。

* 問題 76 の挿入文の訳。

語注 regional 地域の／ obtain 〜を取得する／ electronic copy 電子版／ miss 〜に乗り損ねる

Q 75

(A) release
(B) releases
(C) will be released
(D) will be releasing

（A）〜を公表する
（B）〜を公表する
（C）公表される予定だ
（D）〜を公表することになっている

正解	C	空所を含む文には述語動詞が必要です。空所の後には目的語がなく、また文の主語のNew regional train schedules「新しいローカル列車の時刻表」は鉄道会社などによって「公表される」ものなので、受動態を使った(C)が適切です。

😐（A）動詞の原形、または名詞で「公表」。
😐（B）動詞の三人称・単数・現在形、または名詞の複数形。
😐（D）未来進行形。能動態なので不適切です。

Q 76

(A) These trains are fast and comfortable.
(B) Paper copies will be available at train stations.
(C) Passengers must buy tickets at the station.
(D) The 7:17 A.M. train is running four minutes late.

（A）これらの電車は速くて快適です。
（B）紙版は駅で入手できます。
（C）乗客は駅で切符を買わなければなりません。
（D）午前7時17分の列車は4分遅れで運行しています。

正解	B	このお知らせは新しい時刻表に関するものです。空所の前文では、その電子版の入手方法を述べているので、紙版の入手方法を知らせる(B)を入れると自然な流れとなります。paper copy「紙版」。

😐（A）These trainsがローカル列車を指すとしても、時刻表の改正のお知らせには不適切です。
😐（C）切符の購入に関しては話題に出ていません。
😐（D）具体的な列車の運行状況を表す文は、新しい時刻表について述べているお知らせの趣旨に合いません。

Q 77

(A) hardly
(B) usefully
(C) carefully
(D) recently

（A）ほとんど〜ない
（B）有益に
（C）注意して
（D）最近

正解	C	選択肢は全て、動詞を修飾できる副詞です。空所の後ろには、so that you do not miss your train「列車に乗り損ねないよう」という、目的を表す節が続いています。空所を含む文の前半はPlease check the new times「新しい時刻をご確認ください」であり、この命令文の動詞を意味が通るように修飾するには(C)が適切です。

Questions 78-80 refer to the following sign.

Do you live in the Riverside neighborhood? ___ **(78)** ___? Then you may want to join the Riverside Community Garden. Members work together with ___ **(79)** ___ neighbors to grow fruits and vegetables. Everyone then shares the food from the garden. To learn more, come to a meeting on April 15. You will have a chance to ___ **(80)** ___ with current members and tour the garden.

- -

問題 78-80 は次の掲示に関するものです。

あなたはリバーサイド近隣にお住まいですか？ *あなたは屋外で作業するのがお好きですか？ それならば、「リバーサイド・コミュニティー菜園」に参加してはいかがでしょうか。会員は、近隣の人たちと一緒に作業して果物や野菜を栽培します。その後、みんなで菜園で採れた食べ物を分け合います。より詳しく知るためには、4月15日の会合にいらしてください。現会員たちと話をして、菜園を見学する機会があります。

* 問題 78 の挿入文の訳。

語注 neighborhood　近隣／ you may want to *do*　〜してはどうでしょう／ neighbor　近隣の人／ share　〜を分け合う／ current　現在の／ tour　〜を見学する

Q 78

(A) Do you want to go out to dinner?
(B) Have you taken a vacation recently?
(C) Have you received the delivery?
(D) Do you like to work outside?

（A）あなたは夕食に出掛けたいですか？
（B）あなたは最近休暇を取りましたか？
（C）あなたは配達物を受け取りましたか？
（D）あなたは屋外で作業するのがお好きですか？

正解	D

空所を含む文の後ろにThen「それならば」とあり、you may want to join the Riverside Community Garden「『リバーサイド・コミュニティー菜園』に参加してはいかがでしょうか」と続いています。さらに2〜3行目では、この菜園で「近隣の人たちと一緒に作業をする」「果物と野菜を栽培する」などと述べられているので、(D)が適切です。
☹ (A)(B)(C) いずれも後に続く内容とつながりません。

Q 79

(A) they
(B) their
(C) theirs
(D) themselves

（A）彼らは
（B）彼らの
（C）彼らのもの
（D）彼ら自身

正解	B

空所の直後にneighbors「近隣の人たち」という名詞があるので、名詞を修飾できる代名詞の所有格の(B)が適切です。このtheirは会員たちを示しています。
☹ (A) 代名詞の主格。
☹ (C) 所有代名詞。
☹ (D) 再帰代名詞。

Q 80

(A) welcome
(B) drive
(C) talk
(D) introduce

（A）〜を歓迎する
（B）運転する
（C）話す
（D）〜を紹介する

正解	C

空所を含む文では、4月15日の会合で行うことが述べられています。空所の直後のwithを伴ってtalk with 〜「〜と話をする」という意味になる(C)を入れると、現会員たちと話をするという内容となり、自然な流れとなります。
☹ (A)(D) いずれもwithを直後に続けられません。
☹ (B) 会合に行った際にできることが述べられているので、drive with 〜「〜と一緒に運転をする」は流れに合いません。

Questions 81-82 refer to the following notice.

❶ **Event:** Summer Movies at Sunset
Date: June 5 to August 28
Time: 7:30 P.M.
Place: Hadley Harbor

❷ Join your friends and neighbors for free movie nights this summer! The Recreation Department will set up a large screen near Pier 22 at Hadley Harbor every Friday beginning on June 5. The movies we show will be family friendly and appropriate for all ages. Please bring your own chairs and snacks.

問題 81-82 は次のお知らせに関するものです。

催し物: 夕暮れ時の夏季映画会
日　付: 6月5日から8月28日
時　刻: 午後7時30分
場　所: ハドリー港

この夏、無料の映画の夕べに、お友達や近所の方々と一緒にご参加ください！ レクリエーション部は6月5日から毎週金曜日、ハドリー港の22番埠頭の近くに大スクリーンを設置します。上映する映画は、家族向けで、全年齢に適したものです。ご自身の椅子と軽食をご持参ください。

語注 sunset　夕暮れ時／harbor　港／join ～ for …　…に～と一緒に参加する／department　部署／set up ～　～を設置する／pier　埠頭／begin　始まる／family friendly　家族向けで／appropriate for ～　～にふさわしい／age　年齢、世代／own　自身の／snack　軽食

Q 81

What is being announced?

(A) A basketball clinic
(B) Summer jobs
(C) Free entertainment
(D) A store opening

何が告知されていますか？

（A）バスケットボール教室
（B）夏期の仕事
（C）無料のエンターテインメント
（D）店の開店

 正解　**C**　❶の第1項目のEventから、映画会のお知らせであることが分かります。そして❷の最初の文の、Join your friends and neighbors for free movie nights this summer!「この夏、無料の映画の夕べに、お友達や近所の方々と一緒にご参加ください」から、この映画会は無料であることが分かります。これをFree entertainmentと表現した（C）が正解です。
☹（A）　clinic「（技術指導の）教室、短期実習」。
☹（B）　夏のイベントのお知らせであり、仕事の告知ではありません。

Q 82

What should people bring?

(A) Food
(B) Sunglasses
(C) Sports equipment
(D) A map

人々は何を持って行くべきですか？

（A）食べ物
（B）サングラス
（C）スポーツ用品
（D）地図

正解　**A**　❷の最後の文に、Please bring your own chairs and snacks.「ご自身の椅子と軽食をご持参ください」とあるので（A）が正解です。
☹（B）（C）（D）　いずれもお知らせで言及されていません。

Questions 83-84 refer to the following schedule.

WELDMAN FURNITURE DESIGN New Employee Orientation • Tuesday, June 21 • Location: Room 114		
Time	**Topic**	**Presenter**
8:00 A.M.–8:45 A.M.	Breakfast	—
8:45 A.M.–9:00 A.M.	Welcome by company vice president	Ms. Archana Tewari
9:00 A.M.–10:00 A.M.	Growth plan for the next five years	Mr. Felix Nangoro
10:00 A.M.–12:00 noon	Company policies and employee benefits	Ms. Tanisha Wright
12:00 noon–1:00 P.M.	Lunch	—
1:00 P.M.–2:30 P.M.	Overview of current projects	Mr. Joe Schrampf
2:30 P.M.–4:00 P.M.	Begin work on current projects	—

問題 83-84 は次の予定表に関するものです。

ウェルドマン家具デザイン社 新規従業員オリエンテーション・6月21日、火曜日・場所：114号室		
時間	**テーマ**	**発表者**
午前8:00－午前8:45	朝食	—
午前8:45－午前9:00	副社長より歓迎のあいさつ	アルチャナ・テワリ
午前9:00－午前10:00	今後5年間の成長計画	フェリクス・ナンゴロ
午前10:00－正午12:00	企業方針と従業員の福利厚生	タニシャ・ライト
正午12:00－午後1:00	昼食	—
午後1:00－午後2:30	現行プロジェクトの概要	ジョー・シュランプ
午後2:30－午後4:00	現行プロジェクトの仕事を開始	—

語注 furniture　家具／new employee　新規従業員／orientation　オリエンテーション、(新人向け)説明会／welcome　歓迎のあいさつ／vice president　副社長／growth　成長／policy　方針／benefits　福利厚生／overview　概要／current　現行の、現在の

Q 83

What is indicated about the event?

(A) It takes place in the morning only.
(B) It is hosted by a toy manufacturer.
(C) It is required for all employees.
(D) It includes meals.

イベントについて何が示されていますか？

（A）午前中にのみ行われる。
（B）おもちゃメーカーによって主催されている。
（C）全ての従業員に必須のものである。
（D）食事が含まれている。

 正解 D ❶から、このイベントは家具のデザイン会社の新規従業員向けオリエンテーションであることが分かります。❷のTopicの欄を見ると、午前8時に朝食、正午12時に昼食の2回の食事が含まれています。よって(D)が正解です。
😞 (A) 予定表のTimeの欄から、イベントは午後にも行われると分かります。take place「行われる」。
😞 (B) ❶より、主催は家具のデザイン会社と分かります。
😞 (C) ❶に「新規従業員オリエンテーション」とあるので、対象は新規従業員のみであり、全従業員に必須ではないと分かります。be required for ～「～に必須である」。

Q 84

Who will talk about the future of the company?

(A) Ms. Tewari
(B) Mr. Nangoro
(C) Ms. Wright
(D) Mr. Schrampf

誰が会社の将来について話しますか？

（A）テワリ氏
（B）ナンゴロ氏
（C）ライト氏
（D）シュランプ氏

正解 B ❷の9:00 A.M.－10:00 A.M.のTopic欄に、Growth plan for the next five years「今後5年間の成長計画」とあり、これは設問のthe future of the company「会社の将来」に当たると判断できます。このテーマについて話すPresenterはMr. Felix Nangoroなので(B)が正解です。
😞 (A) 副社長で、歓迎のあいさつをします。
😞 (C) 企業方針と福利厚生について話します。
😞 (D) 現行プロジェクトの概要を話します。

Questions 85-86 refer to the following text-message chain.

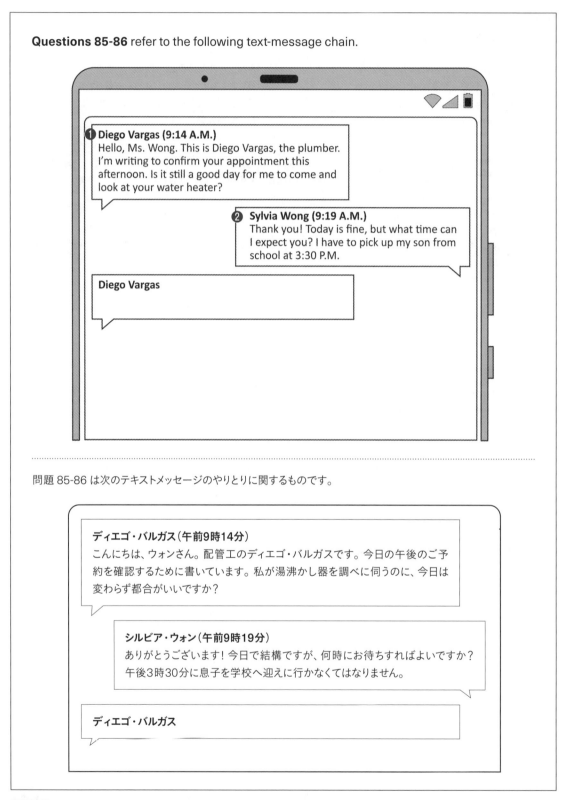

❶ **Diego Vargas (9:14 A.M.)**
Hello, Ms. Wong. This is Diego Vargas, the plumber. I'm writing to confirm your appointment this afternoon. Is it still a good day for me to come and look at your water heater?

❷ **Sylvia Wong (9:19 A.M.)**
Thank you! Today is fine, but what time can I expect you? I have to pick up my son from school at 3:30 P.M.

Diego Vargas

問題 85-86 は次のテキストメッセージのやりとりに関するものです。

ディエゴ・バルガス（午前9時14分）
こんにちは、ウォンさん。配管工のディエゴ・バルガスです。今日の午後のご予約を確認するために書いています。私が湯沸かし器を調べに伺うのに、今日は変わらず都合がいいですか？

シルビア・ウォン（午前9時19分）
ありがとうございます! 今日で結構ですが、何時にお待ちすればよいですか？午後3時30分に息子を学校へ迎えに行かなくてはなりません。

ディエゴ・バルガス

語注 plumber　配管工／come and look at 〜　〜を調べに来る／water heater　湯沸かし器／expect　〜が来るのを待つ

Q 85

What is Ms. Wong's problem?

(A) Her electricity went out.
(B) Her car needs to be inspected.
(C) Her water heater needs repair.
(D) Her son missed the school bus.

ウォンさんの問題は何ですか？

（A）停電した。
（B）車が点検を受ける必要がある。
（C）湯沸かし器が修理の必要がある。
（D）息子がスクールバスに乗り損ねた。

Q 86

Select the best response to Ms. Wong's message.

(A) "I'll be there at about 2:00 P.M."
(B) "Usually about an hour."
(C) "No, I don't work in the evenings."
(D) "My assistant will be joining me."

ウォンさんのメッセージに対する最も適切な返答を選んでください。

（A）「午後2時ごろにそちらに伺います。」
（B）「通常は約1時間です。」
（C）「いいえ、私は夜には仕事をしません。」
（D）「私の助手が加わります。」

Questions 87-89 refer to the following Web page.

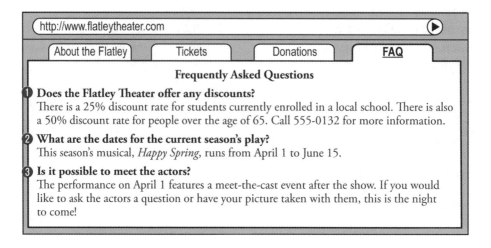

問題 87-89 は次のウェブページに関するものです。

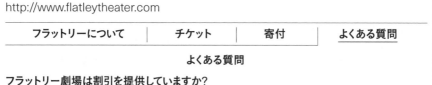

語注　donation　寄付／FAQ　よくある質問　★Frequently Asked Questions の略／discount rate　割引料金／
currently　現在／enroll ~ in …　~を…に入学させる／over　~を超えて／current season　今シーズン／
run　上演される／feature　~を目玉とする／meet-the-cast event　出演者に会うイベント／
have ~ *done*　~を…してもらう

Q 87

What is true about student tickets?

(A) They are free.
(B) They are only for certain seats.
(C) They are cheaper than regular tickets.
(D) There is a limited number of them.

学生のチケットについてどれが正しいですか？

（A）無料である。
（B）特定の座席専用である。
（C）通常のチケットより安い。
（D）枚数が限られている。

正解	**C**

❶に、劇場が提供する割引についての質問が掲載されています。それに対する回答の冒頭に、There is a 25% discount rate for students「学生には25％の割引料金があります」とあります。これをThey are cheaper than regular tickets.「それら（＝学生のチケット）は通常のチケットより安い」と言い換えた(C)が正解です。
😐 (A)(B) 述べられていません。
🙁 (D) ❶に、割引を受けられる学生の条件としてstudents currently enrolled in a local school「地元の学校に現在在籍している学生」とありますが、チケットの枚数の制限は述べられていません。

Q 88

When is the last performance of *Happy Spring*?

(A) On April 5
(B) On May 1
(C) On May 25
(D) On June 15

『ハッピー・スプリング』の最後の公演はいつですか？

（A）4月5日
（B）5月1日
（C）5月25日
（D）6月15日

正解	**D**

『ハッピー・スプリング』についての情報は❷にあります。そこには、This season's musical, *Happy Spring*, runs from April 1 to June 15.「今シーズンのミュージカル『ハッピー・スプリング』は、4月1日から6月15日まで上演されます」とあるので、(D)が正解です。
🙁 (A)(B)(C) これらの日付の記載はありません。

Q 89

What can theater guests do on April 1?

(A) Enter the theater early
(B) Receive a discount at the gift shop
(C) Go on stage
(D) Talk to the actors

劇場の客は4月1日に何をすることができますか？

（A）早く劇場に入る
（B）土産物店で割引を受ける
（C）舞台に上がる
（D）俳優たちと話す

正解	**D**

❸の出演者に会えるかという質問に対し、The performance on April 1 features a meet-the-cast event after the show.「4月1日の公演は、上演後に出演者たちに会えるイベントが目玉です」と回答されています。さらに、If you would like to ask the actors a question ......, this is the night to come!「俳優たちに質問をしたい場合は、ぜひこの夜にお越しください」と続けているので、この日に客は俳優たちと話すことができると分かります。よって(D)が正解です。
🙁 (B) 入場料以外の割引については述べられていません。
🙁 (C) 舞台に上がることについては述べられていません。

Questions 90-91 refer to the following text-message chain.

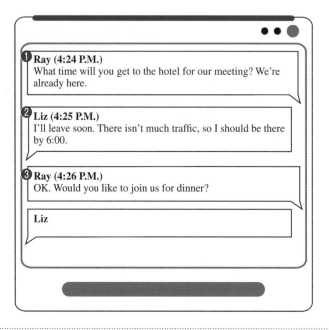

問題 90-91 は次のテキストメッセージのやりとりに関するものです。

レイ（午後4時24分）
君は会議のためにホテルに何時に到着しますか？　僕たちはもう着いています。

リズ（午後4時25分）
間もなく出ます。交通量はあまり多くないので、6時までにはそこに着くはずです。

レイ（午後4時26分）
分かりました。夕食は僕たちと一緒にいかがですか？

リズ

語注　get to ～　～に到着する／traffic　交通量／should　～するはずだ

Q 90

What did Ray ask Liz?

(A) How much dinner will cost
(B) When a meeting starts
(C) What kind of food she likes
(D) When she will arrive

レイはリズに何を尋ねましたか？

（A）夕食は幾らかかるか
（B）いつ会議が始まるか
（C）どんな食べ物が好きか
（D）いつ到着するか

| 正解 | D |

レイは❶で、What time will you get to the hotel for our meeting?「君は会議のためにホテルに何時に到着しますか」と尋ねているので、(D)が正解です。

😐 (A)(C) レイはリズを夕食に誘っていますが、値段や食べ物の好みは尋ねていません。

😐 (B) ホテルでは会議が行われますが、いつ始まるかは尋ねていません。

Q 91

Select the best response to Ray's message.

(A) "It's around the corner."
(B) "Yes, that would be great."
(C) "I'm sorry I missed it."
(D) "Yes, last week."

レイのメッセージに対する最も適切な返答を選んでください。

（A）「角を曲がった所です。」
（B）「ええ、それはとてもいいですね。」
（C）「残念ながら、それを逃しました。」
（D）「ええ、先週です。」

| 正解 | B |

レイは❸のメッセージで、Would you like to join us for dinner?「夕食は僕たちと一緒にいかがですか」と尋ねています。それに対しYesと答え、that would be great「それはとてもいいですね」と提案に賛成している(B)が正解です。thatは「一緒に夕食をとること」を指しています。would「～だろう」。

😐 (A) 場所は尋ねられていません。

😐 (C) itがdinnerを指しているとしても、誘いに対して過去形で答えているので不適切です。

😐 (D) 過去のことは尋ねられていません。

Questions 92-94 refer to the following Web page.

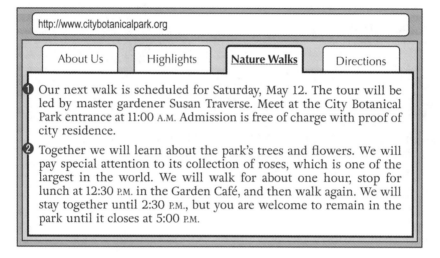

http://www.citybotanicalpark.org

| About Us | Highlights | **Nature Walks** | Directions |

❶ Our next walk is scheduled for Saturday, May 12. The tour will be led by master gardener Susan Traverse. Meet at the City Botanical Park entrance at 11:00 A.M. Admission is free of charge with proof of city residence.

❷ Together we will learn about the park's trees and flowers. We will pay special attention to its collection of roses, which is one of the largest in the world. We will walk for about one hour, stop for lunch at 12:30 P.M. in the Garden Café, and then walk again. We will stay together until 2:30 P.M., but you are welcome to remain in the park until it closes at 5:00 P.M.

問題 92-94 は次のウェブページに関するものです。

http://www.citybotanicalpark.org

| 当園について | 見どころ | **自然散策** | 道順 |

当園の次回の散策は5月12日、土曜日の予定です。ツアーは、優れた園芸家であるスーザン・トラバースが引率します。午前11時に市立植物公園入口でお会いしましょう。入園料は、市内在住の証明があれば無料です。

私たちは一緒に、公園の木や花について学びます。特に注目するのはバラのコレクションで、それは世界最大のものの1つです。およそ1時間歩き、お昼の12時30分に昼食のためにガーデン・カフェに立ち寄り、その後再び散策します。午後2時30分まで一緒に散策しますが、公園が午後5時に閉まるまで、どうぞご自由にそのまま園内でお過ごしください。

語注 highlight 見どころ／ directions 道順／ be scheduled for 〜 〜に予定されている／
led ★lead「〜を引率する」の過去形・過去分詞／ master 優れた／ gardener 園芸家、庭師／
botanical park 植物園／ entrance 入口／ admission 入園料／ be free of charge 無料である／
proof 証明するもの／ residence 居住すること／ pay attention to 〜 〜に注意を払う、〜に注目する／
be welcome to *do* 自由に〜してよい／ remain 留まる、滞在する

Q 92

What park feature will the tour focus on?

(A) Roses
(B) Animals
(C) Ponds
(D) Rocks

ツアーは公園のどんな特徴に注目しますか?

（A）バラ
（B）動物
（C）池
（D）石

正解	A

ツアーの詳細が書かれた❷の1～2行目に、We will pay special attention to its collection of roses「特に注目するのはバラのコレクションで」とあり、続けて、, which is one of the largest in the world「それは世界最大のものの1つです」と補足説明をしています。このバラは設問にあるpark feature「公園の特徴」と言えるので、(A)が正解です。pay special attention toを設問ではfocus onと言い換えています。
☹ (B)(C)(D) いずれも述べられていません。

Q 93

What is stated about the City Botanical Park?

(A) It has a café.
(B) It contains the city's largest tree.
(C) It has several entrances.
(D) It is closed on Saturday.

市立植物公園について何が述べられていますか?

（A）カフェがある。
（B）市内最大の木がある。
（C）幾つか入口がある。
（D）土曜日は閉園している。

正解	A

公園での散策ツアーの予定を書いた❷の3～4行目に、stop for lunch at 12:30 P.M. in the Garden Café「お昼の12時30分に昼食のためにガーデン・カフェに立ち寄り」とあります。園内にカフェがあることが分かるので、(A)が正解です。
☹ (B) 最大と述べているのは世界最大のものの1つであるバラのコレクションについてです。
☹ (C) 集合場所として市立植物公園入口に言及しているだけで、その他の入口については述べられていません。
☹ (D) ❶の冒頭にOur next walk is scheduled for Saturday, May 12.「当園の次回の散策は5月12日、土曜日の予定です」とあるので、土曜日は開園していると分かります。

Q 94

When will the tour end?

(A) At 11:00 A.M.
(B) At 12:30 P.M.
(C) At 2:30 P.M.
(D) At 5:00 P.M.

ツアーはいつ終わりますか?

（A）午前11時。
（B）午後0時30分。
（C）午後2時30分。
（D）午後5時。

正解	C

❷の4～5行目に、ツアーの予定についてWe will stay together until 2:30 P.M.「午後2時30分まで一緒に散策します」と述べており、Weはツアー参加者たちを指します。よって、(C)が正解です。
☹ (A) 入口での待ち合わせ時刻です。
☹ (B) 昼食の時刻です。
☹ (D) 閉園の時刻です。

Questions 95-97 refer to the following Web page.

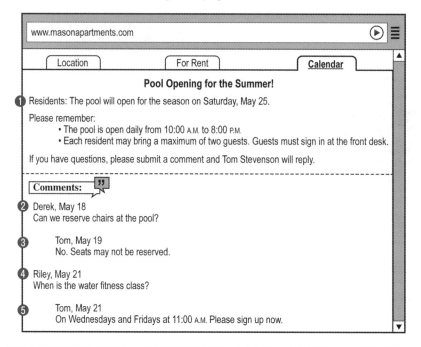

問題 95-97 は次のウェブページに関するものです。

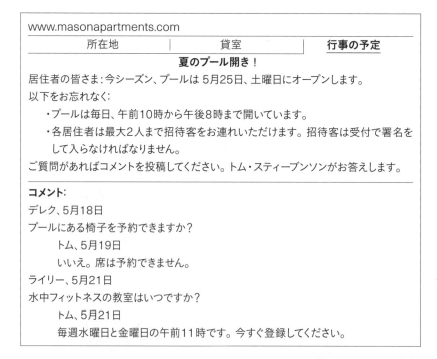

語注 location 所在地／For Rent 貸室 ★アパートの広告掲示などで用いられる表現／resident 居住者／ a maximum of 〜 最大で〜／guest 招待客、非会員／sign in 署名をして入る／submit 〜を投稿する／ reply 答える／may not 〜できない／sign up 登録する／now すぐに

140

Q 95

What is stated about the pool?

(A) Residents may begin using it on May 25.

(B) A daily fee is charged.

(C) Residents may bring four guests.

(D) Pool toys are not permitted.

プールについて何が述べられていますか？

（A）居住者は5月25日にそれを利用し始めてよい。

（B）日ごとの料金が請求される。

（C）居住者は4人の招待客を連れてきてよい。

（D）プール用のおもちゃは許可されていない。

正解	A

❶の1行目にResidents: The pool will open for the season on Saturday, May 25.「居住者の皆さま：今シーズン、プールは5月25日、土曜日にオープンします」とあります。よって、Residents may begin using it on May 25.「居住者は5月25日にそれを利用し始めてよい」と表した(A)が正解です。

☹ (B) 料金については述べられていません。

☹ (C) ❶のPlease remember:の2点目にEach resident may bring a maximum of two guests.「各居住者は最大2人まで招待客をお連れいただけます」とあるので、不適切です。

Q 96

Who most likely is Tom Stevenson?

(A) An apartment resident

(B) A pool manager

(C) An exercise class instructor

(D) A swim team member

トム・スティーブンソンは誰だと考えられますか？

（A）アパートの居住者

（B）プールの管理者

（C）エクササイズ教室の指導員

（D）水泳チームのメンバー

正解	B

Tom Stevensonは、プールの利用について述べられている❶の最終行にその名前が登場します。If you have questions, please submit a comment and Tom Stevenson will reply.「ご質問があればコメントを投稿してください。トム・スティーブンソンがお答えします」とあり、実際、コメント欄のプールに関する質問にTomが回答しています。よって、(B)が正解です。

☹ (A) トムが居住者であるかどうかは述べられていません。

☹ (C) ❹に水中フィットネスの教室の話が出ていますが、指導員については述べられていません。

☹ (D) 水泳チームについては述べられていません。

Q 97

What happens on Wednesday mornings?

(A) The pool opens at 11:00 A.M.

(B) A swimming competition is held.

(C) Swim lessons are offered for children.

(D) There is a water exercise class.

毎週水曜日の午前中に何が起こりますか？

（A）午前11時にプールが開く。

（B）水泳競技会が行われる。

（C）子ども向けの水泳教室が行われる。

（D）水中エクササイズの教室がある。

正解	D

❹の水中フィットネスの教室の開催日に関する質問に対し、❺でOn Wednesdays and Fridays at 11:00 A.M.「毎週水曜日と金曜日の午前11時です」と回答されています。よって、fitnessをexercise「エクササイズ、運動」と言い換えた(D)が正解です。

☹ (A) ❶より、プールは毎日午前10時に開くことが分かります。

☹ (B)(C) 競技会や子どもの水泳教室については述べられていません。

Questions 98-100 refer to the following letter.

Dear Liam,

❶ As you know, next Friday will be your final day in apartment 2B. Please complete the tasks below to make sure that the apartment is ready for the new tenant.

- Vacuum and mop floors
- Clean all walls and windows
- Remove all personal items and all trash

❷ Please stop at the office at 5 P.M. on Friday. We will walk through the apartment together, and I will check to make sure that everything is clean. I will also check that all lights and appliances are working properly. Please be prepared to return your keys at that meeting.

❸ I hope you have enjoyed your time living at Turner Apartments.

Sincerely,
Donna

問題 98-100 は次の手紙に関するものです。

リアムさま

ご承知の通り、今度の金曜日は2B号室での貴殿の最終日です。新しい入居者のために部屋が確実に準備できているよう、下記の作業を終わらせてください。

― 床に掃除機とモップをかけてください
― 全ての壁と窓を掃除してください
― 全ての私物とゴミを撤去してください

金曜日の午後5時に事務所にお立ち寄りください。一緒に室内をくまなく歩いて、全てが確かにきれいになっていることを私がチェックします。また、全ての照明と電気器具が正常に機能していることも確認します。お会いするそのときに、鍵の返却の用意をしておいてください。

あなたがターナー・アパートにお住いの間、楽しい時を過ごされたことを願っております。

敬具
ドナ

語注 final day　最終日／ apartment　共同住宅の1戸／ task　作業／ make sure that ～　確実に～であるようにする／ tenant　入居者、賃借人／ vacuum　～に掃除機をかける／ mop　～にモップをかける／ remove　～を撤去する／ personal　個人所有の／ trash　ごみ／ stop at ～　～に立ち寄る／ through　～のあちこちを／ appliance　家庭用電気器具／ work　機能する／ properly　正常に／ be prepared to *do*　～するよう用意する／ Sincerely,　敬具

Q 98

What is the purpose of the letter?

(A) To welcome a tenant to a new home
(B) To provide instructions
(C) To advertise an apartment
(D) To recommend a service

手紙の目的は何ですか？

（A）入居者を新しい家に迎え入れること
（B）指示を与えること
（C）アパートを宣伝すること
（D）サービスを勧めること

| 正解 | **B** | ❶の1行目から、手紙の受取人のリアムはアパートの住戸を退去することが分かります。そして2〜3行目 |

に Please complete the tasks below …… for the new tenant. 「新しい入居者のために、下記の作業を終わらせてください」とあり、3項目の作業を指示しています。よって、To provide instructions「指示を与えること」と表した（B）が正解です。
☹ (A) 手紙はアパートの住戸を退出する人宛てであり、新しい入居者宛てではありません。
☹ (C) アパートに関する手紙ですが、アパートの宣伝はしていません。advertise「〜の宣伝をする」。
☹ (D) サービスを勧める内容ではありません。

Q 99

What will Liam do on Friday?

(A) Meet with Donna
(B) Buy decorations
(C) Sell items at an event
(D) Repair some furniture

リアムは金曜日に何をしますか？

（A）ドナと会う
（B）装飾物を買う
（C）イベントで物品を売る
（D）幾つかの家具を修理する

| 正解 | **A** | ❶より、手紙の受取人であるリアムは今度の金曜日にアパートの住戸を退去すると分かります。手紙の差 |

出人のドナは❷の1行目で、Please stop at the office at 5 P.M. on Friday. 「金曜日の午後5時に事務所にお立ち寄りください」と述べた後、We will walk through the apartment together「一緒に室内をくまなく歩いて」と続け、4〜5行目では「お会いするそのときに、鍵の返却の用意をしておいてください」と述べています。よってリアムはドナと会うと分かるので、(A)が正解です。
☹ (B)(C)(D) いずれについても述べられていません。

Q 100

What is probably true about Donna?

(A) She owns a cleaning business.
(B) She works for Turner Apartments.
(C) She is Liam's friend.
(D) She is an electrician.

ドナについておそらくどれが正しいですか？

（A）彼女は清掃会社を所有している。
（B）彼女はターナー・アパートメントで働いている。
（C）彼女はリアムの友達である。
（D）彼女は電気技師である。

| 正解 | **B** | ドナは❶と❷で退去の段取りを詳しく伝えた後、手紙の最後の❸で、I hope you have enjoyed your |

time living at Turner Apartments. 「あなたがターナー・アパートにお住まいの間、楽しい時を過ごされたことを願っております」と記しています。よって、(B)が正解です。
☹ (A) ドナは清掃の指示はしていますが、清掃会社を所有しているとは述べられていません。
☹ (C) 述べられていません。
☹ (D) ドナは❷で照明や電気器具の確認をすると述べていますが、電気技師だという記述はありません。

■ LISTENING PART 1

リスニング

これはリスニングテストです。このテストには4つのパートがあります。

リスニング パート1

指示文: 問題用紙にある4枚セットの画像を見て、短い句または文を1つ聞きます。画像のセットを見て、その句または文が最もよく描写している画像を選んでください。その後、解答用紙の (A)、(B)、(C)、または (D)をマークしてください。

下の例題の画像を見て、その句を聞いてください。

例題

聞こえるのは: ヘッドフォンをしている1人の男性

最も適切な解答は (D)なので、解答用紙の (D)をマークします。

Now let us begin Part 1 with question number 1. では、パート1を問題1から始めましょう。

■ LISTENING PART 2

リスニング パート2

指示文: 質問や発言を聞きます。それぞれの質問や発言の後に、4つの応答を聞き、読みます。それぞれの質問や発言に最も適切な応答を選んでください。その後、解答用紙の (A)、(B)、(C)、または (D)をマークしてください。

では例題を聞いてください。

例題

聞こえる質問は:　　　　　　　　何時ですか？

聞こえ、かつ印刷されている選択肢は:　(A) 3時です。
　　　　　　　　　　　　　　　　　　(B) 数回です。
　　　　　　　　　　　　　　　　　　(C) ホテルの近くです。
　　　　　　　　　　　　　　　　　　(D) はい、そうです。

最も適切な解答は (A)なので、解答用紙の (A)をマークします。

Now let us begin Part 2 with question number 7. では、パート2を問題7から始めましょう。

■ LISTENING PART 3

リスニング パート3

指示文: 短い会話を幾つか聞きます。それぞれの会話に関する2つの設問文を聞いて読みます。各設問文には4つの選択肢があります。各設問文に最も適切な解答を選び、解答用紙の (A)、(B)、(C)、または (D)をマークしてください。

Now let us begin Part 3 with question number 27. では、パート3を問題27から始めましょう。

■ LISTENING PART 4

リスニング パート4

指示文: 短いトークを幾つか聞きます。それぞれのトークに関する2つの設問文を聞いて読みます。各設問文には4つの選択肢があります。各設問文に最も適切な解答を選び、解答用紙の (A)、(B)、(C)、または (D)をマークしてください。

Now let us begin Part 4 with question number 37. では、パート4を問題37から始めましょう。

■ READING PART 1

リーディング

これはリーディングテストです。このテストには3つのパートがあります。

リーディングテストの解答時間は35分間です。

リーディング パート1

指示文：幾つかの文を読みます。それぞれ語または句が抜けている空所が1つあります。文を完成させるのに最も適切な解答を選んでください。その後、解答用紙の (A)、(B)、(C)または (D)をマークしてください。

例題　　　　　　　　　　　芝生の上を ＿＿＿＿＿＿＿ ないでください。

　　　　　　　　　　　　　　(A) 〜を見つける
　　　　　　　　　　　　　　(B) 〜に保つ
　　　　　　　　　　　　　　(C) 歩く
　　　　　　　　　　　　　　(D) 〜を持っている

最も適切な解答は (C)なので、解答用紙の (C)をマークします。

■ READING PART 2

リーディング パート2

指示文：幾つかの短い文章を読みます。それぞれ語または句、あるいは文が抜けている空所が3つあります。それぞれの空所について、文章を完成させるのに最も適切な解答を選んでください。その後、解答用紙の (A)、(B)、(C)、または (D)をマークしてください。

例題

```
                    フラワーマート
        午前10時25分
          (1)  12本の黄色いバラのご注文を
        承りました。  (2)  。フラワーマートで
          (3)  ありがとうございました。
```

1. (A) 私たちは　　　　　**2.** (A) 手助けをご依頼ください。　　　**3.** (A) 店
　　(B) 私たちを　　　　　　　(B) 赤は明るい色です。　　　　　　　(B) 店 (複数)
　　(C) 私たちの　　　　　　　(C) それらは本日到着します。　　　　(C) 買い物をした
　　(D) 私たちのもの　　　　　(D) 私の机にそれらを置いてください。　(D) 買い物

設問1に最も適切な解答は (A)なので、解答用紙の (A)をマークします。

設問2に最も適切な解答は (C)なので、解答用紙の (C)をマークします。

設問3に最も適切な解答は (D)なので、解答用紙の (D)をマークします。

■ READING PART 3

リーディング パート3

指示文: お知らせや手紙、そしてインスタントメッセージなどの文書を読みます。それぞれの文書には2つまたは3つの設問文が続いています。それぞれの設問文に最も適切な解答を選んで、解答用紙の (A)、(B)、(C)、または (D)をマークしてください。

例題

ミルタウン・スーパーマーケット

当店は町で最も新鮮な果物と野菜をそろえています!

営業時間

月曜日～金曜日　午前9時～午後9時

土曜日・日曜日　午前10時～午後7時

---

1. 店は何を販売していますか?
   (A) 食べ物
   (B) 衣料品
   (C) 本
   (D) 家具

2. 火曜日には、店は何時に閉まりますか?
   (A) 午後7時
   (B) 午後8時
   (C) 午後9時
   (D) 午後10時

設問1に最も適切な解答は (A)なので、解答用紙の (A)をマークします。

設問2に最も適切な解答は (C)なので、解答用紙の (C)をマークします。

....

■ Directions　※本誌 p.131、p.159に掲載している全体指示文の参考訳です。

指示文

この問題用紙にはリスニングとリーディングの2つのテストが含まれています。テストは、英語をどのくらいよく理解しているかを測定します。2つのテストの合計時間は約1時間です。

全ての問題に解答してください。別紙の解答用紙をお使いください。この問題用紙には答えをマークしないでください。

実践テスト1・2
参考スコア範囲の換算表と算出方法

学習の参考用として、実践テストの結果を本番の *TOEIC Bridge®* Listening & Reading Tests のおおよそのスコアに換算してみましょう。

「実践テスト　正解一覧」(p.34、p.90)で答え合わせした後、Listening Test と Reading Test 各 50 問の素点(正解数)を数えます。下表で対応する換算点範囲を確認し、下の色枠①と②に記入します(例：Listening の素点(正解数)が 49 点なら、換算点範囲は「48 — 50」)。合計した③の数字があなたの参考スコア範囲です。

Listening Test		Reading Test	
素点（正解数）	換算点範囲	素点（正解数）	換算点範囲
48 — 50	48 — 50	48 — 50	49 — 50
45 — 47	43 — 47	45 — 47	46 — 50
42 — 44	39 — 44	42 — 44	43 — 47
39 — 41	34 — 40	39 — 41	40 — 44
36 — 38	30 — 37	36 — 38	37 — 41
33 — 35	26 — 33	33 — 35	34 — 38
30 — 32	23 — 30	30 — 32	31 — 35
27 — 29	20 — 26	27 — 29	28 — 32
24 — 26	17 — 23	24 — 26	26 — 29
21 — 23	15 — 20	21 — 23	23 — 25
18 — 20	15 — 17	18 — 20	20 — 22
15 — 17	15 — 15	15 — 17	17 — 19
12 — 14	15 — 15	12 — 14	15 — 17
9 — 11	15 — 15	9 — 11	15 — 15
6 — 8	15 — 15	6 — 8	15 — 15
3 — 5	15 — 15	3 — 5	15 — 15
0 — 2	15 — 15	0 — 2	15 — 15

	素点（正解数）	換算点範囲	
Listening Test			①
Reading Test			②
合計の参考スコア範囲			③

※上記の換算表は過去の *TOEIC Bridge®* Test の結果を元に作成されたもので、実際のテストの算出には使われません。
　スコア範囲はあくまで参考上のものであり、実際のテストのスコアは上下することがあります。